Walter & Julius Beck

Reden ist mehr als GOLD

Reden
ist mehr als
GOLD

Nachhaltig Interesse wecken, überzeugen, begeistern, gewinnen

SIGNUM

Bildnachweis:

S. 26: Evolution of Neonatal Imitation, Gross L., PLoS Biology Vol. 4/9/2006, e311

S. 229 Grafik: »Wie viel Wasser brauchen wir?«, erschienen in: DIE ZEIT 04.08.2009, Zeitverlag Gerd Bucerius GmbH & Co. KG

Alle Zeichnungen stammen von dem Maler Herbert Klee aus Holzolling. Die Grafiken verdanken wir Anja Manke aus Gmund-Moosrain.

Besuchen Sie uns im Internet unter
www.signumverlag.de

Schutzumschlag: g@wiescher-design.de
Satz: VerlagsService Dr. Helmut Neuberger
& Karl Schaumann GmbH, Heimstetten
Gesetzt aus der 10,5/14,25 pt. Cambria
Printed in the EU
ISBN 978-3-85436-437-5

Inhalt

Erste Worte

Ich lebe mein Leben in wachsenden Ringen,
die sich über die Dinge ziehn.
Ich werde den letzten vielleicht nicht vollbringen,
aber versuchen will ich ihn.

Rainer Maria Rilke

Warum noch ein Buch über Rhetorik?
Seit mehr als 40 Jahren unterrichte ich* »freie Rede und Gespräch«. In diesem Zeitraum habe ich mehrere tausend Reden gehört und gesehen, viele Redner beraten.

Die gängige Rhetorikliteratur beschäftigt sich mit einigen entscheidenden Ansätzen für die FreiRede nicht ausreichend; stattdessen werden die seit mehr als 2000 Jahren bekannten Regeln in immer neuen Facetten angeboten.

Mit diesem Buch schlagen wir Kapitel auf, die regelmäßig nicht oder nur zu wenig behandelt werden. Sie sind aber entscheidend für den Erfolg eines Redners.

Wer wirklich wirksam sprechen will, wer wirklich den Erfolg als Redner sucht, muss zumindest teilweise frei sprechen; nur so gewinnt er das Vertrauen der Zuschauer. Freilich wird auch bei gut formulierten abgelesenen Reden geklatscht, das gebietet oft schon die Höflichkeit. Wer aber abliest, kann keine Emotionen auf die Zuschauer übertragen. Viele versuchen deshalb die freie Rede, die »FreiRede«. Viele scheitern aber, weil sie sich mit den Wirkungskriterien nicht auseinandersetzen. Drei Hauptpunkte sind entscheidend:

....

* Wenn in diesem Buch die Ich-Form gewählt ist, bezieht sich das immer auf Prof. Dr. Walter Beck.

- Wir Menschen treffen unsere Entscheidungen ganz überwiegend emotional, nicht rational. Mehr als 80 Prozent unserer Entscheidungen sollen nach Auffassung der Wissenschaftler emotional fallen. Sie müssen also die Emotionen Ihrer Zuschauer erreichen; das gelingt am besten, wenn Sie ganz sichtbar sind, nicht hinter dem Pult versteckt.
- Sie sprechen zu den Gehirnen Ihrer Zuschauer, Sie müssen also gehirngerecht reden, um Vertrauen zu gewinnen. Sie müssen also von Ihren Zuschauern her denken, alterozentriert, auf die »anderen«, nicht egozentriert von sich aus denkend.
- Zuschauer erwarten heute nicht mehr ihre Allkompetenz; zeigen Sie überzeugend Ihr Wissen, aber auch Ihre Grenzen. Langfristig ist das der sichere Weg.

Nur wer Vertrauen ausstrahlt, kann Vertrauen gewinnen. Ihre Zuschauer spiegeln Ihre Haltung. Also ist es Ihre Hauptaufgabe, dieses Vertrauen bei sich selbst aufzubauen. Dann können Sie es auch ausstrahlen. Dann zeigen Sie Ihre natürliche Gestik. Dann haben Sie Erfolg. Dann sind kleinere Fehler unbedeutend. Drei Schritte gestalten den Weg zur – zumindest teilweisen – FreiRede:

- Vom Vorlesen zum Vortragen
- Vom Vortragen zum Rheto*Script*®
- Vom Rheto*Script*® zum Libero*Script*

Das sind wichtige Stationen auf diesem Weg:

|1| Bilder! Denken und reden Sie in Bildern; das ist der große Erfolg der Bibel: Bilder! Ein Bild wirkt emotional; unser Gehirn liebt Bilder! Besonders bei der Suche nach passenden Bildern werden viele Fehler produziert, die Ihre Aussagen abschwächen oder ins Gegenteil verkehren. Der richtige Umgang mit Bildern muss deshalb geübt werden.

|2| Sie können während der Rede nicht die Verbindung mit den Zuschauern aufnehmen, weil Sie nicht das dafür geeignete Manuskript haben. Die üblichen Manuskripte fesseln den Redner, sie

»befreien« ihn nicht. Wie der Dirigent in einer Partitur alle Hilfen für die Aufführung findet, brauchen auch Sie Hilfen im Manu-Skript, Sie brauchen das für den Redner (Rhetor) geeignete Rheto*Script*®. Die meisten Redenmanuskripte werden im Schreibstil verfasst, also im Imperfekt. Die FreiRede wird aber durch das Perfekt und das Präsens bestimmt.*

| 3 | Wie wirken Sie als Redner? Körper und Rede sind eine Einheit. Das muss aber kontrolliert und geprüft werden. Heute werden Reden entworfen ohne Berücksichtigung von Rhythmus und Musik. Eine überzeugende Rede braucht aber Rhythmus, braucht Musikalität.

| 4 | Redner lassen sich von den Veranstaltern regelmäßig an ein Pult fesseln, meistens mit einem fest stehenden Mikrofon. Umfassend wirken kann aber nur der ganze Mensch. Also müssen Sie lernen, sicher zu sprechen, auch – zumindest teilweise – ohne Pult, mit den dafür geeigneten Mikrofonen, und die Veranstalter um passende Technik bitten.

| 5 | Die Logik hat nur einen kleinen Anteil an der Wirkung einer Rede. Untersuchungen räumen der Logik nur 10 bis 20 Prozent Anteil ein. Unser Gehirn arbeitet anders, nicht logisch. Dieser geringe Anteil der Logik vervollständigt aber die Wirkung, darf also nicht untergehen.

| 6 | Der Umgang mit der Wahrheit: Nirgendwo driften moralische Anforderungen und Tatsachen so weit auseinander wie in diesem Bereich.

Wir versuchen in diesem Band nicht, das Gesamtgebiet der Rhetorik zu erfassen. Wer sich weiter informieren möchte, kann auf die Literatur im Anhang zurückgreifen. Viele der verwendeten Beispiele sind auf unserer Homepage im Internet abrufbar: www.task-akademie.de.

Reden lernen Sie nur durch Beispiele und Üben, kontrolliertes Üben. Die Kontrolle müssen Sie sich durch Kurse, Coaching, posi-

....

*   Da wir ein Buch für die FreiRede schreiben, schreiben wir überwiegend im Präsens oder im Perfekt.

tiv-kritische Freunde/Freundinnen und eigene Aufzeichnungen per Smartphone oder Beamer organisieren. Am einfachsten: nutzen Sie die Kamera ihres Computers. Beispielvideos zu den einzelnen Kapiteln finden Sie auf unserer Homepage.

Denken Sie an die Worte von Giacomo Casanova:

»Wer sich entschieden hat, etwas zu tun, und an nichts anderes denkt, überwindet alle Hindernisse.«

Am Tegernsee im März 2013   Stuttgart

Prof. Dr. Walter Beck   Julius Beck

⊕ Prinzipiell folgen wir der neuen Schreibweise gemäß Duden. Soweit diese Vorschläge aber die Lesbarkeit und Verständlichkeit verschlechtern, weichen wir in Ihrem Interesse davon ab.

1 Im Anfang war das Wort

»Im Anfang war das Wort,
und das Wort war bei Gott,
und Gott war das Wort.
Im Anfang war es bei Gott.
Alles ist durch das Wort geworden,
und ohne das Wort wurde nichts, was geworden ist.«

Deutlicher als mit diesen Bibelworten aus dem Evangelium des Apostels Johannes kann man die Macht des Wortes nicht durchdringen. Das Wort ist göttlich, also viel mehr als Gold. Das Wort ist Erkenntnis, Licht der Menschen. Als Eva – von der Schlange versucht – die Früchte vom Baum der Erkenntnis (den Apfelbaum kennt die Bibel nicht) gestohlen hat, hat Gott sie mit Adam aus dem Paradies vertrieben. Als die Babylonier die gemeinsame Sprache nutzen wollten, um einen Turm bis zu Gott zu bauen, hat Gott ihre Sprache verwirrt. Sie haben einander nicht mehr verstanden, der Bau ist unvollendet geblieben. Diese Kommunikationsprobleme am Bau haben die Zeit der Babylonier bis heute überlebt. Viele Mängel am Bau haben ihren Grund in Verständigungsproblemen zwischen den Beteiligten.

Ob die menschliche Sprache, das Wort, ein göttliches Geschenk ist oder ob wir die Sprache im Laufe der Evolution erworben, wie wir sie erworben haben, das wird facettenreich untersucht; es gibt immer wieder neue Modelle. Sie sind reizvoll, helfen aber bei der Redevorbereitung nicht wirklich weiter. Überlassen wir also die Frage, ob die menschliche Sprache durch die Jagd, durch den Tanz, durch den gemeinsames Gesang, durch das soziale Gespräch zwischen den Frauen oder auf andere Weise entstanden ist, den Forschern, die sich sehr redlich bemühen, ihre jeweiligen Hypothesen umfangreich zu untermauern.

Es bleibt die Macht des Wortes. Welche Stoßkraft entfalten noch heute die Zehn Gebote, die Weisheiten des Konfuzius, die Lehren Buddhas, der Koran, das Kommunistische Manifest oder »Das Kapital« von Karl Marx. Millionen Menschen sind immer noch davon begeistert, Millionen Menschen wurden und werden im Zeichen dieser Worte gefoltert, ermordet, geschlachtet, aber auch heiliggesprochen. Immer waren es Worte, die ihre Kraft entfaltet haben; nicht immer zu unserer Freude. Es bleibt die Erkenntnis:

Wer das Wort beherrscht, kann Macht entfalten.

Johannes entfaltet im Evangelium seine ersten Worte weiter:

> »In ihm ward das Leben,
> und das Leben war das Licht der Menschen.
> Und das Licht leuchtet in der Finsternis,
> und die Finsternis hat es nicht erfasst…
> Und das Wort ist Fleisch geworden
> und hat unter uns gewohnt,
> und wir haben seine Herrlichkeit gesehen,
> die Herrlichkeit des einzigen Sohnes vom Vater, voll Gnade und
> Wahrheit.«*

Alan Posener, Sonderkorrespondent der *Welt*, übernimmt den Rhythmus dieser Zeilen. Er beschreibt, wie Craig Venter als erster Mensch künstliches Leben erschaffen hat. In der *Welt am Sonntag* am 23. Mai 2010 auf Seite 63 liest sich das so:

> »Am Anfang war die Information.
> Und die Information war bei Craig Venter.
> Und die Information wurde Fleisch und hieß DNA.
> Und Venter nahm eine tote Zelle und blies DNA in die Zelle,

---

*   Dieses Evangelium wird dem Apostel Johannes zugeschrieben. Es hat erst Ausgang des ersten Jahrhunderts seine jetzige Gestalt gefunden. Es unterscheidet sich erheblich von den drei anderen synoptischen Evangelien.

und siehe da, die Zelle lebte
und ward fruchtbar und mehrte sich.
Denn Venter hatte gesagt:
›Es werde Leben!‹
Und es ward Leben.
Künstliches Leben: JCVI-syn1.0.«*

Drei Tage vorher, am 20. Mai 2010, hatte Craig Venter, Entzifferer des menschlichen Genoms, der Weltöffentlichkeit erklärt, es sei seinem Team gelungen, ein künstliches Genom im Labor zu bauen und in eine bakterielle Zelle zu implantieren. Daraufhin habe die Zelle begonnen, ein künstliches Wesen zu erschaffen.
Poseners Schlussfolgerung:

»Was bisher Gott oder den Göttern vorbehalten war, das machen nun Menschen.«

Entscheidend ist aber eine andere Erkenntnis:

»Im Anfang ist die Information ...«

Das ist und bleibt richtig. Ohne Information hätte sich die Welt nicht so entwickeln können.** Und wenn Sie Information als Botschaft verstehen, dann ist die Nähe zum »Wort« unübersehbar. Johannes hat recht. Erst die Information hat Energie in Leben umgewandelt.

Aber: Die Menschen kümmern sich darum recht wenig. Sie nehmen diese Botschaft nicht so recht ernst, verschlampen das Wort, vernachlässigen die Sprache, unterschätzen die Wirkkraft der Worte.

---

*   *Welt am Sonntag* vom 23. Mai 2010, S. 63. Posener war stellvertretender Chefkorrespondent, bevor er »Sonder-Korrespondent« wurde.
** Vgl. dazu das sehr aussagekräftige und anspruchsvolle Buch von James Gleick »Die Information«.

Bei den Maoris auf Neuseeland ist das anders. Sie pflegen seit Jahrhunderten die Kraft und Schönheit der Rede. Aber das sind ja auch »Wilde«.

Es ist immer wieder erstaunlich, wie wenig sich gerade in Deutschland die Menschen um die Wirkung ihrer Worte kümmern.

Nutzen Sie Ihre angeborenen Fähigkeiten. Jeder kann reden, jeder kann ein guter Redner werden.

Reden ist mehr als Gold.
Reden ist Leben.

Franzi will auch reden lernen.

2 Fehler – na und?

Nicht das Beginnen wird belohnt, sondern einzig
und allein das Durchhalten.

Katharina von Siena

In den nachfolgenden Kapiteln finden Sie viele Hinweise und Vorschläge, wie Sie Ihre Rede gestalten können. Lassen Sie sich nicht beirren, wenn Sie meinen, das seien zu viele Ansprüche an Ihre Rede. Auch anerkannt hervorragende Redner pflastern ihre Redeerfolge mit Fehlern; das verzeihen die Zuschauer, wenn sie die Überzeugung spüren und es dem Redner gelingt, seine Emotionen zu übertragen. Sie haben die Chance, allmählich die Rede zu gestalten, die zu Ihnen passt und Ihre Vorbereitungsarbeiten optimal umsetzt. Sie wirken!

Prominente und ihre Fehler

Wenn Sie bei der Rede Fehler machen, sich versprechen, sich nicht »regelgemäß« am Pult bewegen und anderes mehr: Das ist nicht schlimm. Das Gehirn der Zuschauer verzeiht sehr viele Fehler und stellt sie oft auch automatisch richtig. Viele Reden der »großen Redner« in Deutschland (Herbert Wehner, Franz Josef Strauß, Kurt Biedenkopf und andere mehr) zeigen eine Überfülle von Fehlern, gemessen an klassischen Maßstäben. Trotzdem haben die Menschen applaudiert. Das liegt aber nicht daran, dass die Zuhörer von Franz Josef Strauß oder Herbert Wehner weniger intelligent waren als andere.

Nein, unser Gehirn korrigiert viele Fehler automatisch. Bei den Zuschauern entscheidet nicht das geschliffene Deutsch, sondern die erlebte Überzeugung des Redners. Das emotionale Engagement, mit dem der Redner vorträgt – und die Glaubwürdigkeit seiner Emotion. Stimmt dieses Engagement, zeigt der Gesamtauftritt des Redners, dass er voll hinter seiner Rede steht, nichts vormacht, dann verzeihen die Zuschauer auch die Fehler, die ihnen auffallen. Sehr viele Fehler fallen ihnen aber gar nicht auf.

Die bayerische Staatsministerin Emilia Müller hielt bei einem großen Empfang der Generalkonsulin für Österreich in München die »Festrede«. Sie sprach über ihre Aufgaben in Brüssel. Damals war Dr. Edmund Stoiber noch Ministerpräsident und ein harter Verfechter der Bürokratieverringerung und der Bürokratieeinsparung in Brüssel. Trotzdem versprach sich Emilia Müller: »Meine Hauptaufgabe in Brüssel ist die **Vermehrung** von Bürokratie.« Die Zuschauer lachten, ohne dass die Ministerin wusste, warum, weil ihr selbst dieser Versprecher gar nicht aufgefallen war. Wir Zuschauer wussten, was sie sagen wollte. Da sie im Übrigen engagiert war, haben wir diesen Versprecher unkommentiert richtiggestellt.

Kürzlich hat ein Landrat bei einer Laudatio über die Gesundheit und die Fastenzeit gesprochen. Der Verzicht auf den Genuss von Fleisch während der Fastenzeit sollte sein Kernpunkt sein. Tatsächlich hat er uns überrascht:

> »An den verbotenen **Verzicht** von Fleisch haben wir uns ja gewöhnt.«

Dieser Satz ist logisch falsch. Er wollte eigentlich sagen:

> »An den verbotenen **Genuss** von Fleisch haben wir uns gewöhnt und darauf verzichtet.«

Der Versprecher ist den meisten Zuschauern nicht aufgefallen; dem Redner auch nicht.

Der EU-Kommissar Günther Oettinger hat im März 2012 eine viel beachtete und auch wirklich sehr überzeugende Rede im Bayerischen Landtag gehalten. Eine Dreiviertelstunde hat er völlig frei auch ohne Stichwortzettel seine zentralen Aufgaben in Brüssel ausgemalt. Dann im Brustton der Überzeugung:

»… und dass auch der Rückzug der Alliierten aus **Aserbaidschan** nicht gerade glücklich durchdacht ist …«

Nun gibt es in **Aserbaidschan** erfreulicherweise keine Besetzung durch »Alliierte«, aber in Afghanistan. Ihm ist das gar nicht aufgefallen. Da er der zuständige EU-Kommissar für Energie ist und in Aserbaidschan sehr viel Gas und Öl sprudelt, ist dieser Versprecher durchaus verständlich.

Es gibt also Versprecher, die Ihnen als Redner gar nicht auffallen. Sie würden sie später entrüstet bestreiten.

Hans-Dietrich Genscher sollte als Außenminister in Wien über die Europapolitik sprechen. Sein Manuskript sah den Satz vor: Wir sind die Vorhut der Europäischen Einigung … Stattdessen sagte er:

»Wir sind die **Vorhaut** der Europäischen Einigung …«

Wirklich peinlich. Er hat es bemerkt, aber nicht korrigiert; das wäre noch peinlicher geworden.*

Kurz vor Weihnachten 2011 hörten wir vormittags ab elf Uhr in der Münchner Oper ein herrliches Konzert.

Der Eröffnungsredner begrüßte uns aber nicht zur der genussvollen Matinee (elf Uhr), sondern wünschte uns zweimal einen genussvollen Abend. Ihm fiel das gar nicht auf. Der Dirigent, der berühmte Kent Nagano, übernahm dann in seiner Dankesrede diesen Fehler.

Ernst Jandl goss seinen »Spott« oder auch seine Anerkennung dieser Akrobatik unseres Gehirns in eine Wechstabenverbuchselung:

---

* Sabine von Nayhauß: »War das peinlich …«

»Lichtung

Manche meinen
lechts und rings
kann man nicht velwechsern
werch ein Illtum!!«

■ Unser Gehirn korrigiert viele Fehler von selbst

Eine englische Universität erprobte die Leistungen des Gehirns auf
andere Weise. Lesen Sie den folgenden verdeutschten Text einfach,
auch wenn er sich komisch ansieht:

> Afugrnud enier Sduite an enier elingshcen Unvirestiät ist es eagl, in
> wlehcer Rienhnelfoge die Bcuhtsbaen in eniem Wort sethen, das enizg
> Wcihitge dbaei ist, dsas der estre und lzete Bcuhtsbae am rcihgiten
> Paltz snid. Der Rset knan ttolaer Bölsdinn sein, und du knasnt es torz-
> tedm onhe Porbelme lseen. Das ghet dseahlb, weil wir nchit Bcuhtsbae
> für Bcuhtsbae enizlen lseen, snodren Wröetr als Gnaezs.

Sie sehen selbst, wie viel das Gehirn von sich aus richtigstellt.

Versinken Sie also nicht vor Scham in den Boden, wenn Sie
glauben, dass Sie sich versprochen haben. Fehler gehören zum
Geschäft.

Dennoch, einige Korrekturen müssen sein: Wenn Sie den
Namen einer anwesenden Person falsch aussprechen und es
Ihnen auffällt, müssen Sie korrigieren. Das gebietet die Höflich-
keit.

Wenn Sie merken, dass Sie ein Zitat falsch zugeordnet haben,
gebietet die Höflichkeit, es richtigzustellen. Dies ist auch eine Vor-
sichtsmaßnahme, sonst wird Ihnen später vorgeworfen, Sie hätten
geguttenbergt.

Wenn Sie selbst merken, dass Sie sich in einem Satz »vergaloppiert haben«, ist es meistens das Einfachste, Sie hören mit einem
einigermaßen passenden Verbum auf. Dann können Sie sich korri-

gieren, etwa mit den Worten: »Um nochmals genau zu formulieren ...« Dann bringen Sie Ihren eigentlichen Redeinhalt nochmals. Darauf müssen Sie aber nicht mit gesonderten Worten oder mit Entschuldigungen hinweisen. Da es die meisten Zuschauer nicht nachvollzogen haben, machen Sie mit Hinweisen überhaupt erst auf Fehler aufmerksam.

Berücksichtigen Sie dabei auch das »Gehirn« der Zuschauer. Wenn Sie versehentlich sich in einem längeren Bandwurmsatz vergaloppiert haben, nicht mehr so recht wissen, wie Sie ihn zu Ende bringen sollen, dann gibt es bei den Zuschauern das gleiche Ergebnis, nur noch in größerem Ausmaß. Die Zuschauer haben den Beginn des Satzes meistens sowieso schon verloren, weil das Gehirn sich solche Schachtelsätze beim reinen Zuhören nicht merken kann. Also können Sie ohne sehr großes Risiko diesen Satz auf Ihre Weise zu Ende bringen.

Wenn Sie sich vorgenommen hatten, keine »unds« oder »ähs« oder »meine Damen und Herren« in der Rede zu verwenden, sich aber dennoch dabei ertappen. Werden Sie nicht unsicher oder verlegen, weil Ihnen der Fehler passiert ist. Ihnen fällt es jetzt schon als Fehler auf, weil Sie sich verbessern wollen. Die Zuschauer wissen das nicht, reagieren darauf also auch nicht besonders. Loben Sie sich innerlich selbst dafür, dass Sie gelernt haben, sich selbst bei der Rede zu beobachten. Das ist die wichtigste Voraussetzung, um besser zu werden.

Lampenfieber und positiver Stress

Alle haben Lampenfieber. Lampenfieber ist Teil des positiven Stresses. Unter Stress sind wir leistungsfähiger. Das »Stresshormon« Cortison gibt uns neue Kraft. Stress ist eine Droge, die unser Körper selbst produziert.

Es gibt dazu ein eigenes Gesetz, das Yerkes-Dodson-Gesetz:

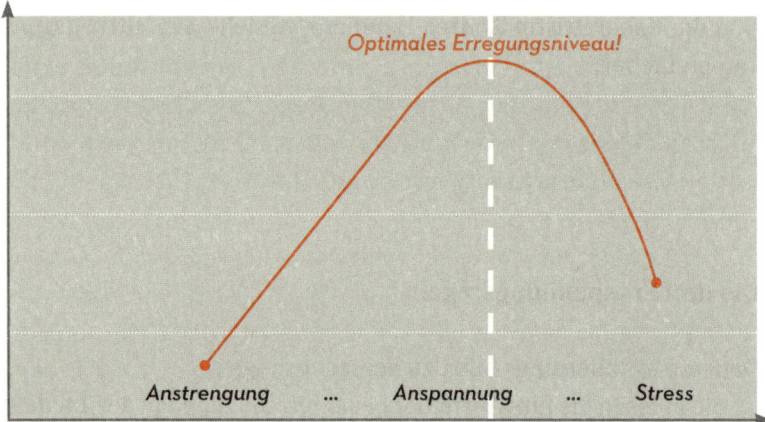

Denken Sie sich also nichts dabei, auch berühmte und erfahrene Redner/Schauspieler/innen haben Lampenfieber.

Julia Roberts:

> »Ich werde vor Nervosität kurz vor dem Schlaganfall stehen... Ich entspanne mich, indem ich mich im Liegen schminken lasse; oft dient auch mein Ehemann als Blitzableiter.«

Hugh Grant:

> »Valium, mir half nur noch Valium. Mein Mund war ganz trocken, ich konnte mir den Text nicht mehr merken.«

Heinz Marecek:

> »In den letzten zwei Wochen vor einer Premiere versuche ich, mehr zu schlafen, viel Bewegung an der frischen Luft, nicht zu trinken...«

Jessica Schwarz:

> »Alles verschwimmt vor meinen Augen, und ich denke, ich falle gleich in Ohnmacht. Ich fluche vor mich hin, sage meine Texte laut auf. Jeder, der in meiner Nähe steht, wird von mir einfach zugeschwallt.«

Und die Kabarettistin Andrea Händler empfiehlt als Mittel gegen Lampenfieber:

> »Dann stelle ich mir in der Frühe die Kritiker vor, wie sie duschen, sich die Zähne putzen, auf dem Klo sitzen.«

Die fünf Entspannungsregeln

Dauerstress allerdings führt zu Versagensangst.

Sie müssen die fünf Antreiber beachten, die Ihnen in der Tat das Leben schwer machen können und auch Ihre Vorbereitung bei der Rede beeinträchtigen:

| 1 | Streng dich an!
| 2 | Sei stark!
| 3 | Mach es allen recht!
| 4 | Sei perfekt!
| 5 | Mach schnell!

Die Zuschauer stehen Ihnen meist positiv gegenüber. Beherzigen Sie deshalb die fünf Entspannungsregeln:

| 1 | Die Zuschauer verzeihen Fehler!
| 2 | Man kann es nie allen recht machen.
      »Everybody's darling is everybody's Depp!«
| 3 | Jeder darf sich Hilfe holen.
      Zusammenarbeit macht stark.
| 4 | Man lebt nur einmal.
      Ich tue, was ich kann!
| 5 | Ich nehme mir Zeit.
      Die Zuschauer brauchen auch Zeit.

Verzweifeln Sie nicht an Ihren Fehlern. Fehler, die Ihnen bewusst werden, zeigen Ihnen: Sie sind auf dem Weg zum guten Redner. Diese Fehler machen Sie stark.

Mit jedem Fehler lernen Sie sich besser kennen. Berücksichtigen Sie also den Satz von François Villon:

»Ich kenne alles, nur mich selber nicht.«

Bravo! Auch Sie können sich den verdienten Applaus als überzeugender Redner abholen.

3 Mensch – spiegle dich!

Nichts bewahrt uns so gründlich vor Illusionen wie ein Blick in den Spiegel.

Aldous Huxley

Wir geben immer wieder Hinweise, wie Sie sich bei Ihrer Rede darstellen können, manchmal auch darstellen sollen. In unseren Seminaren heißt es dann immer wieder: Das ist doch »08/15«, das entspricht nicht der Individualität, darauf kommt es doch gar nicht an; entscheidend sind doch die Worte, nicht die Haltung. Tatsächlich entscheidend ist aber, wie weit die Haltung, die Ausstrahlung eines Redners auch seine tatsächliche Verfassung widerspiegelt. Es kommt also darauf an, Ihr Auftreten ganz im Dienst der Rede zu stellen. Dann dürfen Sie alles! Fast!

■ Im Gehirn der Zuschauer spiegeln Sie sich

Es kommt nicht nur auf die Tatsache an, dass Sie als Redner ein stimmiges Gesamtbild bieten. Wie könnten Sie sonst überzeugen? Noch wichtiger ist Ihre Haltung, weil sie auch Ihre Zuschauer motiviert, für Sie öffnet. Ob die Zuschauer Ihnen vertrauen, ob sie traurig sind, sich freuen, ob sie mit Vertrauen oder mit tiefer Skepsis den Saal verlassen – das gestalten Sie durch Ihre Ausstrahlung.

Diese Ausstrahlung wirkt tief in die Gehirnsphären der Zuschauer ein. Das haben vor einigen Jahren Wissenschaftler, vor allem der Italiener Giacomo Rizzolatti, entdeckt. Er hat Neurone im Gehirn nachgewiesen, die auf Handlungen des Gegenübers reagieren und diese widerspiegeln. Deshalb werden diese Neurone als »Spiegelneurone« bezeichnet.

Anstoß für diese Untersuchungen hat zunächst eine seit langem bekannte Tatsache gegeben, die aber niemand so neugierig hinterfragt hat wie Rizzolatti: Wenn Sie einem menschlichen Baby die Zunge rausstrecken, wird es damit antworten, dass es gleichfalls die Zunge herausstreckt. Das ist »vernünftig« schwer erklärbar. Das Baby weiß gar nicht, dass es eine Zunge hat, und erkennt ja auch bei seinem Gegenüber den Lappen, der aus dem Mund herauskommt, nicht als Ebenbild seiner eigenen Zunge. Trotzdem streckt das Baby die eigene Zunge raus, spiegelt also das Verhalten seines Gegenübers. Rizzolatti hat diese Tatsache dann bei den Makaken-Affen gründlich untersucht. Sie verhalten sich genauso wie die menschlichen Babys. Seit dieser Entdeckung haben sich Wissenschaft und Literatur diesem Thema intensiv gewidmet. Das Bild zeigt das Verhalten der Makaken-Babys recht deutlich:

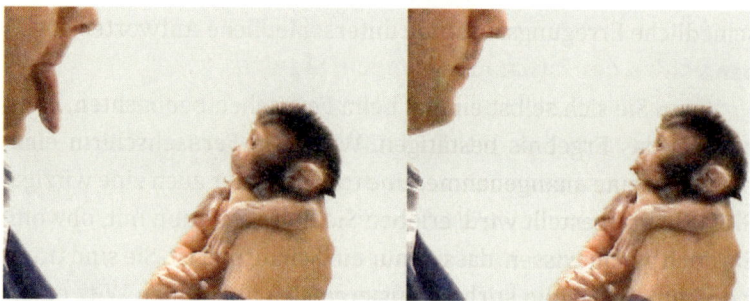

Auf die herausgestreckte Zunge des Wissenschaftlers antwortet das Makaken-Baby und streckt ebenfalls die Zunge heraus.

Die Spiegelneurone sind beim Menschen nachgewiesen im Brocca-Zentrum, das für die Sprachverarbeitung bedeutsam ist. Wissenschaftler sind eifrig dabei, diese Spiegelneurone auch bei anderen Gemütszuständen wie Angst, Furcht, Trauer oder Zorn und Ekel, nachzuweisen.

Das Gegenstück zur Empathie, also zur Fähigkeit, Empfindungen anderer zu erkennen, ist der Autismus. Autisten haben gerade keine Fähigkeit, sich in die Emotionen anderer Menschen oder Tiere hineinzudenken. Es wird vermutet, dass Autisten gerade diese Fähigkeit der Spiegelneurone fehlt, sie deshalb keine Fähigkeit haben, die Gefühle anderer Menschen in ihrem eigenen Neuronalsystem abzubilden.

Shamay-Tsoory hat 2009 gerade auch diese Bedeutung der Spiegelneurone in ihrer Abbildung der emotionalen Empathie erkannt. Freilich, wie meist bei Forschungen in unserem Gehirn, wird sich wohl herausstellen, dass die Spiegelneurone allein die Aufgabe der Emotionsabbildung und Emotionsgestaltung nicht übernehmen.

Je stärker unsere Forschungsmöglichkeiten im Gehirn werden, je besser also die Geräte, die die jeweiligen Erregungszustände im Gehirn abbilden können, umso mehr wird sich voraussichtlich zeigen, dass verschiedenartige Gehirnareale dabei beteiligt sein werden. Schließlich sind unsere Gehirnteile verschieden alt: die ältesten 400 Millionen Jahre, die jüngsten einige zehntausend Jahre. Sie haben sich zu unterschiedlichen Zeiten entwickelt und auf unterschiedliche Erregungszustände unterschiedliche Antworten gegeben.

Wenn Sie sich selbst einmal beim Fernsehen beobachten, können Sie das Ergebnis bestätigen. Wenn am Fernsehschirm eine peinliche, eine unangenehme, eine traurige oder auch eine witzige Situation dargestellt wird, erleben Sie diese Emotion mit, obwohl Sie doch genau wissen, dass es nur ein Schauspiel ist. Sie sind traurig, wenn die Heldin stirbt, amüsieren sich über einen Witz eines Lebemannes. Das alles ist nicht neu. Darauf beruht ja gerade die ganze Industrie. Es ist aber wichtig für uns Redner. Es dürfte wenig Zweifel geben, dass gerade diese Spiegelneurone der Schlüssel sind für das Verständnis von Empathie, von Sprache und wohl auch für unsere gesamte Kultur.

Schließlich beruht gerade die Kultur auf der Fähigkeit des »Nachahmens«. Kultur entsteht, weil wir unseren genetisch vererbten Rahmen ausschöpfen und vertiefen. Das funktioniert aber nur deshalb so schnell und »übertragbar«, weil wir eben voneinander gerade durch die Spiegelung lernen. Wir müssen nicht alles neu lernen, wir brauchen viele Fähigkeiten, die wir nicht genetisch vorprogrammiert haben, die aber dennoch für unser heutiges Leben erforderlich sind. Wir lernen sie durch Nachahmung. Das ist wahrscheinlich das große Geheimnis der Spiegelneurone.

Es muss Ihnen deshalb bewusst sein, dass Sie Ihr Publikum mit Ihrem eigenen Auftreten emotionalisieren; das können Sie nicht vermeiden, nur gestalten. Wenn Sie kühl auftreten, wird die Atmosphäre frostig, sind Sie nervös, reagiert das Publikum vielleicht mitleidend, vielleicht gereizt. Genau deshalb gilt es für uns als Redner, diese Reaktion bewusst zu nutzen. Sie müssen deshalb als Redner wissen: Gerade Ihre Emotionen gestalten Ihre Zuschauer. Das heißt für Sie: Wie Sie Emotionen zeigen, so können Sie die Spiegelung erwarten und auch hervorrufen. Diese Möglichkeit ist aber auch zugleich unser Problem. Wenn Ihre Emotionslage nicht zu Ihrer Rede passt, können Sie nicht erfolgreich sein. Sind während des Tages einige Entscheidungen falsch gelaufen, tun Sie sich schwer, am Abschluss eine fröhliche und leichte Rede zu halten. Sie müssen dann eine entsprechende Konzentrationspause einlegen, um zu verhindern, dass die Emotionen aus dem einen Bereich in die Rede überschwappen.

Ein Bekannter kam von der Geburt seines zweiten Kindes, einer Tochter, gleich darauf in die Universität und sollte eine ernste wissenschaftliche Rede halten. Er war noch voll Freude, dann aber der Meinung, er müsse ganz auf ernst und streng wissenschaftlich umschalten. Wir haben ihm empfohlen, diese Freude zu Beginn seiner Rede seinen Zuschauern mitzuteilen. Er hat es getan, war entsprechend entspannt und konnte dann auch ganz konzentriert seinen Vortrag halten. Wenn Sie umgekehrt ein sehr belastendes Erlebnis hatten, kann man das oft den Zuschauern nicht mitteilen, weil sie nicht belastet werden sollen. Wenn Sie aber selbst spüren, dass Sie diese Belastung nicht loslässt, ist es trotzdem besser, wenn Sie zumindest erwähnen, dass Sie gerade einige sehr schwierige und sehr weitgreifende Erlebnisse hatten, die emotional stark nachwirken. Das stützt Ihre Glaubwürdigkeit. Es zeigt Sie als Mensch. Es weckt auch Verständnis bei den Zuschauern für Ihre Haltung während der Rede.

Der innere Spiegel hilft Ihnen selbst

Sportler nützen heute die Abbildungsfähigkeit der Spiegelneurone sehr intensiv. Sie machen sich vorher ein Bild von ihrer Laufstrecke oder zum Beispiel die Skifahrer von ihrer Rennstrecke und gehen dieses Bild im Kopf immer und immer wieder durch und wissen: Wenn ich das zeitgenau durchführe, dann stellt sich auch mein Körper darauf ein. Halt: Hier muss ich den rechten Ski belasten. Dort aufpassen, es ist eisig. Hier zusammenkauern, weil ein Sprung kommt usw. Besonders schön ist das bei den Profi-Skifahrern zu sehen, wenn sie vor den Rennen die Strecke begutachten* und dies unmittelbar vor ihrem Lauf reflektieren.

Diese Imagination, die auch von diesen Spiegelneuronen mitgeprägt wird, können Sie auch selbst für die Vorbereitung der Rede trainieren. Versetzen Sie sich in Ihre Rede hinein. Sprechen Sie die Rede laut und überlegen, welche Zwischenrufe kommen können, welche Fragen das Publikum auftischen wird, was Ihnen selbst passieren kann. Fällt ein Manuskriptblatt herunter? Fehlt eines? Stimmt die Beleuchtung nicht? Fällt das Mikrofon aus?

Alles das sind Fragen, die Sie vorher durchgehen können. Dann können Sie die Antwort darauf sich selbst geben. So können Sie im Fall des Falles auch tatsächlich reagieren, weil Ihr Körper weiß, weil Sie wissen, was zu tun ist. Wir räumen schon ein: Das fordert Vorbereitungszeit und Vorstellungskraft. Es macht Sie aber zugleich sicherer.

....

* http://www.task-akademie.de

Die Spiegelneurone spiegeln also Ihr Verhalten in der Welt. Sie werden aktiv, wenn wir anderen zusehen, sei dies beim Skifahren oder beim Tennis. Sie werden aktiv, wenn wir selbst handeln und damit anderen ein »Vorbild« geben. Und sie werden auch schon aktiv, wenn wir nur an die Tätigkeit denken, uns vorstellen, wie wir uns beim ersten Treffen mit der künftigen Freundin benehmen würden, wie wir uns in der Prüfung bei Antworten benehmen werden.

Als ich mich selbst auf meine juristischen Prüfungen vorbereiten musste, habe ich mir immer vorgestellt, wie ich die Prüfer zumindest ein Mal zum Lachen bringen kann. Welche Antworten ich so geben könnte, dass der Prüfer daraufhin eigentlich die nächste Frage stellen müsste, deren Antwort ich auch schon überlegt hatte. Das hat erfreulich gut funktioniert.

Spiegelneurone arbeiten im Unbewussten. Unser Gehirn spiegelt, was wir sehen. Spiegelneurone sind also für uns Menschen (aber auch für Schimpansen, wahrscheinlich auch für andere Warmblütler) lebensnotwendig. Wir lernen nicht immer nur durch Tun, sondern auch schon allein durch Sehen und durch Abbildung der Verhaltensweise der anderen. Das ist eine evolutionäre Prägung, die schon viele Millionen Jahre alt ist.

Versuche, diese Spiegelneurone als etwas ganz Besonderes herauszustellen, das die Menschen von vielen Tieren unterscheidet, ist wieder einer der Ansätze, die besondere Stellung des Menschen herauszuheben. Er wird genauso scheitern wie die bisherigen Versuche, die Menschen wegen einer einzelnen besonderen Eigenschaft auf einen Sockel zu stellen, der sie hoch über alle anderen Lebewesen, Menschenverwandte, erheben soll. Viel wahrscheinlicher ist es, dass eine Fülle von einzelnen Fähigkeiten für unser menschliches Dasein bestimmend ist, Fähigkeiten, die eben unsere Verwandten in dieser Vielfalt und Kombinationsmöglichkeit nicht haben.

Besonders wichtig erscheint einigen Autoren der Hinweis, dass die Spiegelneurone in der Liebe besonders aktiv sind. In dieser Liebeszeit wird die spiegelnde Resonanz als »besonders wundervoll« beschrieben. Spiegelneurone wirken nämlich schon, wenn jemand uns besonders sympathisch ist. Der wunderschöne und erotisch-reizvolle Flirt dient wohl dem Zweck herauszufinden, wie weit der andere auf die eigenen Signale reagiert, also diese Signale versteht und spiegelt. Gerade wenn sich Partner sympathisch sind, zeigt sich die Spiegelung in ihrem Verhalten, wenn sie zum Beispiel nebeneinander sitzen. Sie schlagen dann die Beine in die gleiche Richtung über, halten die Hände ähnlich oder gleich, benutzen Glas oder Besteck ähnlich. Wer frisch verliebt ist, hat eine ganz besondere Antenne für die Signale, die der andere aussendet. Gerade bei harmonischen Paaren zeigt sich der Spiegelungseffekt besonders deutlich: Wenn der eine Partner krank ist, fühlt der andere sich selbst unwohl, wenn der eine sich freut, freut der andere sich mit ihm und ist dankbar.

Sei doch bitte ruhig!

Unter diesem Motto sind viele von uns groß geworden.

Immer und überall wurden wir aufgefordert, uns zu beherrschen, Emotionen zu verstecken. Wir sehen in unseren Seminaren es deshalb gerade immer als eine unserer wichtigsten Aufgaben an, unseren Teilnehmern den Mut zu wecken, ihre Emotionen zu zeigen. Wie sollen Zuschauer wissen, was den Redner bewegt, wenn er es nicht zeigt? Und der Redner zeigt es nicht, weil die Umgebung es ihm abgewöhnt hat. Im Elternhaus, in der Schule, während des Studiums.

An allen Orten wird immer die Kraft der »Vernunft« beschworen, die Notwendigkeit, sich zu beherrschen. »Vergiss deine Emotionen, sei doch vernünftig«, das ist eine der Hauptermahnungen. Dabei wird aber vergessen, dass wir Menschen durch unsere Emotionen geprägt werden. Nach Untersuchungen sind unsere Entscheidungen zu etwa 80 Prozent emotional geprägt. Nur der Rest wird durch Logik und Verstand beeinflusst.

Was für uns als Redner gilt, prägt auch den Zuschauer. Es bleibt deshalb auch Ihre Hauptaufgabe, Ihre Emotionen in die Rede einzubauen. Wie das geschieht, wird in den späteren Kapiteln vorge-schlagen (vgl. Kapitel 5). Berücksichtigen Sie: Keine Emotionen – das gibt es nicht. Wenn Sie sich scheinbar beherrschen und keine Emotionen zeigen, vermitteln Sie den Zuschauern genau diesen Eindruck: Der hat ja keine Emotionen. Und die Zuschauer fragen sich natürlich: Warum nicht? Beschäftigt ihn das Thema nicht, glaubt er nicht daran, langweilt er sich – und damit uns?

Wir alle müssen es immer wieder neu trainieren, unsere Emotionen zu zeigen; durch gestaltendes Vortragen von Texten, durch Erzählungen über emotionale Erlebnisse, durch Einbau der Emotionen in die Rede, durch humorvolle Einlagen, vielleicht auch durch Musik (vgl. Kapitel 10).

Haben Sie also Mut, Ihre Emotionen zu zeigen. Nur dadurch können Sie die Emotionen bei Ihren Zuschauern wecken.

◼ Erfolgreiche Redner spiegeln

Wenn Sie die erfolgreichen Redner bei uns in Deutschland betrachten: Sie alle sind erfolgreich, weil sie ihre Emotionen zeigen und beim Publikum wecken. Es unterstreicht die Authentizität des Redners, wir halten ihn für glaubwürdig, weil er sein Engagement so ganz offen zeigt. In den letzten Jahren hat sich einer dadurch in Deutschland ganz besonders herauskristallisiert: der Präsident von FC Bayern München, Uli Hoeneß.

Er verbirgt seine Emotionen nicht, er lässt Dampf ab, wenn es ihm notwendig erscheint, er lobt, wenn es passt, und er sorgt sich um den FC Bayern, seine Mitglieder und sein Lieblingsthema Fußball, wenn das erforderlich ist.

Einige Beispiele, die auch besonders schön auf YouTube unter »Uli-Hoeneß-Ausraster« zu sehen sind:

Zu den Mitgliedern: »An der Scheißstimmung, da seid ihr doch dafür verantwortlich und nicht wir.«

Oder zur U-Haft von Breno:

»So wie sich die Staatsanwaltschaft hier aufführt, das ist ja Wahnsinn.«

Das lässt aber nicht den Umkehrschluss zu: Wer Emotionen zeigt, ist auch schon ein guter Redner. Diese Logik gilt genauso wenig wie das Argument: Wer gut redet, ist auch schon ein guter Wirtschaftskapitän, Professor oder Politiker. Das wird uns immer wieder demonstriert: Ein Politiker, wie zum Beispiel Guido Westerwelle, ist ein guter Redner; daran gibt es keinen Zweifel. Dies lässt aber nicht den Rückschluss zu, dass er auch schon ein guter Politiker ist.

Der bayerische Ministerpräsident Edmund Stoiber war häufig ein schlechter Redner. War er deshalb ein schlechter Politiker? Er hat möglicherweise deshalb die Bundestagswahl 2002 verloren. Das mag die gerechte Konsequenz dafür sein, dass er sich nicht darum bemüht hat, ein guter Redner zu werden.

Diese verschiedenen Eigenschaften bedingen sich also nicht; sie beeinflussen sich aber. Wenn Sie die Emotionen zeigen, haben Sie gute Chancen, ein wirklich überzeugender Redner zu werden. Ohne Emotionen wird es nicht funktionieren. Wenn Sie aber Emotionen zeigen, ohne die anderen Regeln für eine gute Rede zu beachten, nützen Ihnen die Emotionen auch nichts. Das ist auch gut so.

Um nochmals auf den früheren bayerischen Ministerpräsidenten Dr. Edmund Stoiber einzugehen:

Im Bundestagswahlkampf 2002 hat ihn sein damaliger Berater Spreng offenkundig davon überzeugt, einen »Crashkurs« in Sachen Rhetorik zu durchlaufen. Das war ein Fehler, der den Erfolg dieses Bundestagswahlkampfs im wahrsten Sinn des Wortes gesprengt hat. Rednerische Fehler, die sich über viele Jahre eingeschlichen haben, kann man nicht in einem Crashkurs von wenigen Tagen oder Wochen beheben. Das führt zu lauter Verwirrungen und Widerstreit im Gehirn. Die Gewohnheit sagt zum Beispiel: Mache »ähs«, mache »unds«, schau ernst, da das Leben ernst ist. Im Training kommt aber dann: Mache keine »unds«, keine »ähs«, lächle, das beeinflusst die Zuschauer. Diesen Widerstreit kann man nicht kurzfristig lösen, sondern muss ihn sich in einem längeren Prozess abtrainieren, die Fehler beseitigen. Fehler, die sich über viele Jahre eingeschliffen haben, können nur allmählich ausgemerzt werden.

Das Bild von Edmund Stoiber, dem Redner, war deshalb dann auch im Bundestagswahlkampf 2002 gebrochen. Die Zuschauer hatten den Eindruck: »Jetzt hat er Kreide gefressen.« Stoiber selbst hat diese neuen Anforderungen auch nicht so schnell umsetzen können. Er hat an den falschen Stellen gelächelt, sich am Pult festgeklammert und so verkrampft gewirkt – eben weil die Souveränität der gewohnten Übung gefehlt hat.

Friedrich Nietzsche trifft wieder einmal ins Schwarze:

»Es ist noch nicht genug, eine Sache zu beweisen. Man muss die Menschen zu ihr auch noch verführen.«

4 Unser Ziel – das Vertrauen der Zuschauer

Sie musterten Pitt mit dem Misstrauen, das normalerweise einem Politiker entgegenschlägt, der verspricht, Steuern zu senken.

Clive Cussler: Das Alexandria-Komplott

Als Redner fordern Sie von den Zuschauern: Verständnis, Einsicht, Zustimmung, Aktion. In der heutigen Welt mit ihrer Überfülle an Angeboten müssen Sie sich fragen, warum Ihre Zuhörer/Zuschauer/Kommunikationspartner diese Forderungen erfüllen sollen. Das Gleiche fragen sich umgekehrt auch die Zuschauer. Wenn Sie keinen Zwang ausüben können oder ausüben wollen (falls Sie es zum Beispiel als Vorgesetzter können), dann müssen Sie ihnen einen guten Grund geben, Ihre Forderung zu erfüllen. Vertrauen ist ein Vorschuss in die Zukunft. Der Grund für einen solchen Vorschuss muss auch nachvollziehbar sein, nicht unbedingt logisch, gerne auch emotional. Die Bereitschaft, anderen zu vertrauen, schwindet, wenn man den Umfragen glauben darf. Auf die Frage »Glauben Sie, dass man den meisten Menschen vertrauen kann?« antworteten 2005 44 Prozent mit »Ja«, 2010 nur noch 38 Prozent. Diese Umfrage zeigt gleich die Problematik solcher Umfragen: wie die Befragten die Frage interpretieren. Fast alle fahren Auto, benutzen die Bahn oder das Flugzeug, vertrauen also den anderen Verkehrsteilnehmern, den Lokführern, den Piloten. Die Fähigkeit für Vertrauen hat die Evolution uns in die Gene gemischt. Im Gehirn ist dafür vor allem das Hormon Oxytocin verantwortlich. Die Antworten auf die Umfrage haben sich also nur auf ganz bestimmte Vertrauensbereiche bezogen, das Handeln der Politiker, der Ärzte, der Pfarrer – je nach Fragestellung.

■ Die Welt ist gefährlich – wir brauchen Vertrauen!

Am leichtesten haben Sie es als Redner, wenn Ihnen die Zuschauer vertrauen. Niklas Luhmann* definiert Vertrauen als einen »Mechanismus zur Reduktion sozialer Komplexität«, der eine »riskante Vorleistung« sei. Als Professor wird er präziser:

> »Vertrauen ist dann die generalisierte Erwartung, dass der andere seine Freiheit, das unheimliche Potenzial seiner Handlungsmöglichkeiten, im Sinne seiner Persönlichkeit handhaben wird – oder genauer, im Sinne der Persönlichkeit, die er als die seine dargestellt und sichtbar gemacht hat. Vertrauenswürdig ist, wer bei dem bleibt, was er bewusst oder unbewusst über sich selbst sichtbar gemacht hat.«

Gerade die letzten drei Jahre haben gezeigt: Politik, Wirtschaft, Freundschaft können ohne Vertrauen nicht existieren.

Mai 2011: nach Fukushima kein Vertrauen in die Atomanlagen; sie werden in Deutschland abgeschaltet.

Juni 2011: Skandal um Ehec-verseuchte Bio-Sprossen; Vertrauensverlust in Gemüse.

Juli 2011: Die Mehrheit der Bundesbürger hat kein Vertrauen in die Krankenversicherung.

August 2011: 55 Prozent der Deutschen haben kein Vertrauen in die Krisenbewältigung der Kanzlerin.

Februar 2012: 64 Prozent der Deutschen vertrauen der Kanzlerin; das ist eine so hohe Zahl wie nie zuvor.

Die Wahl von Joachim Gauck zum neuen Bundespräsidenten wurde gerade mit seiner Fähigkeit begründet, das Vertrauen in das Amt wiederherzustellen. In einer immer komplexer werdenden Welt ist Vertrauen essenziell.

Die Gefahr, dass Vertrauen zu Fehlern führt, dass Vertrauen missbraucht wird, ist groß. Die Weltwirtschaftskrise um die »Stinkepapiere« hat gezeigt: Jeder hat jedem vertraut: der Aufsichtsrat dem Vorstand; der Vorstand seinen Anlageanalysten; die

---

*   »Vertrauen – Ein Mechanismus der Reduktion sozialer Komplexität«

Anlageanalysten haben den Ratingagenturen vertraut; die Rating-agenturen den Aussagen der Kunden. Und der Kunde hat der wirtschaftlichen Entwicklung in Amerika vertraut. Auch diese Vertrauenskette war Grund für den Finanzkollaps. Dennoch: Vertrauen ist notwendig, unverzichtbar. Gleichgültig, ob Sie in Ihr Auto steigen, an Bord eines Flugzeuges oder eines Schiffes gehen, ohne Vertrauen geht es nicht.

Andererseits haben wir gerade auch erlebt, dass es Grenzen geben muss für Vertrauen. Für die Rede ist also entscheidend, inwieweit Sie Vertrauen fordern können, inwieweit Sie Vertrauen gewinnen können. Gerade jetzt zeigt sich eine Rückkehr zu alten Werten als Basis für das Vertrauen: Ehrlichkeit, Offenheit, die Fähigkeit, sich in die Position anderer Menschen zu versetzen und mit ihnen zu fühlen (Empathie). Der Hirnforscher Meyer-Lindenberg sieht eine unterschiedliche Vertrauenshaltung gegenüber Mitmenschen einerseits und Institutionen andererseits. Je anonymer, desto weniger Vertrauen. Dem persönlich bekannten Arzt wird vertraut, dem unbekannten Wissenschaftler nicht (dem unbekannten Piloten aber doch auch!).

Der Redner muss also seine Person zum Angelpunkt für Vertrauen gestalten. Dann »beißen« die Zuschauer bei ihm an.

Bei einem Managementkurs mit dem Dirigenten Gernot Schulz erkannte eine Teilnehmerin:*

> Wenn man am zweiten Tag in den Saal kommt und vor 45 Musiker tritt und diese dirigiert – da wird einem schlagartig bewusst, wie wichtig es ist, authentisch zu sein. Wenn Denken, Fühlen und Handeln nicht geradlinig sind, wird das direkt vom Orchester wahrgenommen.

Und das gilt nicht nur für den Dirigenten, sondern auch für den Redner.

---

* Managerin bei der Lufthansa, *Welt am Sonntag* vom 5. Juni 2011

■ Augenkontakt schafft Vertrauen

Es fängt mit dem Kontakt zu Ihren Zuschauern an, mit dem Augenkontakt.

Sie erinnern sich an die »Spiegelneurone« (vgl. Kapitel 3). So wie Sie sich selbst zeigen, schaffen Sie bei Ihren Zuschauern eine ähnliche Gefühlswelt. Diese Gefühle werden nicht »übertragen«, sie werden aber erkannt und beim Zuschauer reproduziert.

Sie tun also gut daran, von Anfang an den Zuschauern zu zeigen, dass Sie sich in sie einfühlen, dass Sie mit ihnen fühlen wollen, dass Sie Kontakt suchen.

> Vertrauen ist eine Oase des Herzens,
> die von der Karawane des Denkens nie erreicht wird.
>
> *Khalil Gibran*

Deshalb konzentrieren Sie sich als Erstes auf Ihre Zuschauer, nehmen mit den einzelnen Zuschauern Kontakt auf. Ihr Blick wandert also über die Zuschauer, bis Sie spüren, dass sich alle auf Sie konzentrieren. Diese Sekunden müssen Sie vor Beginn einplanen. Verbringen Sie den Anfang nicht damit, Ihr Referat zu ordnen, die Uhr aufs Pult zu legen, einen Schluck Wasser zu trinken oder anderes mehr. Das alles sollten Sie vorher erledigt haben. Konzentrieren Sie sich von Anfang an auf Ihre Zuschauer.

Berücksichtigen Sie: Auch wenn Sie tausend Zuschauer oder mehr vor sich haben: Sie sprechen nicht zu tausend Personen. Die Zuschauer haben untereinander so gut wie keinen Kontakt; sie sind bereit, sich ganz auf Sie, auf den Redner, zu konzentrieren. Das bedeutet dann, dass jeder einzelne Zuschauer sich in einer »Sonderbeziehung« zu Ihnen fühlt. Sie haben also tausendmal einen Zuschauer, nicht auf einmal tausend. Das ist wichtig für Ihre innere Haltung. Das ist auch wichtig für den Aufbau der Rede. Auch wenn Sie tausend Personen vor sich haben, führen Sie doch ein Gespräch mit jedem Einzelnen. So müssen Sie die Rede aufbauen. Kein abstraktes Belehren einer vielköpfigen unbekannten anonymen Zahl. Nein, erforderlich ist das persönliche Gespräch, die persönliche

Ansprache. So schaffen Sie gleich von Angang an das Gefühl beim Zuschauer: Ja, der Redner redet mit **mir**. Er spricht nicht anonym über uns alle hinweg. Sie schaffen Gemeinschaft.

Bei einer größeren Anzahl von Personen ist es besser, wenn Sie nicht nur mit Ihren Augen die Zuschauer kontaktieren, nicht nur mit dem Kopf, sondern auch mit dem Körper. So ist die Hinwendung von Anfang an optimal. Wer Augenkontakt hält, aktiviert die Gefühlswelt der anderen. Sie sagen dem Zuschauer: Jawohl, ich konzentriere mich jetzt ganz auf Sie. Diese Konzentration spiegelt der Zuschauer zurück.

Sie wissen auch aus eigener Erfahrung: Es ist nicht so ganz einfach, Konzentration aufrechtzuerhalten. Zuschauer brauchen also neben der Spannung, der Konzentration, dem Vertrauen, auch die Entspannung. Spätestens nach 15 Minuten müssen Sie deshalb eine geistige Pause einlegen, eine Anekdote erzählen, sich Entspannung gönnen.

Die Zuschauer wollen Sie als Person erleben, nicht als Redemaschine, auch nicht als Vorleser, der wie ein Tonband arbeitet. Vertrauen kann also nur jemand produzieren, der auch sein ganzes emotionales Engagement für seine Rede zeigt. Inneres Engagement haben ist nicht ausreichend, Sie müssen es zeigen (vgl. Kapitel 5).

Vertrauen in Ihr Wissen?

Für die Zuschauer ist es mindestens genauso wichtig, wie weit sie Ihren Aussagen glauben dürfen. Ob also der Redner sein Thema beherrscht. Dieser Punkt ist besonders heikel. Allerorten wird gerne propagiert, die Menschheit befinde sich in einer »Wissensgesellschaft«. An diesen Versuch, die gegenwärtige Zeit schlagwortartig zu erfassen, wollen wir nicht glauben. Wir sind im Gegenteil in einer Gesellschaft, in der das Wissen nicht annähernd beherrschbar ist. Es gibt so viele Informationsquellen, dass keiner in der Lage ist, auch nur die wichtigsten annähernd zuverlässig zu überblicken. Gegenwärtig laufen große Versuche, aus diesem Wissensmüll zuverlässige belastbare Strukturen herauszufiltern, um sie dann verwertbar aufzubereiten; herauskristallisieren, was als Wissensnahrung brauchbar ist, und diese Nahrung uns in verdaubaren Happen anzubieten. Gelöst ist diese Aufgabe noch lange nicht.

Auch wenn Sie sich noch so bemühen: Wir nähern uns wieder dem Satz von Sokrates:

»Ich weiß, dass ich nichts weiß.«

Sie müssen also davon ausgehen, dass Ihre Aussagen bei allem Bemühen vorläufig sind. Es schafft Vertrauen, wenn Sie Ihre Zuschauer davon überzeugen können, dass Sie sich nach bestem Wissen und Gewissen bemüht haben, aber eine endgültige Antwort nicht geben können. Das ist fair. Das schafft auch Kontinuität. Es gibt Ihnen das Recht (und die Pflicht), später schlauer zu werden.

Konrad Adenauer hat in weiser Voraussicht den Satz geprägt:

»Was kümmert mich mein Geschwätz von gestern. Heute bin ich schlauer.«

Das darf keinen leichtfertigen Umgang mit Informationen vermuten lassen. Das würden Ihnen die Zuschauer zu Recht übel nehmen. Aber es ist eine Frage der Fairness, auf die eigenen Wissensgrenzen angemessen hinzuweisen. Das hilft Ihnen in der Zukunft. Mark Twain hat es sehr schön pointiert:

»Es ist schwer, Voraussagen zu treffen, besonders für die Zukunft.«*

Es ist ein schwieriger Lernprozess für Redner und für Zuschauer, er ist aber notwendig. Es wird immer schwieriger, zukünftige Entwicklungen einigermaßen zuverlässig vorauszusagen.

Wetterkalender behaupten oft, sie könnten für mehrere Wochen oder Monate das Wetter voraussagen. Seriöse Meteorologen

---

* »It's difficult to prophesy, especially the future.« Angeblich hat diesen Satz das erste Mal der Physiker Nils Bohr geprägt.

wissen, dass jede Voraussage, die eine Woche übersteigt, riskant ist, eine Aussage über 14 Tage hinweg unseriös.

Die vergangenen vier Jahre haben uns bewiesen, wie sehr unsere so genannten sachverständigen Zukunftsvoraussager sich irren. Denken Sie nur an die Prognosen der Wirtschaftssachverständigen: Der Sachverständigenrat, bei uns mit dem respektvollen Beinamen »Die fünf Wirtschaftsweisen« intellektuell und emotional erhöht, befasst sich seit 1963 mit der gesamtwirtschaftlichen Entwicklung in Deutschland.

Im Jahre 2005 forderte der Rat ein Sparpaket für 2006. Er betonte, der Aufschwung bleibe schwach, und er prognostizierte für 2006 ein Wachstum von 1,2 Prozent, tatsächlich belief sich das Wachstum 2006 auf 3,4 Prozent. Das ist fast das Dreifache! Das ist gerade so, als wenn Sie beim Bau Ihres Hauses der Bank gegenüber versichert hätten, nach bestem Wissen und Gewissen würden die Kosten 300 000 Euro betragen, tatsächlich aber belaufen sie sich dann auf 900 000 Euro. Die Bank würde sofort wegen Inkompetenz weitere Kredite verweigern.

Geht man in frühere Jahre zurück, so zeigen sich bei den Wirtschaftsinstituten überraschende Ergebnisse: Die Gemeinschaftsprognosen der Wirtschaftsinstitute gingen weit an der Realität vorbei.

Jahr	Prognostiziertes Wachstum	Tatsächliches Wachstum	Abweichung
2000	2,7 %	2,9 %	0,2 %
2001	2,7 %	0,8 %	-1,9 %
2002	1,3 %	0,1 %	-1,2 %
2003	1,4 %	0,1 %	-1,3 %
2004	1,7 %	1,6 %	-0,1 %
2005	1,5 %	0,8 %	-0,7 %
2006	1,2 %	3,4 %	2,2 %
2007	1,4 %	2,7 %	1,3 %
2008	2,2 %	1,0 %	-1,2 %
2009	0,2 %	-4,7 %	-4,9 %
2010	1,2 %	3,6 %	2,4 %
2011	2,2 %	3,0%	0,8%

Das ist die geballte Kraft aller Wirtschaftsinstitute in Deutschland, die doch eines beweist: Sie hatten meist keine Ahnung, wie sich die Wirtschaft tatsächlich entwickelte. Von den elf Prognosen treffen lediglich zwei in 2000 und 2004 einigermaßen zu. Alle anderen weichen zum Teil um mehr als 200 Prozent ab. Berücksichtigen Sie dabei, dass diese Prognosen im Herbst abgegeben werden für das nächste Jahr. Man sollte eigentlich glauben, dass man ein Vierteljahr vor dem beginnenden Jahr genug Informationen hat.

Man kann von Propheten nicht verlangen, dass sie sich immer irren.

Voltaire

Wir möchten damit nicht die Arbeit der Wirtschaftsinstitute kleinreden. Das Problem ist ein anderes: Die Aufgabe ist zu groß. Wir haben nun einmal keine Kapazität, um die Weltwirtschaft, die Deutschland wesentlich beeinflusst, zuverlässig zu prognostizieren.

Diese Probleme, die fehlende Kapazität, in sehr großem Rahmen betrachtet, spiegeln sich auch schon in kleinen Bereichen wider.

Als Redner sind Sie deshalb sehr gut beraten, wenn Sie in den Bereichen, die nicht wirklich überblickbar sind, dazu stehen und dies auch Ihren Zuschauern vermitteln. Als Redner müssen Sie langfristig denken, nicht nur auf die Gnade des Vergessens hoffen. Sie wollen nicht nur einmal gehört werden, sondern sich Vertrauen aufbauen. Das setzt aber voraus, dass Sie sich in den Bereichen, die nicht überblickbar sind, zu keinen sicheren Aussagen verleiten lassen.

Dieses Problem haben wir nicht nur beim Wetter und in der Wirtschaft und nicht erst seit heute. Es zeigt sich auch in den meisten anderen Gebieten.

Ein Banker, der eine der ersten Ölbohrungen in Amerika finanzieren sollte:

»Nach Öl bohren? Sie meinen Löcher in die Erde bohren und hoffen, dass Öl herauskommt? Sind Sie verrückt?«

Charles H. Duell, Leiter des Patentamtes der USA, hat 1899 vorge-schlagen, das Amt zu schließen; es gebe ja nichts Neues mehr zu erfinden.

Ein Jahr später hat der Pressechef von Mercedes die Überzeu-gung vertreten, die weltweite Nachfrage von Automobilen werde die Zahl von 5000 nicht übersteigen, weil weltweit nicht mehr Chauffeure verfügbar seien.

Vor 25 Jahren war das Telefax bei uns unbekannt, wenn es auch in Deutschland entwickelt wurde. Die Marktbeherrschung haben japanische Firmen herbeigeführt. In Deutschland hat Sie-mens keinen Markt gesehen. Jahrelang waren alle der Überzeu-gung, nachdem das Telefax anerkannt war, dass man in Zukunft nicht ohne Telefax leben könne. Heute ist das Telefax unwichtig geworden. Gegenwärtig kommuniziert die Welt durch E-Mails. Niemand glaubt, darauf und auf das Internet verzichten zu kön-nen. Noch 2003 hat allerdings Bill Gates bei einem Besuch in Bay-ern gegenüber dem damaligen Ministerpräsidenten Dr. Stoiber vermutet:

»Das wird nichts. Internet ist eine Modeerscheinung.«

Wer weiß, was in einigen Jahren die beste Kommunikations-methode ist? Entscheidend für die Wirtschaft ist nicht, wie kom-muniziert wird, sondern wie schnell die jeweils neue Kommunika-tionstechnik beherrscht wird.

Unsere Grundbedürfnisse haben sich in den letzten paar tau-send Jahren nicht sehr geändert; die technischen Antworten fallen immer wieder neu aus. Wer schneller informiert ist, war und ist besser. Ob das die Signalfeuer waren mit Rauchzeichen, die Pferdestafetten, die Spiegelstationen der Fugger oder eben Tele-fon, Telex, E-Mail. Immer geht es nur um die Frage: Wer kann am schnellsten und am besten mit dem jeweiligen neuen Kommunika-tionsmedium umgehen?

■ Wissen ohne Grenzen – Demut vor den Grenzen

Bei dem Vertrauen, das Sie ausstrahlen werden, ausstrahlen dürfen und auch einfordern können, hilft Ihnen langfristig auch, wenn dieses Vertrauen mit der notwendigen Rücksicht auf die eigene Begrenztheit des Wissens gemischt ist. Das kann man durchaus auch mit dem Wort »Demut« bezeichnen. Demut vor den eigenen Grenzen, Demut auch vor der Unmöglichkeit, wirklich belastbar zuverlässige Aussagen zu geben.

Niemals zuvor gab es ein so ungeheures Wissensangebot wie heute. Gerade deshalb können Sie es nicht ausschöpfen.

Seien Sie also vorsichtig mit Prognosen für die Zukunft. Seien Sie Ihren Zuschauern gegenüber ehrlich, bleiben Sie offen und betonen Sie die Notwendigkeit und auch Ihre Bereitschaft, diese Änderungen schnell zu erkennen und zu akzeptieren. Für alle Zukunftsprognosen gilt für Sie als Redner daher: Offenheit für die Entwicklung ist der wichtigste Maßstab. Entscheidend ist deshalb, wie Sie in die Zukunft sehen, wie Sie Ihre eigene Haltung gegenüber der Zukunft präsentieren.

Zuschauer, insbesondere politisch interessierte Zuschauer, Wähler, haben ihr größtes Problem damit, die Zukunft zu erkennen und sind deshalb unsicher. Das ist gerade unser menschliches Problem: Wir wissen, dass es eine Zukunft gibt, sind aber zutiefst unsicher, wie sie sich entwickelt. Diese Unsicherheit ist existenziell. Niemand kann sie ändern. Wir können nur gemeinsam versuchen, den Weg in die Zukunft unter Berücksichtigung dieser Probleme zu gehen.

Umso wichtiger ist es, wenn Sie in Ihrer Rede das verfügbare Wissen sauber erarbeiten. Das schafft Vertrauen.

Leben wir mit der Erkenntnis, die der Münchner Hirnforscher Ernst Pöppel zusammengefasst hat:

»Der Mensch ist deshalb Mensch, weil er in der Lage ist, Fragen zu stellen, auf die es keine Antworten gibt!«

■ Ist Vertrauen vernünftig?

Willi Schneider, Professor für Handel an der Hochschule in Mannheim, stellte in einem ausführlichen Interview mit der *Süddeutschen Zeitung* am 30. Juli 2010 fest:

»Wir kaufen viel irrationaler ein, als wir denken.«

Seine These: Der Informationsfluss raubt den Menschen ihre Urteilskraft. Das gilt nicht nur, aber auch beim Kauf. Viele Menschen schaffen sich Gegenstände an, Haarsprays, Pillen, die sie gar nicht brauchen. Wir sind hormon- und triebgesteuert und sprechen auf die Sinnesreize an: auf Sehen, auf Hören, den Tastsinn oder auch das Riechen. Der Neurowissenschaftler Christian Eiger hat bei seinen Untersuchungen festgestellt:

»Schnäppchenwerbung wirkt in unserem Gehirn wie Kokain.«

Auch wenn das Internet Kunden heute scheinbar umfassend informiert, Tatsache ist, so Schneider:

»Es gibt eine Informationsarmut im Informationsüberfluss.«

Es wird immer schwieriger, die vielen Informationen auf ein Urteil zu verdichten. Irgendwann gibt man auf und lässt das Bauchgefühl sprechen. Dabei zählen dann das Vertrauen in Marken und Anbieter. Untersuchungen beweisen, dass diese Bauchentscheidungen keineswegs schlechter sind als rationale Entscheidungen.

Was beim Kauf gilt, zählt auch in der Politik. Das Problem in der Politik ist dabei, dass sich das meiste in der Öffentlichkeit abspielt. Die veröffentlichte Meinung, die Medien, tragen das Ihre dazu bei, das Vertrauen in die Politiker zu untergraben.

Die Politik ist derjenige Bereich, in dem nicht diskutiert wird, wie es sonst üblich ist, also der Versuch unternommen wird, in einem fairen Meinungsaustausch eine Lösung zu finden. In der Politik wird immer nur angeblich »gestritten«. Jedenfalls ist das so, wenn man den Medien glauben soll. Streit wirkt immer negativ, die Mehrheit ist doch auf der Suche nach Harmonie, nicht auf der Suche nach Streit. Streit wirkt deshalb auf alle, die sich über die Medien ein Bild machen wollen, abschreckend. Es ist deshalb auch kein Zufall, wenn Politiker heute auf der Vertrauensskala ganz unten angesiedelt sind, noch unter den Gebrauchtwarenhändlern.

Inzwischen gilt auch für die Politik der abgewandelte Witz:

Der Vater von Max ist Minister. Als die Lehrerin in der Schule die Schüler nach den Berufen ihrer Väter fragt, sagt Max: »Mein Vater ist Vorsteher im Puff.« Als das die Lehrerin empört korrigiert und sagt, sie wisse doch ganz genau, dass der Vater Minister ist, sagt Max: »Ja, ja. Das stimmt schon, aber ich schäme mich so.«

Zum Vertrauen gehört also auch, den eigenen Handlungsrahmen für die Zuschauer verständlich zu machen. Da wir als Zuschauer ebenso wie als Käufer zu 80 Prozent irrational reagieren, müssen Sie also das Vertrauen suchen und alle Möglichkeiten nutzen, um die Zuschauer zu gewinnen. Sie sprechen bekanntlich zu den Gehirnen Ihrer Zuschauer. Dort findet der Meinungsbildungsprozess statt. Sie müssen also die Zugangskanäle zum Gehirn nützen. Sie müssen also über alle Sinne den Zugang finden, um die emotionale optimale Wirkung zu erreichen.

Wenn Sie also auf der Suche nach dem Vertrauenspotenzial bei Ihren Zuschauern sind, ist es also eine vorbereitende Aufgabe, darüber nachzudenken, mit welchen Möglichkeiten dieses Vertrauen gewonnen werden kann.

Irren ist menschlich

Unser Gehirn hat sich im Überlebenskampf der Evolution entwickelt ohne Gesamtplan, ohne zentrale Steuerung. Der Hirnforscher Wolf Singer verweist auf diese Zusammenhänge. Und er erklärt: Genauso funktioniert auch unsere Gesellschaft. Deshalb müssten dirigistische Systeme und Idealgesellschaften immer scheitern.

»Die nicht lineare Dynamik einer Gesellschaft erlaubt keine langfristigen Vorhersagen.«

Genau deshalb brauchen wir – so Singer – eine »Irrtumskultur«. Die großen Automobilwerke haben das zwischenzeitlich erkannt. Früher wurden Fehler immer totgeschwiegen, unter die »Automatte gekehrt«. Heute gehen die Werke damit offensiv um, holen lieber etliche tausend Autos zu viel in die Werkstätte zurück zur Reparatur als zu wenige.

Vertrauen erreichen Sie deshalb auch, wenn Sie ganz offen zu einem Irrtum stehen. Im Gegensatz zur Lüge ist der Irrtum eine unabsichtliche falsche Information. Langfristig zahlt sich diese offene Haltung gegenüber der eigenen »Unvollkommenheit« aus. Nur wer sich selbst als fehlerlos darstellt, wird doppelt betroffen leben.

Angesichts der nicht mehr kontrollierbaren Informationsflut ist die Wahrscheinlichkeit, dass Sie bei irgendeiner Quelle solche Fehler präsentiert bekommen, ohne es zu merken, sehr groß. Auch dies ist eine Konsequenz aus unserer Informationsflut, die uns schon mehr als ein Informations-Tsunami bedroht.

Dieser Irrtum, der in der Vorbereitung steckt, ist etwas anderes, als wenn Sie sich während der Rede versprechen oder – was häufig geschieht – etwas anderes sagen, als Sie meinen. Sie wollen eigentlich über Äpfel sprechen, erwähnen aber Apfelsinen. Sie wollen das Jahr 1783 erwähnen, sprechen aber über 1738. Diese Fehler sind gang und gäbe (vgl. Kapitel 2).

Trösten Sie sich mit der Erkenntnis, dass gerade der Irrtum häufig der Vater des Fortschrittes ist. Thomas Edison hat es sehr positiv gesehen:

»Ich habe nicht versagt, ich habe mit Erfolg zehntausend Wege entdeckt, die zu keinem Ergebnis führen.«

Neben diesen persönlichen Irrtümern (zu diesem Plural müssen Sie stehen) leben wir alle mit einer Fülle von »allgemeinen Irrtümern« von Meinungen, die sich durch die Jahrzehnte oder Jahrhunderte durchgezogen haben, aber tatsächlich falsch sind. In den letzten Jahren haben sich einige Autoren mit viel Liebe dem Thema »Irrtum« genähert. Die »Wörterbücher des Irrtums«, in welcher Titelkombination auch immer, genießen hohe Verkaufsziffern. Sie sind lehrreich. So weisen Krämer/Tränkler in ihren Büchern über die »populären Irrtümer« auf viele Fehler hin. Bei Wikipedia gibt es als Wikibook die Enzyklopädie der populären Irrtümer.

Henry Ford hielt den VW Käfer für eine Fehlkonstruktion. Dick Rowe, Talentsucher der Plattenfirma Decca, schickte im Frühjahr 1962 vier junge Engländer nach Hause mit der Begründung: Uns gefällt Ihr Sound nicht, und Gitarrenmusik ist ohnehin nicht gefragt. Ein Jahr später wurde das Quartett als »The Beatles« weltberühmt. Der technische Leiter der britischen Post, Sir William Preece, hielt die Glühbirne für eine völlig nutzlose Erfindung; die russische Akademie der Wissenschaften sah im Erdöl »eine nutzlose Absonderung der Erde. Seiner Natur nach ist es eine klebrige Flüssigkeit, die stinkt und in keiner Weise verwendet werden kann«.*

Für den Vater der Verhaltensforschung, Konrad Lorenz, hat es zu seinen sportlichen Aufgaben am Morgen gehört, eine lieb gewordene These in der Donau zu versenken. Nur das führe zur weiteren Erkenntnis.

Dieses Recht auf den Irrtum ist aber kein Recht zur Schlamperei!

Erich Kästner hat auch einmal das Recht zum Misstrauen sehr deutlich in Verse gefasst.

Plötzlich fühlte er: »Ich muß hinüber.«
Und er fuhr fünf Stunden und stieg aus.
Daraufhin lief er durch viele Straßen.
Denn er hatte Furcht vor ihrem Haus.

---

* Vgl. Jürgen Brater: »Keine Ahnung, aber davon viel«

Gegen Abend nahm er sich zusammen.
Doch in ihren Fenstern war kein Licht.
Wartend stand er auf der dunklen Straße.
Und der Mond versank im Landgericht.

Später hielt ein Taxi vor der Türe.
Und er dachte sich: »Das wird sie sein.«
Und sie war's! Mit irgend einem Manne
trat sie hastig in das Haus hinein.

Wieder stand er auf der leeren Straße.
Und die Zimmer oben wurden hell.
Schatten bogen sich auf den Gardinen.
Aus entfernten Gärten klang Gebell.

Während sich die Stunden überholten,
rauchte er und saß auf einer Bank.
Gegen Morgen fing es an zu regnen.
Trotzdem wurde ihm die Zeit nicht lang.

Als es tagte, zerrte er die Briefe,
die sie ihm geschrieben hatte, vor.
Und er las, wie innig sie ihn liebe …
Und er nickte zu dem Haus empor.

Sechs Uhr früh trat der Herr Stellvertreter
aus der Tür und ging und pfiff ein Lied.
Und der Mann, der auf der Bank saß, dachte
tief beschämt: »Wenn man mich nur nicht sieht.«

Oben öffnete die Frau die Fenster,
trat auf den Balkon und gähnte sehr.
Da erhob er sich und ging zum Bahnhof.
Sie erschrak und starrte hinterher.

■ Entschuldigung schafft Vertrauen

Wir Menschen haben so unsere Schwierigkeiten, uns für Fehler und Mängel zu entschuldigen. Die Affen haben es da leichter. Sie haben feste Rituale.* Wissenschaftler haben festgestellt: Nicht Geldzahlungen sind entscheidend, sondern das Eingeständnis, einen Fehler gemacht zu haben. Also die Entschuldigung.

Eine unglaubwürdige Entschuldigung haben wir am 22. Dezember 2011 erlebt, als sich der damalige Bundespräsident Christian Wulff für seine vielen – überflüssigen – Fehler entschuldigt hat. Die Entschuldigung als solche war an diesem Tag zunächst zwar überzeugend. Aber die ganze Glaubwürdigkeit war dahin, als dann auch noch weitere Details auftauchten, die seine früheren Eingeständnisse als Halbwahrheiten erscheinen ließen.

Die Entschuldigung ist also in ihrer Wirkung an eindeutige Voraussetzungen gebunden:

- Sie muss unverzüglich nach dem Fehler erfolgen, und
- sie muss mit ehrlicher Reue verbunden sein.

Glaubhaft sind solche Entschuldigungen nur dann, wenn der Empfänger überzeugt wird, dass diese Fehler nicht mit Schadensabsicht verbunden, sondern unabsichtlich geschehen sind.

Letztlich muss aus der Entschuldigung auch der klare Ausdruck des Bedauerns erkennbar sein.

Wenn diese Kriterien nicht zusammenkommen, nützen Entschuldigungen nichts.

Im Tierreich werden diese Regeln erfolgreich eingehalten. Frans de Waal und andere Primatenforscher haben dies mehrfach nachgewiesen.

....

*   Frans de Waal: »Das Prinzip Empathie«

◼ Empathie und Vertrauen

Wir Menschen sind Gruppentiere, sehr kooperativ, gegen Ungerechtigkeit empfindlich, manchmal kriegerisch, doch überwiegend friedliebend. Eine unserer entscheidenden Fähigkeiten als Menschen ist das Mitfühlen, die Empathie. Das ist die Fähigkeit, die uns Menschen in unserer menschlichen Gesellschaft, in der Gruppe, konsensfähig prägt. Auf diesen Sachverhalt hat Frans de Waal sehr überzeugend hingewiesen.

Für den Redner heißt dies, dass er seine Rede gerade in diese empathischen Eigenschaften des Menschen einbinden muss. Er muss also mitfühlend, an der Gerechtigkeit orientiert, argumentieren. Michael Tomasello* sagt dazu:

> »Unsere Bereitschaft zu helfen stellt nur einen Teil unseres Wesens dar. In gleicher Weise achten wir auf unseren Vorteil ... Hat jemand Hunger, wird er mit Nahrung weniger großzügig sein, ganz einfach ... Menschen sind hilfsbereiter, wenn Nutzen wie Lasten, Rechte wie Pflichten fair verteilt werden. Fairness ist eine Voraussetzung für Zusammenarbeit. Die zweite ist: Die biologischen Wurzeln der Kooperation liegen in der Gruppe ... Je weiter man sich von seiner Kerngruppe wie etwa der Familie entfernt, umso schwieriger wird es, das Miteinander aufrechtzuerhalten«.

Der Redner darf davon ausgehen, dass seine Zuschauer die gleiche Grundkonstitution haben. Auch sie sind in großer Mehrheit empathisch. Es ist schon immer wieder verblüffend, wie sehr gerade die Wirtschafts- und Politikwissenschaften an diesen Grundkonstanten vorbeigehen. Sie sind nicht in der Lage, die Gesellschaft auch nur näherungsweise objektiv zu betrachten. Deshalb kommt es gerade zu den Auswüchsen, die die Wirtschaftstheoretiker und ihre bedauerlichen praktischen Auswirkungen in den letzten Jahrzehnten uns beschert haben.

....

*   Direktor am Max-Planck-Institut für Evolutionäre Anthropologie, *SZ* vom 2. Dezember 2011, S. 18

Die globale Finanzkrise hat gezeigt: Die Menschen haben die Lehren aus der Evolutionstheorie gerade nicht verstanden. Die angebliche »Selbstregulierung der Märkte durch den persönlichen Eigennutz« funktioniert nicht. Der Mensch ist nun mal kein Wesen, das nur und ausschließlich auf seinen Eigennutz schielt und sein Handeln nur unter dem Gesichtspunkt des Eigennutzes betrachtet.

Es ist schon überraschend, dass diese Korrekturen ausgerechnet von einem Verhaltensforscher kommen, der sein Leben überwiegend dem Studium der Schimpansen gewidmet hat. Allerdings zeigt gerade diese Vertiefung: Empathie ist keine typisch menschliche Eigenschaft. Alle Hominiden, aber auch Wale, Elefanten, auch Hunde haben diese Fähigkeit zum Mitgefühl. Es gibt allerdings Unterschiede in dieser Fähigkeit, sich in andere Menschen einzufühlen. Diese Unterschiede gibt es auch bei Mann und Frau. Männer sind das territoriale Geschlecht, verhalten sich generell konfrontativer und gewalttätiger als Frauen. Sie können daher auch die Empathie schneller »abschalten«, insbesondere wenn es um Verhalten außerhalb der Familie geht, um Wettbewerb, um Sieg.

Das wichtigste Einfallstor zur Empathie ist die Identifikation. Wir sind bereit, die Gefühle mit jemandem zu teilen, mit dem wir uns identifizieren. Entscheidend ist deshalb die Empathie, die zu einem aufgeklärten Eigennutz führt: zu der Erkenntnis, dass wir alle besser fahren, wenn wir zusammenhalten.

Genau deshalb sind Reden, die sich in diese menschlichen Grundkonstanten einbetten, besonders erfolgreich.

Zu dieser Identifikation mit der Empathie passt nahtlos die Spiegelung (vgl. Kapitel 3). Gerade wenn sich die Zuschauer mit Ihnen identifizieren können, arbeiten Ihre Spiegelneurone mit Hochdruck und übernehmen Ihre Haltung als Redner.

Der Mensch dem Menschen ein Wolf – hoffentlich!

Halbwissen über die Natur führt zu falschen Bildern. So mussten wir schon im Lateinunterricht lernen, der Mensch sei dem Menschen ein Wolf (homo homini lupus). Für uns verbunden mit der Bedeutung: Menschen zerfleischen sich gegenseitig und haben nichts Wichtigeres zu tun, als einander das Leben schwer und grausam zu gestalten.

Wenn wir doch nur wären wie die Wölfe! Tatsächlich nämlich sind Wölfe im Rudel organisiert und dort hoch sozial. Nicht nur gibt es lebenslange Freundschaften zwischen Wölfen, nicht nur begrüßen sie sich freudig, wenn sie sich länger nicht gesehen haben. Wölfe jagen auch gemeinsam, bereiten sich auf die Jagd vor, stimmen sich ein und teilen dann auch die Beute. Wenn sich die Wölfe also einstimmen und miteinander »heulen«, bedeutet dies die Stärkung der Gemeinschaft, die Vorbereitung auf die gemeinsame Jagd. Bei den Wolfsrudeln gibt es Tanten, die sich um die Welpen kümmern, wenn der Mutter etwas passiert ist. Die Welpen werden liebevoll gepflegt und aufgezogen und mühsam und ausführlich unterrichtet, bis sie »richtige Wölfe« werden. Wolfsgemeinschaften bleiben oft über die Lebensdauer zusammen und im Rudel verbunden. Wird einer verletzt, wird er keineswegs »zerfleischt«. Nein, das Rudel nimmt – solange es kann – Rücksicht, ist also empathisch.

Freilich gilt wie immer in der Natur: Jeder soziale Verband hat seine Grenzen, wenn es um das Überleben der gesamten Gemeinschaft geht.

Das gilt auch für uns Menschen, selbst wenn wir es nicht so recht zur Kenntnis nehmen wollen.

Kontrolle ist zwar gut, Vertrauen ist aber besser. Kämpfen Sie darum!

5 Ihre Emotionen überzeugen

Die Schauspielerin und Ärztin Dr. med. Maria Furtwängler gibt es offen zu. Die Frau, die in vielen Krimis und Filmen eine taffe Frau darstellt, die in dem ZDF-Zweiteiler »Schicksalsjahre« viele Zuschauer zum Weinen brachte, gesteht bei Maybrit Illner im Interview: Bei traurigen Filmen, die sie zu Hause mit ihren Kindern ansieht, fängt sie

auch hemmungslos zu weinen an. (Ein schönes Beispiel für die Wirkung der Spiegelneurone. Sie weiß genau, dass es ein Schauspiel ist, und trotzdem reagieren ihre Emotionen.)

Der Autor des Buches, das die Grundlage für diesen Zweiteiler »Schicksalsjahre« darstellt, Exregierungssprecher Uwe-Karsten Heye, sagt nach dem Film ergriffen:

> »Maria Furtwängler spielt das so unglaublich gut, dass ich nach dem Film weinen musste. Ich brauchte sieben Taschentücher.«

Ein Mann, der weint. Früher war es undenkbar, dass ein Mann, der männlich gelten wollte, ein solches Eingeständnis gemacht hätte. Das zeigt zumindest: Wir sind auf dem Weg, unsere Gefühle wieder zu zeigen. Ein Hoffnungsschimmer.

Dr. Ursula von der Leyen, unsere Bundesministerin, bekannte:

> »Musik in Moll kann mich zu Tränen rühren.«

■ Aber unsere Erziehung: Gefühle verbergen

Wir werden in unserer Kultur dazu erzogen, unsere Gefühle zu verbergen. Wie beim Thema Lüge (vgl. Kapitel 6), ist auch hier die Erziehung ganz maßgeblich daran beteiligt, uns zu Lügnern zu erziehen. Emotionen* zu verbergen ist schließlich auch die Unwahrheit. Da es regelmäßig vorsätzlich geschieht, ist es nicht falsch, das Verbergen von Emotionen in den Bereich der Lüge einzuordnen. Dieses gesellschaftliche Spiel zwischen Wahrheit und Unwahrheit, Höflichkeit und Lüge, menschlicher Natur und angeblich zivilisatorischer Ansprüche verunsichert uns. Die einfachste Lösung ist es scheinbar, die wahren Gefühle zu verbergen.

In der Wissenschaft gilt es heute immer noch als hohe Schule des Vortrags, möglichst sachlich-neutral zu berichten. Eine todlangweilige Angelegenheit. Warum darf ein Forscher sich über seine Forschungsergebnisse nicht freuen? Warum darf er nicht über die Ängste, Probleme und Irrtümer und seine emotionale Gefühlswelt dabei berichten? Warum darf er nicht darstellen, wie viele Jahre er von Scheitern zu Scheitern gewankt ist, manches Mal nahe am Aufgeben war und schließlich doch die bahnbrechende Entdeckung gemacht hat? Die Probleme, die er in der Zeit mit seinem Familienleben hatte? Wir wollen doch einen Menschen erleben, nicht einen Redeautomaten. Samy Molcho** fragt deshalb ganz zu Recht: Wie soll der Zuschauer Gefühle erkennen, wenn sie der Redner nicht zeigt?

Professor Randolf Rodenstock*** hat im März 2012 die Unfähigkeit der bayerischen Unternehmer beklagt, Emotionen zu zeigen:

»Herrgott, wenn unsere Unternehmer doch nur bereit wären, mehr Emotionen zu zeigen, zumindest etwas mehr Emotionen. Dann könnten sie ihre Mitarbeiter viel besser an die Firma anbinden.«

....

* Die Wissenschaftler streiten über die Definition von »Emotion«. Es gibt mehr als 100 verschiedene Erklärungsversuche.

** So schon Samy Molcho vor vielen Jahren in einem Interview mit Blacky Fuchsberger im Bayerischen Fernsehen

*** Rodenstock bei einer Festrede am 28. März 2012 in Adelholzen; Präsident der vbw Vereinigung der Bayerischen Wirtschaft

Der *Münchner Merkur* hat darüber berichtet, dass viele Sterbende Reue empfinden, weil sie ihre Gefühle jahrelang unterdrückt haben.* Zutiefst würden viele Menschen bedauern, dass sie nie den Mut hatten, ihre Träume zu verwirklichen, ihre Emotionen auch tatsächlich zu zeigen.

Dem neuen Präsidenten der Bundesbank Jens Weidmann wünschen die Journalisten Ettel und Jost mehr Emotionen. In der *Welt* bedauern sie am 30. April 2012:

> »Weidmann ist ein freundlicher, aufmerksamer Gesprächspartner und ein fachlich exzellenter Ökonom... Zwar kann er Menschen inhaltlich überzeugen, aber selten emotional mitreißen. Doch genau in dieser Disziplin wird er zulegen müssen, wenn er dem souveränen Ex-Investmentbanker Draghi auf Dauer Paroli bieten will.«

Richtig an der Körpersprache und an den Aussagen von Samy Molcho zu diesem Thema ist die Tatsache, dass der Mensch starke Gefühle nicht unterdrücken kann. Wenn Sie es dennoch versuchen, produzieren Sie Widersprüche zwischen Ihrer Rede und Ihrem Auftreten. Solche Widersprüche werden tendenziell von den Zuschauern immer negativ interpretiert. Irgendetwas stimmt doch nicht! Wenn Sie also Ihre Zuschauer überzeugen wollen, wenn Sie Vertrauen erringen wollen, dann können Sie das nur, wenn Sie Ihre Gefühle auch deutlich zeigen.

....

*   *Münchner Merkur* vom 31. März 2012, S. 3

Das müssen die meisten von uns neu lernen. Zu Recht hat unser Strahlemann und Olympiasieger 2012, der Diskuswerfer Robert Harting, gesagt:

»Für Emotionen entschuldige ich mich nicht, warum sollte ich auch? … Emotionen sind das einzige, das die Menschen sofort und uneingeschränkt verstehen – sie lieben sie.«

Er hat seine Emotionen nach dem Sieg auch voll ausgelebt, wie immer seine Kraft gezeigt und das Trikot zerrissen oder auch ganz spontan einen Hürdenlauf hingelegt, der weltweit positive, emotionale Zustimmung erreicht hat.

Wir haben eine angeborene Emotionsdatenbank

Ich kenne alles, nur mich selber nicht.

François Villon

Wir Menschen kommen auf die Welt mit einer genetischen Emotionsdatenbank. Der Zoologe Ernst Mayr unterscheidet zwischen offenen und geschlossenen Programmen auf dieser Datenbank. Unsere Emotionsprogramme, unsere Affektprogramme sind offen. Wir lernen hinzu. Wichtig ist dabei das Wort »hinzu«. Unsere angeborene Veranlagung wird also akzentuiert und je nach Kulturkreis angestoßen oder eben unterdrückt. Wir haben einen angeborenen Gesichtsausdruck für »Ärger«, »Erstaunen«, »Ekel« oder »Freude« (vgl. Kapitel 9). Unser Gesichtsausdruck zeigt also, dass wir uns ärgern, er zeigt aber nicht, warum wir uns ärgern. Egozentrisch, wie nun die meisten Menschen, also auch die Zuschauer, sind, beziehen sie diesen Ärger, wenn sie ihn sehen, auf sich, obwohl der Ärger einen ganz anderen Grund haben kann.

Als Redner müssen Sie also wieder lernen, Ihre Emotionen zu zeigen, aber auch Ihr emotionales Verhalten selbst erst einmal zu erkennen und damit auch zu lernen, wie Ihr emotionales Verhalten sich nach außen ausdrückt. Sie müssen lernen, Ihre Emotionen so zu zeigen, dass die Freude auch wirklich die Freude widerspiegelt, die Sie in der Rede erfahren. Nur dann können Sie den emotionalen Ausdruck wirksam gestalten. Sie brauchen ein anderes emotionales Bewusstsein.* Seien Sie deshalb, wie die Fachleute sagen, »achtsam«, also werden Sie sich Ihrer eigenen Emotionen bewusst. Hier gilt wie überall: Lernen Sie sich selbst kennen. Dann können Sie auch überzeugend um Vertrauen werben. Jeder Mensch spürt, wenn er in eine besondere emotionale Situation gerät, sich aufregt, weil der Partner wieder einmal nicht rechtzeitig fertig geworden ist oder sich fragt, warum denn die Mitarbeiterin nun zum fünften Mal das Wort falsch schreibt.

Legen Sie am Tag eine Zeit fest, in der Sie sich bemühen, Ihre eigenen Emotionen sich bewusst zu machen. Einen zuverlässigen Blick bekommen Sie letztlich erst, wenn Sie eine emotionale Situation auch mit der Videokamera aufnehmen. Diese Objektivierung ist notwendig. Auch Freunde und Bekannte können Ihnen helfen, wenn sie Ihnen ehrlich sagen, wie Sie wirken. Das ist leider nur selten der Fall. Versuchen Sie bewusst, sich Situationen herauszusuchen, die emotional betont sind.

Diese Eigenbeobachtung schärft Sie auch für die Möglichkeit, die Emotionen bei Ihrem Gegenüber zu erkennen und zu wecken. Meistens sind wir viel zu sehr mit uns selbst beschäftigt, um die Emotionen bei Dritten zu erkennen. Genau deshalb scheitern auch viele Kommunikationssituationen. Das ist bei uns im Umgang mit Menschen nicht anders als bei unserem Umgang mit Tieren. Viele Hundebesitzer können die feinen Anzeichen ihrer angeblichen »Lieblinge« nicht oder nur sehr mangelhaft interpretieren. Bei Katzenbesitzern ist das noch viel stärker der Fall. Wahre Katzenkenner behaupten, die Katze habe ein sehr ausdrucksstarkes Repertoire, das man bei genauer Betrachtung auch gut interpretieren könne. Man muss nur erkennen wollen, also den anderen betrachten, nicht nur sehen.

Wenn Sie so ein Verständnis Ihres eigenen emotionalen Aus-

---

* Paul Ekman: »Gefühle lesen: Wie Sie Emotionen erkennen und richtig interpretieren«

druckes gelernt haben, dann können Sie Ihre Emotion auch wirksam in Ihrer Rede einsetzen.

■ Testen Sie Ihre Emotionen!

Holen Sie im Selbstversuch die Erinnerung zurück an die jüngsten Episoden, bei denen Sie sich gefreut, sich geärgert haben, ängstlich oder zornig waren. Holen Sie sie zurück und versuchen Sie diese Situationen nachzusprechen und nachzuerleben. Wie haben Sie in der Situation reagiert, wie möchten Sie in einer solchen Situation reagieren? Machen Sie es zunächst ganz alleine, nehmen Sie es mit der Videokamera auf. Sie erkennen dann die Reaktionen Ihres Körpers, und Sie sehen, ob diese Reaktionen auch Ihr empfundenes Gefühl ausdrücken.

Warum ist das dann bei der Rede anders? Warum trauen sich die meisten Redner nicht, diese Emotionen in der Rede zu leben?

Wann immer wir diese Frage stellen, kommt als Antwort, man sei introvertiert, man dürfe doch Gefühle nicht zeigen, das sei doch peinlich für die Zuschauer und anderes mehr.

Es ist wie so häufig bei der Rhetorik: Das Gegenteil ist der Fall. Die Zuschauer wollen Ihre Emotionen sehen, weil sie den Menschen erleben wollen. Wenn Sie Ihre Emotionen zeigen, dann werden Sie auch merken, dass Ihr Körper die richtigen Gesten macht. Sie müssen sich nur trauen. Sie sind vielleicht (noch) nicht »perfekt«, aber Sie machen dem Zuschauer schon klar, dass es Ihnen ernst ist mit Ihren Emotionen. Das schafft Vertrauen. Dale Carnegie, der amerikanische Altmeister, war der Überzeugung:

> »Glaubt ein Redner mit ganzem Herzen an eine Sache und trägt sie in vollem Ernst vor, so wird er Anhänger für seinen Fall gewinnen.«

Deshalb ist es auch wichtige und notwendige Voraussetzung für eine wirklich gute Rede, Ihren Text so aufzubereiten, dass er auch emotional von Ihnen selbst gestaltet werden kann. Wenn Sie kein Engagement bei der Konzeption Ihrer Rede fühlen, können Sie auch keines zeigen. Also ist die Konsequenz, dass Sie nur dann sprechen sollen, wenn Sie auch wirklich ein inneres Engagement haben, wenn aus Ihrer Sicht die Bereitschaft, vielleicht auch die Notwendigkeit besteht, einen Redebeitrag zu liefern oder eine Rede zu gestalten. Viele unserer Politiker und Unternehmer scheitern daran, weil sie eine Rede in Auftrag geben und sie erst auf der Fahrt zum Termin ansehen.

In allen anderen Fällen werden Sie – gleich wie Sie sich bemühen – allerhöchstens eine durchschnittliche Rede halten. Solche Reden bringen wenig, nützen wenig, stehlen nur Zeit. Ihnen in der Vorbereitung und bei der Gestaltung der Rede, den Zuschauern beim Zuhören. Eine solche Rede bringt nichts, hilft nichts, es bleibt auch nichts hängen. Haben Sie also auch Mut, Redeaufforderungen abzulehnen, wenn Sie selbst schon wissen: Engagement können Sie keines bringen.

Wenn Sie in der deutschen Politik die Redner ansehen, die wirklich als Redner anerkannt sind: So sind es immer Personen, die mit Engagement sprechen. Ob das Franz Josef Strauß war, Peter Gauweiler, Willi Brandt oder auch Joachim Gauck. Sie alle haben als Redner mit großem Engagement, mit innerer Leidenschaft gesprochen.

Das heißt deshalb noch nicht, dass Emotion allein schon einen guten Politiker schafft. Es heißt aber, dass man das Thema und damit auch die Zuschauer ernst nimmt. Eine wichtige, aber nicht die einzige Voraussetzung für eine erfolgreiche Rede. Sehen Sie sich auf unserer Homepage die Rede von Dr. Peter Gauweiler, MdB, anlässlich der Jahrestagung des BJV an. Er macht Fehler, betont auch hin und wieder falsch. Das alles ist aber vernachlässigbar im Verhältnis zu seinem Engagement, das er in dieser Rede zeigt; seine innere Begeisterung, mit der er sich diesem Thema gewidmet hat. Manch anderer hätte da trocken und seriös die lobenswerten Taten des tschechischen Staatspräsidenten dargestellt. Gauweiler stellt ihn in eine Reihe mit Jan Hus, der vor 500 Jahren als Ketzer verbrannt worden ist. Das weckt Emotionen. Es befreit auch den Redner in seiner Gestik.

Emotio, Stimmung, Gefühl

Die Psychologen unterscheiden zwischen Emotionen und Stimmungen. Stimmungen sind länger dauernde Gefühlslagen, die sich nicht unbedingt auf ein spezifisches Objekt oder auf eine spezifische Person beziehen. Man kann frustriert sein, ohne das mit einer bestimmten Person in Verbindung zu bringen. Paul Ekman* unterscheidet sieben erblich bedingte Basisemotionen:

- Fröhlichkeit,
- Wut,
- Ekel,
- Furcht,
- Verachtung,
- Traurigkeit und
- Überraschung.

Alle drücken sich im Gesicht aus. Die meisten werden aber von den anderen Menschen so nicht erkannt. Wenn man das erst einmal weiß, ist es für den Redner klar: Er muss sein Gefühl noch verstärken. Er muss das, was er als Gefühl empfindet und im Gesicht zeigt, auch mit dem Körper ausdrücken und mit Worten formulieren. Dann ist die Identifizierung der Gefühle durch die Zuschauer eindeutig. Das ist zum Beispiel bei Ironie besonders schwierig, weil Ironie eine Mischung aus Ernst und Spott darstellt, also gerade zweideutig ist. Deshalb darf Ironie nur ganz selten in der Rede aufblitzen; wenn, muss sie überbetont werden.

....

* Paul Ekman: »Gefühle lesen«

Zeigen Sie emotionale Intelligenz. Wenn Sie Ihre eigenen Reaktionen erst einmal kennengelernt haben, können Sie sie auch viel leichter darstellen und auch bei Dritten erkennen.

Unterscheiden Sie die Emotion von den Gefühlen. Sie können sehr tiefe Gefühle haben und sie dennoch nicht nach außen zeigen. Die Emotio, die Reaktion des Körpers auf Ihr Gefühl, wird unterdrückt.

Die Emotionen stammen entwicklungsgeschichtlich aus einer viel älteren Zeit als unser »Intellekt«. Überwiegend ist bei ihnen das limbische System beteiligt. Emotionen sind also nicht verstandesmäßig gesteuert. Gerade deshalb ist es für Sie als Redner erforderlich, sie zu kennen und sie in Ihr Gesamtkonzept mit einzubinden.

Wann immer Sie auf die »Stoiker« verwiesen werden, Menschen, die die Gefühle als vernunftlose und naturwidrige Gemütsbewegungen bezeichnet haben, stellen Sie die Frage: Wer gibt uns Menschen das Recht, unsere jahrmillionenalten und bewährten Verhaltensweisen, die Emotionen, zur Seite zu schieben gegenüber einem doch recht jungen Intellekt, der sich insbesondere durch seine Fähigkeit zum Irrtum auszeichnet?

Es kann völlig dahinstehen, ob die Reduzierung unserer Gefühle und auch unserer Emotionen durch Sigmund Freud auf das Begriffspaar »Lust und Unlust« reduziert werden, verbunden mit der Behauptung, dass jedes Lustempfinden im Kern sexuell sei. Ob wir Immanuel Kant folgen, der Ähnliches gesagt hat, oder auch schon Aristoteles, der als wesentliches Erlebniskennzeichen Lust und Unlust bezeichnet. Uns geht es darum, dass Sie sich Ihrer Emotionen bewusst werden und sie in der Rede darstellen.

■ Ihre Emotio spricht

Sie können die Emotionen in Ihrer Rede dann am besten freilassen, wenn Sie schon während der Redevorbereitung sich die entsprechenden emotionalen Situationen vorstellen, sie mit in den Redeaufbau einflechten, auch trainieren.

Das ist am leichtesten, wenn die Emotionen in den Sachverhalt eingebunden sind. Wer über Kochen redet und seine eigenen Erfahrungen mit einflicht, wie seine Kinder über die versalzene Suppe gespottet haben oder wie er den Chefkoch falsch verstanden hat, bringt damit auch gleich seine Gefühle mit ein.

Wenn Sie über ein physikalisches Experiment berichten, haben Sie wahrscheinlich bei der Vorbereitung des Experimentes manchen Fehler produziert, Schiffbruch erlitten, von neuem anfangen müssen, sind enttäuscht worden, sind überrascht worden, haben entdeckt, dass andere das vor Ihnen auch schon gesehen haben, usw. So müssen Sie also einen Sachverhalt daraufhin prüfen, wie Ihre Emotionen geweckt wurden.

Sie berichten emotional, wie Sie Ihrem Freund oder Ihrer Frau eine Entdeckung geschildert haben und wenn Sie deren Reaktion mit einbinden. Oder wenn ein Mathematiker über die Grundrechenarten spricht und erzählt, wie seine Tochter auf seine ersten Versuche reagiert hat, ihr Mathematik beizubringen.

Sie sind auch emotional, wenn Sie darüber berichten, wie Ihnen bei einer schwierigen Aufgabe ein Vergleich mit einem Musikstück, einem Bild oder einer Theatervorführung aufgefallen ist. Es gibt eine unendliche Fülle von Anknüpfungspunkten, Sie müssen sie nur suchen. Wenn Ihnen immer noch die emotionale Anbindung Schwierigkeiten macht, überprüfen Sie im Internet, ob zum Beispiel der Tag, an dem Sie die Rede halten müssen, oder das Jahr, in dem Ihr Vortrag stattfindet, einen besonderen emotionalen Bezug zum Vortragsthema hat. Fast immer findet sich auch ein Geburtstag oder ein historisches Ereignis, das Sie emotional mit einbinden können.

Schließlich können Sie über Anekdoten oder Witze Ihre eigenen Emotionen wecken und das Widerspiegeln bei den Zuschauern erleben (vgl. Kapitel 7).

Sehen Sie sich diesen Versuch an, die Vielfalt an Emotionen in Kategorien einzuteilen. Sie finden bestimmt eigene Emotionen wieder:

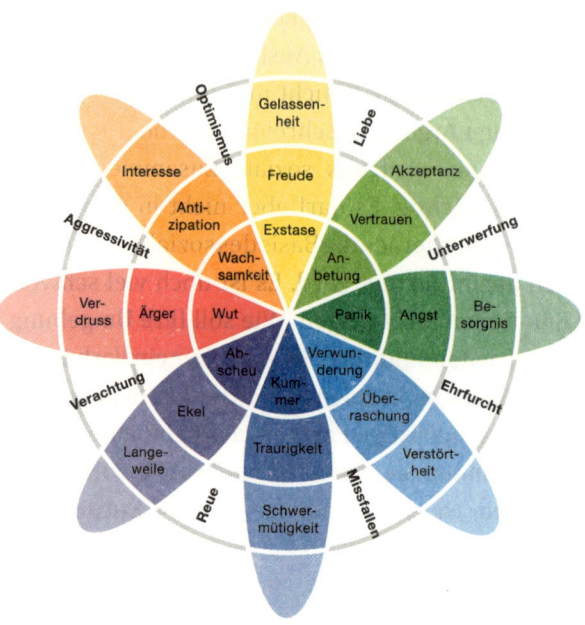

Die Emotionen haben sich im Laufe unserer Entwicklungsge-schichte zum Menschen entwickelt und genetisch fixiert, weil sie uns im sozialen Verbund geholfen haben. Wer, wie der Pandabär, allein lebt, braucht weder Wut noch Freude oder Abscheu oder Kummer zeigen. Es nützt ihm nichts, weil es ja keine Pandabärin merkt. Deshalb haben solche Einzelgänger auch kein emotionales Ausdrucksprofil. Das macht den Umgang mit ihnen besonders gefährlich. Wer keine Emotion zeigt, ist also auch gefährlich, weil unkalkulierbar.

Es fragt sich schon, warum uns die Emotionen so gründlich aus-getrieben werden. Ist das ein Panda-Ismus, dem unsere Eltern, un-sere Erziehung, unsere Umgebung unterliegen? Soll es geradezu hilfreich sein, diese Emotionen zu verbergen? Oder ist es nur prak-tisch für die Eltern, Erzieher oder Lehrer? Für sie, nicht für ihre Kinder?

Gewiss, in den letzten paar tausend Jahren haben sich die menschlichen Bedingungen stärker verändert als in den Millionen Jahren zuvor. Unser Problem ist, dass wir in manchen Bereichen falsch konditioniert sind. Was sich über Jahrhunderttausende bewährt hat, kann heute Schwierigkeiten machen. Das trifft auch auf die Emotionen zu. Ungestörtes Ausleben von Emotionen ist in der menschlichen Gemeinschaft nicht machbar. Wenn jeder jederzeit seine Wut, seinen Ärger rausschreien kann oder Panikgefühle sofort auslebt, dann wird das soziale Zusammenleben sehr erschwert. Das ist richtig. Es darf aber nicht in das Gegenteil umschlagen, weil damit gerade die Basis des sozialen Zusammenlebens empfindlich beeinträchtigt wird. Es ist doch viel schwerer, wenn Sie Ihre Emotionen nicht zeigen. Wie soll Ihre Umgebung wissen, dass Sie unzufrieden sind, dass Sie sich über ein Verhalten geärgert haben, wenn Sie es nicht zeigen? Wer immer beherrscht ist, kann vielleicht keine langfristige Partnerschaft aufbauen.

Jedenfalls können Sie Ihre Zuschauer nicht von Ihren Emotionen überzeugen, wenn Sie keine zeigen. Sie werden Ihnen nicht vertrauen.

◼ Emotional heißt nicht unbeherrscht

Wer Emotionen zeigt, ist deshalb noch nicht »unbeherrscht«. Erst wenn die Emotionen jemanden »übermannen« (warum heißt es wohl nicht »überweiben«?), wird man Gefangener seiner Emotion.

Wenn sie Ihre Emotionen selbst erleben und beherrschen wollen, trainieren Sie. Tragen Sie emotionale Gedichte vor, lesen Sie Ihren Nichten, Kindern, Enkeln Märchen mit betont emotionaler Stimme vor; sie werden begeistert sein, mit-fürchten, erlöst lachen. Gestalten sie solche Episoden vor der Videokamera. Wann immer wir unsere Teilnehmer auffordern, besonders emotional oder auch nur laut zu sprechen, ist die Überraschung bei den meisten sehr groß. Ihre gewollte Gestaltungskraft weicht weit von der tatsächlichen Ausdrucksschwäche ab.

Vielen hilft es, wenn sie während dieser Versuche eine Musik mitspielen lassen, die sie persönlich sehr berührt. Sie weckt schon die Emotionen, die dann nur noch verstärkt werden (vgl. Kapitel 10).

Seien Sie emotional, dann sind Sie Mensch. So gewinnen Sie Vertrauen.

6 Du sollst nicht lügen?

Die Zehn Gebote sind von Gott selbst mit seinem Finger in zwei Steintafeln gemeißelt – sagt die Bibel. Die Gebote und Verbote des Gottes Israel. Sie haben Judentum, Christentum, Islam, große Teile der Welt geprägt.

■ Die Bibel kennt die Lüge

Uns wird häufig das achte Gebot vorgehalten mit den Worten:

> »Du sollst nicht lügen.«

Dieses angebliche Verbot gilt als einer der Merksätze, hinter denen sich eine Überfülle an Sprichwörtern und an moralinsauren Ermahnungen verbergen.

Eine Lüge ist eine Aussage, von der der Sender weiß oder vermutet, dass sie unwahr ist, und die mit der Absicht geäußert wird, dass der oder die Empfänger sie trotzdem glauben.*

Liest man die Zehn Gebote in der Bibel nach, so steht dort etwas anderes. Wörtlich heißt es in Deuteronomium 5 zum achten Gebot:

> »Du sollst nichts Falsches gegen Deinen Nächsten aussagen.«

Dieses Gebot lautet in heutiger Fassung:

> »Du sollst nicht Deinen Nächsten verleumden.«

Das klingt anders, menschlicher. Da wir spätestens ab dem vierten

---

* Der Einfachheit halber hier eine Beschreibung nach Wikipedia

Lebensjahr lernen, unser Reden und Tun auf den jeweiligen Gesprächspartner einzustellen, also auch die Unwahrheit zu sagen, weil sie uns hilft, gehört die Unwahrheit zu unserem täglichen Leben*, nicht aber die Verleumdung; das hat die Bibel ganz zu Recht unterschieden.

Die tägliche Praxis lebt mit der Lüge

Wolf Schneider, Träger des »Medienpreises für Sprachkultur«, hat kürzlich das Buch veröffentlicht: »Die Wahrheit über die Lüge«.** Er untersucht den recht problematischen Umgang mit der Wahrheit und den Anspruch auf Wahrheit und kommt zu dem Ergebnis:

> »Die Wahrheit ist oft verletzend und meistens unbequem. Wir haben recht, sie nicht zu mögen. Es ist die Lüge, die uns wärmt.«

Besonders amüsant ist dazu das Buch von Jürgen Schmieder***, Reporter der *Süddeutschen Zeitung* in München. Er hat den Versuch unternommen, 40 Tage nur die Wahrheit zu sagen – und war sehr froh, als er nach diesen 40 Tagen damit aufhören durfte, einigermaßen unbeschädigt. Er ist über viele Autoren gestolpert, die die Wahrheit zur höchsten Maxime erhoben haben.

Dazu gehört Immanuel Kant in seinem Traktat »Über ein vermeintes Recht aus Menschenliebe zu lügen«:

> »Wahrhaftigkeit ist formale Pflicht des Menschen gegen jeden, es mag ihn oder einem anderen daraus auch noch so ein großer Nachteil erwachsen.«

Kant hielt es für geboten, gegebenenfalls sogar seinen Freund zu verraten, selbst wenn der dann mit dem Tode bestraft würde. Solch ein moralischer Absolutismus geht weit an der menschlichen Na-

---

*   Siehe dazu Joe Navarro: »Menschen lesen«
**   Wolf Schneider: »Die Wahrheit über die Lüge«
***   Jürgen Schmieder: »Du sollst nicht lügen«

tur vorbei. Das hätte Kant bei seinen täglichen Spaziergängen in Königsberg selbst entdecken können. Kant hat mit seiner Entdeckung des kategorialen Denkens viele Erkenntnisse der Verhaltensforschung vorweggenommen. Kein Wunder, dass Konrad Lorenz, der Vater der Verhaltensforschung, ein großer Kenner und Bewunderer von Kant war.

Und trotzdem: Kant stellt sich in Widerspruch zu seiner eigenen grundlegenden Maxime, zu dem »Kategorialen Imperativ«:

> »Handle nur nach derjenigen Maxime, durch die du zugleich wollen kannst, dass sie ein allgemeines Gesetz werde.«

Ein allgemeines Gesetz, das Lügen verbietet, würde die menschliche Gesellschaft schwer gefährden, wenn nicht zerstören.

Wir Menschen sind anders, als Kant gefordert hat. Nicht nur wir Menschen; schon Schimpansen lügen. Sie sind immer wieder dabei »erwischt worden«, wie sie mit Vergnügen ihre Artgenossen täuschen. So berichten Verhaltensforscher, wie eine rangniedere Schimpansin plötzlich eine besonders leckere Frucht entdeckt hat. Ein kurzer Rundblick überzeugte sie, dass noch kein ranghöheres Tier diese Frucht auch gesehen hat; es hätte sie rüde verdrängt. Sofort lässt sie einen Angstschrei los, der in der Schimpansensprache bedeutet: Achtung, ein Leopard schleicht sich an. Alle anderen fliehen gleich auf die Bäume, sie kann in Ruhe ihren Leckerbissen verputzen.

Einer der beeindruckendsten und bekanntesten Lügenbarone unter den Schimpansen ist Paul, ein geradezu krimineller jugendlicher Pavian aus den südafrikanischen Drakensbergen. Richard Byrne von der Universität Saint Andrews in Schottland hat den jungen Affen dabei beobachtet, wie dieser auf eindeutig unredliche Weise an leckere Knollen kommt:

Paul beobachtet, wie ein weiblicher Pavian das begehrte Nahrungsmittel freigelegt hat. Mit einem Blick in die Runde versichert sich der kleine Lump, dass er unbeobachtet ist. Dann beginnt er zu schreien, als wäre er in höchster Gefahr. Seine Mutter reagiert wie alle Mütter in dieser Situation. Sie springt zu ihrem Sprössling, stellt fest, dass die einzige mögliche Bedrohung das arglose Weibchen mit den Knollen ist – und greift sie an; das Weibchen flieht. Paul kann sich danach in Ruhe über die Knollen hermachen.

Doch war das vielleicht ein Zufall? Hat Byrne eine Bedrohung übersehen? Er erzählt seinem Kollegen Andy Whiten von seiner Beobachtung. Whiten aber hatte den Gauner ebenfalls dabei ertappt, wie er ein anderes Tier auf die gleiche Weise um den Lohn der eigenen Arbeit gebracht hatte.

Offenbar hat Paul tatsächlich eine eigene Strategie entwickelt, die auf einer Lüge basiert. Und dafür muss er wissen, wie seine Mutter auf seinen Schrei reagieren würde. Zielgerichtet missbraucht er den Hilferuf.

Ein weiteres spektakuläres Beispiel liefert der Schimpanse Yeroen im Zoo der niederländischen Stadt Arnhem. Nach einem verlorenen Kampf gegen das neue Alphamännchen humpelt der abgesetzte, offenbar schwer verletzte Chef davon. Kaum ist er allerdings aus dem Blickfeld des Siegers verschwunden, kann Yeroen wieder völlig normal gehen, berichtet der Verhaltensbiologe Frans de Waal.

Schmieder selbst resigniert vor diesem absoluten Anspruch von Kant. Im Büro – so erkennt er – ist Ehrlichkeit ungefähr so passend wie ein Seitensprung am Tag der Hochzeit*.

....

*   Jürgen Schmieder: »Du sollst nicht lügen«

Auch wenn er verschiedentlich – und ganz zu Recht – sehr positive Erkenntnisse daraus gewinnt, zumindest ehrlicher als früher zu sein, so passt sein Ergebnis zur menschlichen Natur. Die Lüge ist gesellschaftlich anerkannt. Ihr gegenüber steht aber die respektvolle Ehrlichkeit. Respekt gilt es auch bei der Lüge zu bewahren; Schmieder will alle egoistischen Lügen, falsche Schleimereien und fiese Beleidigungen aus seinem Leben tilgen.

>Ich versuche anderen Menschen respektvoll die Wahrheit zu sagen – und sollte ich eine Lüge verwenden müssen, dann wird auch bei ihr Respekt vor anderen die Maxime sein.«

Mit dieser Haltung nähert er sich dem achten Gebot der Bibel.

Es gibt in Amerika eine psychologische Richtung mit dem schönen Namen »Radical Honesty« (ausgerechnet in Washington), die sich unter dem Banner der »Radikalen Ehrlichkeit« versucht, aber in Wirklichkeit in vielen Fällen große Gemeinheiten produziert und den Menschen viel schadet. Jürgen Schmieder schreibt dazu:

>Radical Honesty, wie ... Blanton und seine Jünger es praktizieren und wie ich es 40 Tage lang versucht habe, das ist nichts für mich, und ich glaube, dass es tatsächlich nur Kriege und eingeschlagene Köpfe geben würde, wenn die Menschen radikal ehrlich wären.«

Es ist kein Zufall, dass in den alten Kulturen wie bei den Chinesen und Japanern Höflichkeit und vor allen Dingen die Pflicht, dem anderen »das Gesicht zu lassen«, einen extrem hohen Stellenwert einnehmen. Es gilt z. B. auch in Großbritannien als ein Gebot der Fairness, den anderen nicht herabzusetzen (was bedeutet: gegebenenfalls auch zu beschönigen, also die Unwahrheit zu sagen). Diese menschliche Eigenschaft, die uns durchaus angeboren ist, die gar nicht auf den Menschen beschränkt ist, dient ganz offenkundig auch der Arterhaltung. Sie bedeutet aber auch, dass ganz höflich gelogen wird, auch dann, wenn beide um die Lüge wissen.

Umberto Eco, weltberühmter italienischer Romancier, ist fasziniert von der Lüge. Auf der Frankfurter Buchmesse 2011 fasst er sein Ergebnis zusammen (er weiß allerdings noch nicht, dass auch Tiere lügen):

»Die Lüge ist etwas zutiefst Menschliches.«

Er widmet seinen jüngsten Roman »Der Friedhof in Prag« gerade Fälschungen, Verschwörungen und Lügen und schmückt sie detailliert aus.

Im *Focus* schreibt der Philosoph Martin Seel im Oktober 2011:*

»Im Leben erweist sich Aufrichtigkeit als eine Tugend, die ihre Schattenseiten hat. Gerade in der Alltagsmoral ist es nicht selten geboten, die Wahrheit für sich zu behalten.

Eine Person, die sich immer unverblümt äußert, riskiert es, sich gegenüber anderen verletzend zu verhalten. Direktheit kann nicht nur taktlos, unklug und uncharmant, sie kann auch brutal sein. Aufrichtigkeit will dosiert werden. Wer niemals etwas Unwahres sagt, sollte sich auf seine Wahrhaftigkeit nicht allzu viel einbilden. Nicht immer und überall währt ehrlich am längsten.«

Er begründet es damit, dass Tugenden wie die Wahrheit und Laster von Natur aus Herdenwesen sind. Sie gedeihen allein in großer Gesellschaft. Hier können sie sich gegenseitig zügeln und beflügeln und somit halbwegs unter Kontrolle halten.

Tugenden nämlich sind heikle Balancen, die von den Gefühllosen nicht gehalten werden können. Diese wissen nicht, dass jede Tugend auf schwankendem Boden steht, und glauben daher, wenn sie eine haben, hätten sie alle.

---

*   *Focus* 42, 2011, S. 116

Auch die *Süddeutsche Zeitung* nimmt dazu Stellung:*

> »Das Spiel mit der Wahrheit gehört zur Politik… Nicht alles, was unwahr
> ist, ist Lüge. Dementis von Diplomaten etwa sind Höflichkeitsfloskeln.
> Und zu den Wahlkämpfen gehört es, dass Parteien und Politiker ihre an-
> geblichen Erfolge hervorheben und ihre Misserfolge bestreiten… Vor
> allem im Parlament oder in den Reden an ihr Volk müssen verantwortli-
> che Politiker die Wahrheit sagen, und das gilt ganz besonders für ein
> deutsches Staatsoberhaupt.«

Kennt Hans Leyendecker den Wortlaut des Amtseides der Bundeskanzlerin oder des Bundespräsidenten? Nach Artikel 56 Grundgesetz bzw. Artikel 64 Grundgesetz leisten sie folgenden Eid:

> »Ich schwöre, dass ich meine Kraft dem Wohle des deutschen Volkes
> widmen, seinen Nutzen mehren, Schaden von ihm wenden, das Grund-
> gesetz und die Gesetze des Bundes wahren und verteidigen, meine
> Pflichten gewissenhaft erfüllen und die Gerechtigkeit gegen jedermann
> üben werde. So wahr mir Gott helfe.«

Steht da etwas über Wahrheit und Lüge? Verbietet das Grundgesetz eine Lüge, wenn sie zum Wohle des Volkes erforderlich ist?

▣ Vertrauen, Wahrheit und Lüge in der Politik

> Der Weise hat keine Träume, doch wer hat Wahrheit je erblickt in dieser
> Welt?
>
> *Kiotsune, No-Theater, Japan*

Politiker überschlagen sich gerne in den Vorwürfen an Berufsge-
nossen, sie hätten nicht die Wahrheit gesagt. Sie versichern treu-
herzig ihren Wählern, sie würden stets die »Wahrheit« sagen, gerade deshalb könne man ihnen vertrauen. Wer so mit Wahrheit

---

*   Hans Leyendecker am 7./8. Februar 2012

und Vertrauen in der Politik wirbt, ist selbst nicht vertrauenswürdig. Politiker können nicht immer die Wahrheit sagen.

Als Bundeskanzlerin Angela Merkel 2008 in der ersten Weltkrise in aller Öffentlichkeit verkündet hat:

»Die Spareinlagen in Deutschland sind sicher«,

hat sie eine Behauptung aufgestellt, die zu diesem Zeitpunkt nicht wahr sein konnte. Sie hat aber die Bevölkerung beruhigt und eine Krise verhindert. Kein Mensch hat zu diesem Zeitpunkt gewusst, wie sich die Weltwirtschaft und die Weltkrise entwickeln.

Jean-Claude Juncker hat auf einer Abendveranstaltung in Brüssel kurz vor Ostern 2011 freimütig erklärt:

»Wenn es ernst wird, muss man lügen.«

Anlass war damals die Tatsache, dass Juncker zu einer Gesprächsrunde in das Senninger-Schloss eingeladen hatte, um über die griechische Schuldenkrise zu verhandeln, und sein Sprecher betont hat, in Luxemburg finde gar kein Treffen statt. Die Zeitungen fielen erwartungsgemäß gleich über Juncker her.

Juncker hat diesen Satz mit dem Hinweis gerechtfertigt, dass Andeutungen über Entscheidungen verheerende Auswirkungen haben können.

Recht hat er.

Der Premierminister von Luxemburg ist nicht der Einzige, der sich auch in der Öffentlichkeit dazu bekennt, dass (nicht nur) in der Politik gelogen wird. Als der amerikanische Verteidigungsminister Robert Gates seinen Abschied nahm, ging er auch auf verschiedene Anfragen zum Thema Wahrheit und Lüge ein. Ein Senator wollte wissen, wie lange der Minister »noch eine Regierung unterstützen wird, die uns belügt«. Gates parierte damals ganz trocken:

»Na ja, auf der Basis von 27 Jahren in der CIA und viereinhalb Jahren in diesem Job würde ich sagen: Die meisten Regierungen belügen einander. So erledigen wir unsere Arbeit.«*

Als Reaktion im Senat vermerkte die Zeitung:

»Da haben alle gelacht.«

Und Robert Gates, der kleine Mann mit dem weißen, akkurat gescheitelten Haar, grinste noch ein wenig breiter.

Thailands Finanzminister Kittiratt Na-Ragong wurde im Sommer 2012 auf seine falschen Prognosen zum Wachstum im Frühjahr des gleichen Jahres angesprochen. Seine offene Antwort:

»Stellen Sie sich vor, ich würde sagen, wir schaffen kein Wachstum – was hätte das für Folgen für das Vertrauen? Finanzminister können über ein paar Sachen lügen, das sind Notlügen.«

Der französische Staatspräsident Nicolas Sarkozy auf dem G20-Gipfel in Cannes 2011 zum amerikanischen Präsidenten Barack Obama über den israelischen Ministerpräsidenten Benjamin Netanjahu:

»Ich kann ihn nicht mehr sehen, das ist ein Lügner.«

Darauf Obama:

»Du magst ja genug haben von ihm, aber ich muss jeden Tag mit ihm umgehen.«

Im katholischen Bayern hat man für ein solches Verhalten einen ganz markanten Satz, der eine sehr freie »Übersetzung« des Bibelwortes ist:

»Aba a Hund is er scho.«

....

* *Süddeutsche Zeitung* vom 30. Juni 2011

Der Umgang mit der Wahrheit in der Politik ist also problematisch. Aber nicht nur dort. Daran ändert sich nichts, wenn sich die Leute darüber offiziell entrüsten. Konrad Adenauer wird häufig zitiert mit der Einleitung eines Interviews mit einem ausländischen Journalisten:

> »Ich jebe et ihnen fünnefzich Prozent jelogen, dann verdienen Sie noch wat am Dementi.«

Welche Konflikte müssen die Mitarbeiter einer Erdbebenstation mit der Informationspflicht, also der Wahrheit, aushalten? Sollen sie frühzeitig warnen und einen Massenexodus mit seinen Schäden und vielen Verletzten oder Toten auslösen? Sollen sie noch warten? Auch das Verschweigen von Tatsachen wird ja als »Lüge« gewertet.

Augustinus hat in seinen »heiligen Jahren«, nachdem er viele Jahre sehr ausgiebig alle Laster dieser Welt genossen hatte, das Gebot aufgestellt:

> »Die Sprache ist doch sicherlich geschaffen, nicht damit die Menschen sich durch sie gegenseitig täuschen, sondern damit man durch sie seine Gedanken dem anderen zur Kenntnis bringt. Die Sprache zur Täuschung zu benutzen, nicht zu dem Zwecke, zu dem sie geschaffen ist, ist folglich Sünde.«

Auf diesen Kirchenvater geht anscheinend die Umformulierung des achten Gebotes zurück. Wie so oft beim heiligen Augustinus ist das eine sich selbst erfüllende Logik:

Er stellt erst die Behauptung auf, dass die Sprache nicht geschaffen sei, um die Menschen zu täuschen. Er spart sich jeden Beweis dafür, dass diese Behauptung richtig ist. Praktischerweise zieht er dann aus seiner unbewiesenen Behauptung gleich eine Schlussfolgerung.

Auf die Bibel kann er sich dabei nicht stützen, auf Jesus auch nicht. Es ist aber eine Steilvorlage für alle diejenigen, die sich das Leben erleichtern wollen dadurch, dass sie ihre Untergebenen oder Gläubigen zur Wahrheit anhalten.

Der amerikanische Dichter Ralph Waldo Emerson hält dem entgegen:

>»Die Wahrheit ist zweifellos schön, die Lüge aber auch.«

David Nyberg schreibt in seinem Buch »Lob der Halbwahrheit«:

>»Ein gesundes, praktikables und lebenswertes Zusammenleben in der menschlichen Gemeinschaft ist ohne Täuschung nicht denkbar.«

Die *Bild am Sonntag* füllte zu Weihnachten 2011 ihr Titelblatt mit der Schlagzeile »Die Lügen des Jahres« (inklusive Notlügen und Scheinwahrheiten). Lustvoll berichtet *Bild* über die Wohnlüge von Nadja Auermann, König Carl Gustaf aus Schweden und seine Rotlichtlüge, Arnold Schwarzenegger und seine Kinderlüge usw. ... und führt in die *Bild*-Geschichte ein mit den Worten: »Würden wir immer die Wahrheit sagen, wäre der Haus- und Weltfrieden in Gefahr.« Auf Seite 18 dann ganz groß: »Die Lüge ist die geschminkte Schwester der Wahrheit.«

Die weltbekannte Sammlerin Ingvild Goetz gibt es ehrlich zu. Die Galeristen gehen ihr manchmal stark auf die Nerven. Manchmal lügt sie, um einen Galeristen schnell, aber höflich abzuwürgen.*

■ Rede, Wahrheit, Gesellschaft

Im Matthäusevangelium steht als Zitat von Jesus unter 12,36:

>Ich aber sage Euch:
>»Über jedes unnütze Wort, das die Menschen reden, haben sie Rechenschaft zu legen am Tag des Gerichtes.«

Jesus verbietet weder die Lüge, noch nimmt er auf das achte Gebot Bezug. Jedenfalls nicht wörtlich. Es wird aber so ausgelegt.

....
*   *SZ-Magazin* vom 4. April 2012, Seite 17

In seiner modernen Formulierung hat dieses Gebot der frühere UN-Generalsekretär Dag Hammarskjöld übernommen.

Für ihn war es die Quintessenz zum Thema Rede:

- ⊕ Nur berichten, was für **andere** Bedeutung hat.
- ⊕ Nur fragen, was man zu wissen wünscht.
- ⊕ Beides auf das beschränken, was der Sprecher beherrscht.
- ⊕ Nur diskutieren, um ein Ergebnis zu erzielen.
- ⊕ Das Schweigen die tragende Säule sein für das Ungesagte zwischen zwei Gleichgesinnten.

Das ist die moderne Formulierung der Forderung des Apostels Paulus. Sie wird dadurch aber nicht richtiger.

Unsere Fähigkeit zu reden, zu sprechen, ist eine hohe soziale Eigenschaft, die gerade bei uns Menschen auch die Aufgabe hat, soziale Bindung aufzubauen. Deshalb hat die Rede auch einen ganz hohen Anteil an sozialer Funktion, und sie dient dem Kennenlernen, dem Befrieden, dem sozialen Kontakt. Dunbar* hat »Klatsch

* Robin Dunbar: »Klatsch und Tratsch«

und Tratsch« als wesentliche menschliche Eigenschaft gesehen. Das ist auch richtig. Reden geht also weit darüber hinaus, nur »Bedeutungsvolles« zu beinhalten. Es ist Kontaktpflege, es ist Leben.

■ Der Körper lügt nicht? Oh, doch!

Wir bezweifeln deshalb auch, dass die Behauptungen all derer stimmen, die sich mit Körpersprache beschäftigen (vgl. Kapitel 9). Allen voran behauptet Samy Molcho, weltbekannter Pantomime und einer der wichtigsten Vertreter der Körpersprache*:

> »Der Körper lügt nicht!«

Diese Behauptung ist ziemlich sicher nicht wahr. Nein, auch der Körper macht dieses Spiel um Wahrheit und Lüge mit, solange keine Emotionen den Redner erschüttern und der Redner versucht, diese Emotionen zu überspielen. Solange sich also Unwahrheiten im Rahmen des Gebrauchsüblichen halten.
Ekman hat sich sein ganzes Leben lang mit den Ausdrucksmöglichkeiten des Gesichtes beschäftigt. Er behauptet heute, er könne genau feststellen, wann eine Person lügt und wann nicht. Wir bezweifeln diese Behauptung. Wie bei allen wissenschaftlichen Theorien hat sie kein Recht auf Wahrheitsanspruch. Er selbst hat auch bei seinen Prüfungen festgestellt, nur zwei Personen unter 1000 könnten einen Lügner zuverlässig erkennen.
  Diese Schlussfolgerung von Ekman zeigt, dass gerade in der Kindheit die Fähigkeit, genau zu betrachten und zu interpretieren, besonders dann sehr ausgeprägt ist, wenn sie auch wirklich lebensnotwendig ist. Kinder lernen also, umso schärfer zu beobachten, je mehr davon ihre eigene sichere Umgebung oder ihr Über-

....
*   Samy Molcho: »Alles über Körpersprache«

leben abhängt. Diese Schlussfolgerung mag stimmen. Sie beweist aber nicht, dass diese zwei Personen unter 1000 Menschen wirklich alle Lügen erkennen können. Sie heißt doch nur, dass sie besser sind als andere. Sie können und müssen schärfer hinsehen, weil sie nur dann ihre Vorteile erreichen können, sich also anpassen müssen. Mit anderen Worten: Sie haben besser als andere schon in sehr frühem Alter lügen gelernt.

Wie schwierig es ist, Lügen wirklich zu erkennen, hat ein anderer Amerikaner festgestellt, der sich auch mit diesem Thema sehr intensiv auseinandergesetzt hat. Stan Walters hat sieben Regeln aufgestellt, wie man Wahrheit und Lüge (angeblich) unterscheiden kann:

| 1 | Die Konstanz:
Was weicht vom üblichen Verhalten ab? Verhaltensmuster sehen, Ausdrucksweise prüfen.
| 2 | Welche Veränderung zeigt uns die Person:
Wird ein Stummer gesprächig? Hört jemand, der ständig mit den Händen gestikuliert, fuchtelt, damit plötzlich auf? Was geschah vor der Veränderung?
| 3 | Die Facetten des Verhaltens zusammenführen:
Die verschiedenen Verhaltensweisen, Körpersprache, Stimme, Wortwahl zusammentragen. Entscheidend ist nicht eine spezifische Gestik, sondern die Gesamtschau. Mehrere Abweichungen vom Üblichen bringen das Ergebnis.
| 4 | Die gleich bleibende Reaktion oder gibt es eine Änderung?
Schneiden Sie ein heikles Thema mehrfach an. Wenn das Gegenüber immer gleich reagiert, spricht dies für die Wahrheit. Ändern sich die Reaktionen, muss Sie das aufmerksam machen.

| 5 | Haben Sie keine vorgefassten Ideen:
Wenn man nur zuhört und von vornherein einen Selektionsfilter aufbaut, kann man die Wahrheit nicht erkennen.

| 6 | Ursache – Wirkung beachten.
Welchen Reiz üben Sie selbst aus? Wie ist Ihr Verständnis beim Gegenüber? Verändert dies seine Aussage, seine Bereitschaft zur Wahrheit?

| 7 | Die Gegenprobe:
Machen Sie nach einem Gespräch Notizen und versuchen Sie beim nächsten Mal auf der Basis dieser Notizen das Gespräch nochmals zu führen.

Sie sehen: Wenn Sie nach seinen Regeln vorgehen, müssen Sie ziemlich viel Zeit investieren, um festzustellen, ob jemand tatsächlich ein Lügner ist. Es ist deshalb auch kein Zufall, dass gerade in den letzten Jahren und Jahrzehnten riesige Betrügereien aufgedeckt worden sind. Das heißt aber doch im Gegenzug, dass diese Betrüger in unglaublichem Umfang getäuscht hatten.

Das praktischste Buch zu diesen Fragen hat der ehemalige FBI-Agent Joe Navarro kürzlich veröffentlicht.* Er untersucht in einem eigenen Kapitel die Möglichkeiten, einen Lügner durch seine Körpersprache zu erkennen. Seine Quintessenz nach 40 Jahren intensiver Beschäftigung mit diesen Fragen, nach unzähligen beruflichen Erfahrungen ist doch recht ernüchternd:

»Die Wahrscheinlichkeit, jemandem eine Lüge einzig und allein mithilfe nonverbaler Signale nachzuweisen, beträgt gerade einmal 50 Prozent.«

Es bleibt daher für den Redner und für den Zuschauer die Tatsache bestehen: Es ist nicht so einfach, Lügen zu erkennen. Es ist aber auch nicht erforderlich, immer die Wahrheit zu sagen. Die Menschen wissen das auch. Sie nehmen dieses Ergebnis auch hin, wenn ihr Grundvertrauen nicht zerstört wird. Wenn sie weiterhin davon

----

*   Joe Navarro: »Menschen lesen«

überzeugt sind, dass der Redner (Politiker, Unternehmer) für sie kämpft.

Wir wollen – und können – an dieser Stelle keine Verhaltensregeln für den Umgang mit Wahrheit und Lüge aufstellen. Wir müssen aber auf die Problematik hinweisen.

Bedenken Sie andererseits die Situation eines Lügners:
Er muss sich an die Wahrheit erinnern.
Er muss an die Lüge denken.
Er muss vielleicht frühere Lügen berücksichtigen, damit die Sachverhalte zusammenpassen.
Er muss klären, dass die jetzige Lüge zur früheren Lüge passt.
Er muss eine Lüge auswählen, die er sich leicht merken kann.
Er muss den Stress der Lüge verbergen.
Er muss berücksichtigen, dass er sich vielleicht über die Körpersprache oder die Wortwahl verrät, also auch dort aufpassen.
Er muss »besonders« überzeugend wirken.
Ein Lügner ist also sehr beschäftigt, bis er seine Lüge produziert. Das Lügengebäude ist auch recht fehleranfällig. Lügner haben deshalb ein Zeitproblem, um ihre Lüge sorgfältig vorzubereiten.

Ein guter Ansatz ist deshalb das Ergebnis von Schmieder:
Respekt gilt es auch bei der Lüge zu bewahren.

Mit dieser Aussage wollen wir niemanden zum Lügen auffordern. Wir wollen aber den Wahrheitsanspruch, den viele andere erheben, relativieren, weil er nicht der menschlichen Natur entspricht. Lassen Sie uns dennoch einige Hinweise geben, mit denen Sie den Lügen auf die Spur kommen können:

Je weniger Zeit eine Person hat, bei der Sie die Lüge vermuten, desto größer die Wahrscheinlichkeit, dass er sich verrät. Wenn Sie daher den Verdacht haben, dass der andere lügt, dann versuchen Sie insbesondere Überraschungsfragen, mit denen er nicht rechnen muss.

Wer sich am Anfang verspricht, denkt vielleicht zu viel nach und bereitet also schon eine Unwahrheit vor. Lange Pausen zeigen auch, dass die Antwort überdacht wird. Das ist das gute Recht einer jeden Person. Es zeigt Ihnen aber auch, dass lange nachgedacht wird, das heißt, dass auch der konstruierten Antwort Tür und Tor geöffnet ist. Das kann dann auch eine Lüge sein.

Ein besonders auffälliges Indiz für eine unwahre Antwort liegt dann vor, wenn auf eine kurze Frage eine sehr lange Antwort gegeben wird. Der andere »redet dann herum«. In der Politik, insbesondere an den Wahlabenden, sieht man das sehr häufig.

René Hofmann schrieb passend dazu über Ron Dennis, den damaligen Besitzer und Teamchef des McLaren-Rennstalls in der Formel 1:

> »Je länger der erfolglos ist, desto länger werden Dennis' Antworten. Am Wochenende hat er eine Pressekonferenz gegeben und 101 Sätze gesagt. Viele davon waren über 30 Worte lang. Ein besseres Zeichen, wie groß die McLaren-Misere gerade ist, lässt sich kaum finden.«

Besonders vorsichtig muss man immer dann sein, wenn der Redner seinen eigenen Wahrheitsgehalt beteuert. Formulierungen wie »Ich würde dich doch nicht anlügen« oder »Das ist die Wahrheit« sind nicht notwendig, wenn der Redner sowieso glaubhaft ist. Vermeiden Sie es deshalb, an das Vertrauen Ihrer Zuschauer selbst zu appellieren. Das Vertrauen haben Sie sich erarbeitet. Sie brauchen darauf nicht extra auch hinzuweisen. Das löst dann eher Vorsicht, Misstrauen aus.

Da gerade mit den Worten viel gelogen werden kann, prüfen Sie die Menschen an ihren Taten. Prüfen Sie sie vor allen Dingen an ihren Taten gegenüber Dritten. Dann können Sie umso besser feststellen, ob Worte und Taten übereinstimmen.

Fragen Sie sich auch selbstkritisch, ob Ihr Gegenüber auch so handeln würde, wenn Sie in Bedrängnis sind.

Konventionslügen werden Sie häufig nicht entdecken. Zu sehr sind die Menschen daran gewöhnt, damit umzugehen. Gerade bei den konventionellen Lügen hat sich auch so gut wie jeder sein eigenes Schema überlegt. Er muss nicht nachdenken, wenn er auf die Frage, wie es ihm geht, mit »gut« antwortet. Das ist sein Stereotyp. Er muss auch nicht nachdenken, wenn er der Kollegin versichert, sie trage heute wieder eine besonders schicke Kombination, obwohl die Farbe ihrer Bluse überhaupt nicht zum Rock passt. Er macht das schließlich immer.

Wolfram Weimer betont* die Notwendigkeit, auch und gerade in der Politik die wichtigen Wahrheiten auszusprechen.

> »Interessanterweise sind Adenauers Wiederbewaffnung und Westbindung, Willy Brandts Ostverträge, Kohls Euro, Schröders Agenda 2010 – viele historisch weise Entscheidungen … gerade gegen den Mainstream, Mehrheit und Mitte durchgesetzt worden.
>
> Wenn die Gesellschaft nur dem Masseninstinkt folgt, keine fundamentale Wahrheit mehr akzeptiert oder nach ihr strebt, wird sie aus der Tiefe ihres Ichs fungibel wie ein Wertpapier … Die Zeit ist reif für die Wahrheit.«

Recht hat er. Aber widerspricht das der menschlichen Natur? Wir sehen das nicht. Wir brauchen eine Kultur der Wahrheit in den zentralen Fragen; wir sollten uns aber nicht scheinheilig über die vielen alltäglichen Lügen aufregen.

Unsere Aufgabe ist es, Ihnen zu sagen, wie Sie entsprechend der menschlichen Natur, entsprechend Ihrer Natur, gut kommunizieren können und auf welche Probleme Sie sich einstellen müssen.

Seien wir ehrlich: Wir sind »auch« Lügner.

Die Lügen der Statistik

> Glauben Sie nur der Statistik, die Sie selbst gefälscht haben.
>
> *Gängige Empfehlung*

Die Manipulationen mit der Statistik sind vielfältig. Schon in den 50er-Jahren hat Darrell Huff es für nötig gehalten, über das Thema Statistik ein Buch zu schreiben mit dem Titel »How to Lie with Statistics«. Walter Krämer hat dieses Thema aufgegriffen

---

* *Bayerischer Monatsspiegel Nr. 160, Seite 16/17*

und vor 20 Jahren inzwischen einen Klassiker geschrieben, der 2011 neu aufgelegt wurde. Nach wie vor wird sehr intensiv mit Statistiken gelogen. Krämer schreibt schon in seinem Vorwort über die vielfältigen Statistiken, die uns täglich präsentiert werden:*

> »Viele dieser Statistiken sind falsch. Einige sind bewusst manipuliert, andere nur unpassend ausgesucht. In einigen sind schon die reinen Zahlen falsch, in anderen sind die Zahlen nur irreführend dargestellt.«

Besonders deutlich ist seine Erkenntnis:

> »Es gibt ein Gentlemen's Agreement unserer Medien, dass im Dienste einer guten Sache die Wahrheit nicht so wichtig ist.«

Einige typische Versuche, mit der Statistik »die Wahrheit zu schönen«, möchten wir in Anlehnung an Walter Krämer darstellen.

So rechtfertigt das *Deutsche Ärzteblatt* einen Fehler in der Aids-Statistik – nämlich durch so genanntes »Kumulieren« die aktuellen Krankenstände höher darzustellen, als sie wirklich sind – mit den Forschungsgeldern, die so leichter einzuwerben seien. Wenn die Kumulierung zu diesem Effekt beiträgt, dann sollten wir es noch eine Weile dabei belassen, so das *Ärzteblatt*.

Das Ergebnis von Krämer:

> »Dieses Reklamieren einer ›Licence to Lie‹ im Dienste eines subjektiven oder objektiven guten Zwecks kennt keine Parteigrenzen; es wird von Linken wie Rechten, Progressiven wie Konservativen gleichermaßen praktiziert. Allenfalls nimmt es mit der Gewissheit zu, mit der sich der Datenkosmetiker im Besitz der absoluten Wahrheit wähnt.«

....

*   Walter Krämer: »So lügt man mit Statistik«

Die Lügen der genauen Zahlen

Misstrauen Sie allen Statistiken, die ganz besonders präzise Zahlen bringen. Häufig ist die Basis falsch. Das Statistische Bundesamt in Deutschland erfasst für 2007 82 217 837 Personen, 26 857 800 Schweine und 2 642 118 Schafe. Diese Zahlen sind mit Sicherheit Fantasieprodukte, die allerdings nicht im Statistischen Bundesamt zusammengeschrieben wurden, sondern schon viel früher bei den Erhebungsbögen, bei denen die Bauern einfach Zahlen angeben, die gar nicht exakt sind. Wie viele Personen sind schon bei uns in der Statistik deshalb nicht erfasst, weil sie nirgendwo angegeben sind? Auch wenn solche ungeraden Zahlen sehr glaubwürdig wirken: Seien Sie skeptisch.

Philipp Melanchthon, ein Weggefährte von Martin Luther, hat kategorisch festgestellt, dass die Welt im Jahre 3963 v. Chr. geschaffen worden ist. Der englische Theologe John Lightfoot hat es noch genauer berechnet:

> »Himmel und Erde und alles, was dazugehört, wurden vom Dreifaltigen Gott zusammen und zur gleichen Zeit erschaffen am Sonntag, dem 21. Oktober 4004 v. Chr., neun Uhr morgens.«[*]

Die falsche Bezugsmenge: Kürzlich ging durch die Nachrichten wieder der Hinweis, dass bei den Jugendlichen eine besonders große Gefährdung für Selbstmord festgestellt worden sei, und zwar größer als die bei alten Menschen. Das ist eine falsche Vergleichsbasis. Es mag zwar richtig sein, dass der Anteil der Selbstmorde an allen Todesfällen bei Jugendlichen, die unter 20 Jahre alt sind, hoch ist, mit 25 Prozent extrem hoch, verglichen etwa mit zehn Prozent bei den 30- bis 40-Jährigen oder zwei Prozent bei den über 70-Jährigen. Das überzeugende Ergebnis daher der Zeitung: Der Entschluss zum Selbstmord verringert sich immer mehr, je weiter das Alter fortschreitet. Diese messerscharfe Erkenntnis eines Journalisten, der von Statistik keine Ahnung hat, ist aber

---

[*] Diese wunderbaren Berechnungen verdanken wir Walter Krämer.

falsch. Die Selbstmordrate steigt mit höherem Alter an. Wenn man eine Gruppe von 100 000 Menschen nimmt, dann sind es fünf Personen aus 100 000 Jugendlichen unter 20, die Selbstmord begehen, und 50 Personen bei alten Menschen, die über 70 sind. Je älter wir werden, desto eher wählen wir den Freitod. Die Tatsache, dass der Selbstmordanteil bei den Jugendlichen so hoch ist, liegt einfach daran, dass Jugendliche sehr viel seltener sterben. In ihrem Alter sind die gewöhnlichen Todesursachen Unfall, Mord oder eben Selbstmord. Dadurch wird der Anteil der Selbstmörder besonders hoch.

Die falsche Basis für den Vergleich: Diese Statistik ist genauso falsch wie viele andere, die die falsche Basis als Vergleich nehmen. Wenn die »Gesellschaft zur Förderung der Freizeitwissenschaften« feststellt, dass Freizeit ein günstiger Nährboden für Kriminalität sein kann, da Zechprellerei, Ladendiebstahl, Schwarzfahren die Täter immer in der Freizeit begehen, so ist die Schlussfolgerung ein Unsinn. Wann sonst soll denn ein Täter kriminell werden, wenn nicht in seiner Freizeit? Wenn er während des Betriebes am Band steht und Kfz-Teile montiert, hat er wenig Gelegenheiten für Kriminalität.

Wenn der ADAC behauptet, schnelles Autofahren sei nicht gefährlich, weil die meisten Unfälle bei moderaten Geschwindigkeiten geschehen würden, so ist auch dieser Trugschluss falsch. Das liegt doch einfach daran, dass viel weniger Menschen wirklich schnell fahren. Die meisten fahren eben moderat. Krämer weist ganz zu Recht darauf hin: Mit derselben Logik könnte man sagen, dass öffentliche Schulen Kriminelle produzieren, weil eben fast alle Kinder in öffentlichen Schulen erzogen wurden, also sind auch fast alle Insassen in den bundesdeutschen Strafanstalten vorher in öffentlichen Schulen gewesen. Man könnte gerade so gut argumentieren, dass man vom Zeitunglesen Haarausfälle bekommt, weil die meisten Menschen, die lange Zeitung lesen, irgendwann einmal Haarausfall haben werden.

Die 99-prozentige Trefferquote: Besonders drastisch ist das Beispiel mit dem Aidstest. Herr Huber bekommt die traurige Nachricht, der Aidstest sei positiv. Wie wahrscheinlich ist das denn tatsächlich?

Ein seriöser Test entdeckt heute in etwa 99 Prozent der Fälle den Virus. Bei den nicht Infizierten entdeckt der Test in 99 Prozent der Fälle ebenfalls, dass jemand kein Aids hat. Wie groß ist jetzt die Wahrscheinlichkeit, dass einer tatsächlich Aids hat? 99 Prozent, wenn der Test positiv war? Menschen glauben das und haben deshalb auch schon Selbstmord begangen.

Das rechnerische Ergebnis sieht aber ganz anders aus: Schätzen Sie es einmal selbst.

Haben Sie es errechnet? Die Wahrscheinlichkeit einer Infektion trotz eines positiven Ergebnisses ist geringer als zehn Prozent.

Wenn in Deutschland etwa 50 000 Bürger an Aids infiziert sind, so werden 49 500 durch den Test entdeckt. Bei den restlichen 50 Millionen Bürgern, die sexuell aktiv sind, klärt der Test bei 49 500 000, dass sie kein Aids haben. Bei 500 000 sagt also der Test zu Unrecht: Jawohl, Sie haben Aids. Zusammen mit den echten Aidskranken werden also 549 500 Bürger als Aidskranke infiziert, aber die allermeisten haben gar kein Aids. Wenn Sie also die 50 000 Aidskranken, die tatsächlich Aids haben, vergleichen mit den 549 500, die als Aidskranke identifiziert werden, aber gar kein Aids haben, sind Sie bei genau den zehn Prozent angelangt.

Die geschönte Grafik: Lassen Sie uns zum manipulativen Umgang mit den Statistiken nochmals zurückgreifen auf das Beispiel von Walter Krämer. Ein Pressechef muss die Entwicklung einer Firma glänzend darstellen. Die Umsätze der letzten zehn Jahre sind aber alles andere als berauschend.

Wenn Sie diese Zahlen in eine objektive Statistik einspielen, so ergibt sich folgendes Bild:

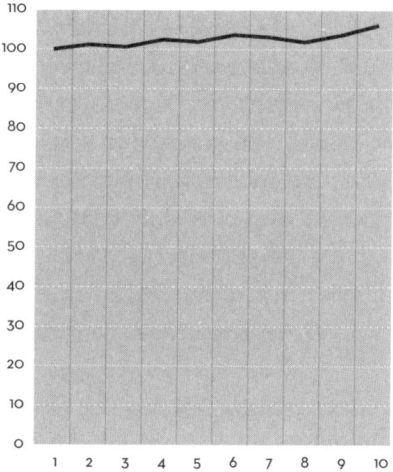

Wenn man den unteren Teil als »nichts sagend« abschneidet, sieht das Bild immerhin schon ganz anders aus. Sie spreizen jetzt den Umsatz nur zwischen 100 und 105, nicht zwischen 0 und 110, wie in der ersten Statistik.

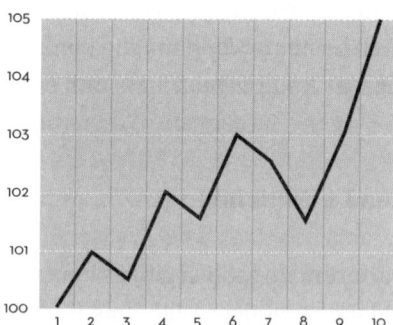

Als dritter Schritt wird jetzt die senkrechte Achse gestreckt. Wir spreizen zwischen 100 und 105, lassen uns aber erheblich mehr Platz bei den Zwischenwerten.

Zwischen den Jahren 6 und 10 ist der Umsatz nicht ganz so gut. Am einfachsten lassen wir die Zwischenjahre weg. Dann ergibt sich folgendes Bild:

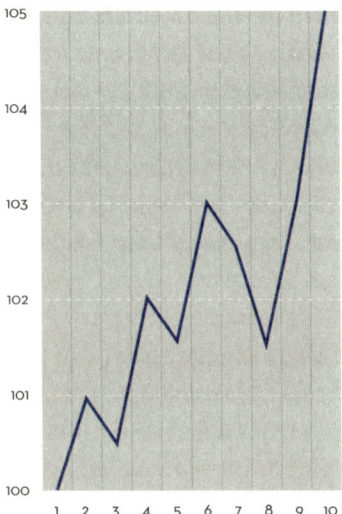

Sie sehen: Mit Statistiken kann man leicht schönen.

Achtung vor Prozentzahlen: Lassen Sie uns noch ein Wort zur Verwendung von Prozentzahlen sagen: Zu statistischen Zwecken wird festgestellt, dass der Viehbesitz eines Landwirtes zu 57 Prozent aus Kühen, zu 14 Prozent aus Schweinen und zu 29 Prozent aus sonstigem Vieh besteht. Wer dann die konkreten Zahlen prüft, stellt fest, dass er vier Kühe, zwei Schafe und ein Schwein besitzt.

■ Das Spiel mit den Definitionen

Unsere Analphabeten: Angeblich gibt es heute 500 000 Analphabeten in Deutschland, zu Kaiser Wilhelms II. Zeiten waren es nur 10 000. Ein Rückschritt?

Das ist eine Frage der Definition: Zu Kaiser Wilhelms Zeiten war Analphabet, wer seinen Namen nicht schreiben konnte. Heute gilt als Analphabet

» ... eine Person, die sich nicht beteiligen kann an all den zielgerichteten Aktivitäten ihrer Gruppe und ihrer Gemeinschaft, bei denen Lesen, Schreiben und Rechnen erforderlich ist, und an der weiteren Nutzung dieser Kulturtechniken für ihre weitere Entwicklung und die der Gesellschaft« (so der Bericht zur Bekämpfung des Analphabetismus in der Bundesrepublik).

Wenn man diese Beschreibung ganz ernst nimmt, ist der Anteil der Analphabeten wahrscheinlich sehr viel höher; so kann man dann wunderbar Bildungsprogramme und entsprechende Forschungsvorhaben initiieren.

Unsere Armen: Glaubt man den Schlagzeilen, so lebt jeder Achte heute in »Armut«; nicht in Somalia, nein – in Deutschland.

Mit dieser Armut ist es ähnlich wie mit den Analphabeten. Sie ist eine Frage der Definition. Als arm gilt nach einer Studie der Gewerkschaft jeder, der weniger als die Hälfte des durchschnittlichen Einkommens zur Verfügung hat. Das ist eine relative Definition, da sie sich auf das Durchschnittseinkommen bezieht.

Wenn man eine solche relative Grenze einzieht, kann die Armut nie verschwinden, ja nicht einmal geringer werden. Selbst wenn alle Bundesbürger dreimal so viel Geld verdienen wie zuvor, bleibt der Anteil der Menschen unter der Hälfte des Durchschnitts genau der gleiche wie vorher. Also ergibt sich aus der eigenen Definition der Armut, dass sie gar nicht verschwinden kann. Nur ein Schalk geht davon aus, dass diese Definition auch ganz bewusst so gewählt wurde, damit man den Kampf gegen die Armut wie eine Laterne vor sich her tragen kann. Wenn man also wirklich qualifiziert über Armut reden will, muss sie eher mit messbaren absoluten Kriterien definiert werden, nicht relativ. Also den Anteil am verfügbaren Geld für den Lebensunterhalt zum Beispiel an den Hartz-IV-Kosten orientieren. Dabei muss man aber wissen, dass eine dreiköpfige Hartz-IV-Familie mit Zuschuss und allem, was dazugehört, bis zu 2000 Euro im Monat »erhält«. Eine normale Servierkraft verdient im Monat netto vielleicht 1300 Euro. Wer ist jetzt arm?

Tatsächlich vermessen diese »Quoten« nicht die Armut, sondern die Ungleichheit zwischen denen, die relativ viel, und denen, die relativ wenig haben. Das ist ein Ärgernis, hat aber nichts mit Armut zu tun, mit der Sorge um das nackte Überleben.

Das arithmetische Mittel und der Median: Dieses »arithmetische Mittel« darf nicht verwechselt werden mit dem »Median«. Das arithmetische Mittel nimmt beispielsweise alle Einkommen und teilt sie durch die Anzahl der betroffenen Personen. Der Median nimmt genau die mittlere Position ein. Wenn es also 100 Personen gibt, die unterschiedliches Einkommen haben, dann ist der Median bei der fünfzigsten Person. Wenn auf der einen Seite von dieser fünfzigsten Person viele stehen, die deutlich weniger haben, dann hat der Median mit dem »arithmetischen Mittel« gar nichts zu tun. Wenn also – wie Krämer schreibt – ein niedergelassener Laborarzt im arithmetischen Mittel 400 000 Euro im Jahr verdient, so ist das, wenn man die gleiche Anzahl von Personen nimmt, aber den Median zugrunde legt, »nur noch« ein Betrag von 300 000 Euro, weil es auf der »armen Seite« Ärzte gibt, die unverhältnismäßig weniger verdienen als auf der rechten, der reichen Seite.

Der angebliche Durchschnittswert: Ein sehr einleuchtendes Beispiel bringt Krämer noch bei der Berechnung eines »Durchschnittswertes«. Der Durchschnittswert setzt erst einmal voraus, dass man weiß, was denn als Durchschnittsmaßstab herangezogen werden soll. Ein schönes Beispiel ist die Anzahl der Verkehrstoten beim Fliegen einerseits oder bei den Fahrten mit der Bahn andererseits. Die Fluggesellschaften gehen von den insgesamt zurückgelegten Passagierkilometern aus. Das bedeutet:

Bahn: 9 Verkehrstote pro 10 Milliarden Passagierkilometer
Flugzeug: 3 Verkehrstote pro 10 Milliarden Passagierkilometer

Also ist Fliegen sicherer? Das kommt darauf an, sagt der Jurist. Wenn Sie nicht die Passagierkilometer nehmen, sondern die Stunden, die der Passagier in dem jeweiligen Verkehrsmedium verbringt, ergibt sich Folgendes:

Bahn: 7 Verkehrstote pro 100 Millionen Passagierstunden
Flugzeug: 24 Verkehrstote pro 100 Millionen Passagierstunden

Sie können es sich also aussuchen: Was ist Ihnen wichtiger: die Strecke, die Sie zurücklegen, oder die Zeit, die Sie im Flugzeug oder in der Bahn verbringen?

Über Trendprognosen: Die *Wirtschaftswoche* stellte einmal den Trend des Goldpreises dar, der von 850 Euro pro Unze auf 400 Euro gesunken war. Hätte man diese Trendprognose weitergeführt, wäre der Goldpreis bald bei null gewesen. Trends sind also Spiele mit dem Zufall und ganz selten als Richtschnur wirklich verwendbar. Es entspricht zwar unserer Natur, die gegenwärtige Entwicklung einfach fortzuschreiben. Das hat für uns Millionen Jahre lang durchaus gepasst. Heute sind Trenddarstellungen genau so, wie Krämer das beschreibt:

> »Trendextrapolierer sind Autofahrer, die nachts ohne Licht auf einer geraden Straße fahren – sie haben nur so lange Glück, wie keine Kurve kommt.«

Wenn eine schleswig-holsteinische Milchkuh im Jahr 1990 rund 4200 Liter Milch gegeben hat, im Jahr 2000 4700 Liter und im Jahr 2010 5200 Liter, wird sie dann im Jahr 2030 6200 Liter geben? Das ist doch eher unwahrscheinlich. Auch hier gibt es »Grenzen des Wachstums«.

Seien Sie also skeptisch, wenn solche Trends dargestellt werden. Das gilt auch für die Klimatrends, wonach es in 50 Jahren bei uns fünf Grad wärmer sein soll. Kein Mensch kann das Weltklima wirklich zuverlässig prognostizieren, weil die Abermillionen Daten, die dazu erforderlich sind, von niemandem beherrscht werden können.

Das Kapitel Statistik kann keiner besser beenden als Franz Josef Strauß:

> »Zwei Männer sitzen im Wirtshaus, der eine verdrückt eine Kalbshaxe, der andere trinkt zwei Maß Bier. Statistisch gesehen ist das für jeden eine Maß Bier und eine halbe Haxe, aber der eine hat sich überfressen und der andere ist besoffen.«

7 Lasst Bilder wirken!

It is better to light a candle than to curse the darkness.*

Inschrift auf dem Grab von Bernhard Grzimek am Ngorongoro-Krater in Tansania

Wir werden tagtäglich mit Bildern überschwemmt, zugeschüttet. Die Wirtschaft, die Politik, die Journalisten: Sie alle kennen die Kraft der Bilder. Sie wollen mit den Bildern Ihre Aufmerksamkeit erzwingen. Diese Kraft wollen auch Sie als Redner freisetzen. Ihre Zuschauer wollen Bilder, brauchen Bilder. Sie müssen diese Bilder liefern, wenn Sie Erfolg haben wollen. Also ist es Ihre Aufgabe: Finden Sie die richtigen Bilder, die die Zuschauer akzeptieren, finden Sie Ihr Bild. Denken Sie daran:

80 Prozent unserer Entscheidungen sind emotional. Sie müssen deshalb die emotionale Seite mit dem Bild ansprechen.

Unser Gehirn liebt Bilder. Das Bild gibt dem Gehirn die Möglichkeit, den angebotenen Sachverhalt mit dem Bestand zu vergleichen. Es kann schnell assoziieren, und es erledigt diese Arbeit mit dem Schwerpunkt in der rechten Gehirnhälfte, die emotional agiert, und dem limbischen System, das unsere Emotionen steuert. Das Gedächtnis wird entlastet. Wenn Bilder nur über die Sprache angeboten werden, wirken sie mit Schwerpunkt über die linke Gehirnhälfte, die vor allem die Sprache verarbeitet. Wenn Sie also wollen, dass ein in der Rede angebotenes Wort-Bild wirkt, müssen Sie es möglichst so gut ausmalen, dass beim Zuschauer das Bild im Gehirn erscheint, wenn Sie es schon nicht tatsächlich präsentieren können. Denken Sie an die Spiegelneurone.

Wenn Sie das Gehirn mit einem Computer vergleichen, sind das wenige Worte. Wenn Sie aber den Zuschauern ausmalen, wie viele

---

* Es ist besser, eine Kerze anzuzünden, als die Dunkelheit zu verfluchen.

Millionen neuronale Zellen arbeiten, sich mit zehntausend anderen vernetzen, wie sie blitzschnell Informationen in elektrische Impulse umsetzen, die Arbeit auf Dutzende Stellen im Gehirn verteilen und am Schluss wieder zusammensetzen, so entsteht allmählich ein plastisches Bild beim Zuschauer, das wirkt. Das kostet Redezeit; deshalb verzichten viele darauf – und verzichten damit auch auf die Wirkung!

Wir Menschen sind ein zänkisches Volk. Das verbindet uns mit unseren nächsten Anverwandten, den Schimpansen. Auch sie sind sehr zänkisch, haben aber eine sehr durchdachte und erfolgreiche Versöhnungsstrategie. In Politik und Wirtschaft findet der Streit häufig über das Fernsehen statt. Wir leben in einer Fernsehdemokratie. Dort werden die Stellungnahmen oft auf wenige Sekunden zusammengedrängt. Da bleibt nicht viel Zeit für langatmige Erklärungen. Hier gilt: Prägnanz und Kürze. Will man die Zuschauer dann auch noch »emotional« ansprechen, so ist der kürzeste und erfolgreichste Weg der über ein passendes Bild. Die Suche nach dem richtigen Bild ist also eine zentrale Aufgabe für die Kommunikation, für die Rede.

Bilder in Politik und Wirtschaft

Viele Redner/innen haben den Fußball als beherrschendes Thema erkannt und versuchen, ihre Bilder überwiegend aus dem Fußballleben zu schöpfen. Das passt aber nicht immer.

So schreibt Hans-Olaf Henkel, früher Präsident des BDI, auf der Frage nach den Spielregeln für eine globalisierte Gesellschaft:

> »Deshalb braucht eine Marktwirtschaft Spielregeln wie ein Fußballspiel. Dazu zählen auch rote Karten für einen Spieler, der sich nicht an das Reglement hält. Das Nichteinhalten von Spielregeln kann man genauso wenig dem gesamten Fußball ankreiden, wie es in der Weltwirtschaft der Fall ist.«

Frage: Wer ist der Schiedsrichter in der Weltwirtschaft? Ist die Weltwirtschaft ein gemeinsames Spiel aller Nationen? Beides ist recht fraglich.

Neoliberalismus und Fußball:
Hans Werner Sinn, Präsident des Ifo-Institutes für Wirtschaftsforschung in München, versucht seinen Studenten die Position des Neoliberalismus anhand des Fußballspiels zu erklären:*

> »Gute Spieler alleine sind noch keine Garantie für eine gelungene Partie. Damit das Spiel fair verläuft und nicht im Chaos endet, müssen feste Regeln gelten, und ein Schiedsrichter muss darüber wachen, dass diese Regeln eingehalten werden. Was für 22 Fußballer richtig ist, gilt erst

---

*   Sinn in *Welt am Sonntag* vom 16. Mai 2010, S. 10

recht für die Millionen Akteure einer Volkswirtschaft: Auch sie brauchen einen Ordnungsrahmen, der Vertrauen schafft und Chaos verhindert. Nur so kann der Wettbewerb auf den Märkten seine segensreichen Kräfte entfalten.

... Ebenso wichtig wie die Regeln ist aber auch die Freiheit der Akteure innerhalb des gegebenen Ordnungsrahmens. Jeder Versuch, Fußballern die Spielzüge im Einzelnen vorzuschreiben, würde den Spielfluss kaputt machen. Genauso ist es, wenn der Staat den Unternehmen und Konsumenten vorschreibt, was sie herstellen oder kaufen sollen oder welche Unternehmen in der Krise zu retten sind. Marktwirtschaft ist kein Zentralplanungssystem ... Wenn die Regeln klar sind und der Schiedsrichter aufpasst, ist Freiheit für die Spieler noch immer die Voraussetzung für ein gutes Spiel.«

Das Problem dieses Vergleiches ist wieder der Schiedsrichter. Auf dem heimischen Markt mag es Schiedsrichter geben, wie zum Beispiel das Kartellamt oder der gerichtliche Schutz vor unlauterem Wettbewerb. Wer aber ist der Schiedsrichter bei der Weltwirtschaft? Lässt sie sich denn überhaupt wirklich durch Regeln zähmen? Die bisherigen Versuche haben versagt. Vielleicht ist die Weltwirtschaft ein »Spiel« ganz ohne Schiedsrichter? Dann wäre der Vergleich ganz verkehrt. Jedenfalls schlägt Sinn keinen Schiedsrichter vor – das ist sein Problem.

Wenn man dieses Bild weiter wirken lässt, reizt es fast zu einer Antwort mit einem Versprecher eines Politikers:

»Also, wenn ich richtig zugehört habe, ist das doch das Ei der Weisen ...«

Franz Müntefering, SPD-Vorsitzender, zur Bundestagsneuwahl 2005:

»Wir müssen uns jetzt darauf konzentrieren, das Spiel zu gewinnen, und nicht überlegen, mit wem wir nachher duschen gehen.«

Alle Fußballspieler wissen, dass das gemeinsame Duschen der beiden Mannschaften nur bei den Vereinen in den unteren Ligen üblich ist, nicht aber in der Bundesliga. In welcher Liga will Münte-fering also spielen?

Ein bekannter ehemaliger Vereinsmanager, Reiner Calmund, vergleicht die Fußballer mit Musikern. Er lobt die damalige »Links-achse« des FC Bayern mit folgenden Worten:

> »Es gibt kein besser funktionierendes Trio als das aus Philipp Lahm (Ab-wehr), Zé Roberto (defensives Mittelfeld) und Franck Ribéry (offensives Mittelfeld) bestehende. Somit hat der FC Bayern ein ›magisches Drei-eck‹ respektive eine ›magische Achse‹«,

und der um einen Vergleich nie verlegene Calmund stellt sich die drei als Band vor:

> »Philipp Lahm Gitarre, Zé an der Orgel und vorne der Sänger mit der kräftigen Stimme, Franck Ribéry.«

Diese Musikinstrumente passen nur mühsam zum Bild. Die Orgel ist gewiss kein defensives Instrument, allerdings tonmächtig und raumfüllend. Die Gitarre klingt auch nicht abwehrend, sondern eher anschmiegend.

Uli Hoeneß 2007 über Bremen:

> »Die sollen ruhig oben stehen bis Weihnachten. Aber der Nikolaus war noch nie ein Osterhase. Am Ende wird der FC Bayern wie immer oben stehen.«

Oder über Lothar Matthäus:

> »Wenn Matthäus Bundestrainer geworden wäre, das wäre so, wie wenn der Chefspion des KGB Bundeskanzler geworden wäre.«

Oder 2011:

> »Nächstes Jahr kommt eher der Gerichtsvollzieher nach Madrid als Franck Ribéry.«

Andreas Werner:*

> »Sebastian Schweinsteiger fällt aus, das ist, als würde einem Hubschrauber der Heckrotor entfernt werden.«

Frage: Wie verhält sich ein Hubschrauber in dieser Situation? Dreht er sich im Kreis? Stürzt er ab? Ich weiß es nicht. Wissen Sie es? Das Bild ist also nicht aussagekräftig, falsch, da sich der FC Bayern weder im Kreis dreht noch abstürzt, nur weil Schweinsteiger fehlt.

Edmund Stoiber, ehemaliger Ministerpräsident in Bayern:

> »Fußball ist eines der letzten Lagerfeuer, an denen Menschen jeden Alters und jeder Schicht zusammenkommen.«

Hillary Clinton nimmt sich ein Möbelstück, um die Demokratie zu erklären:

> »Die Grundpfeiler der Demokratie sind wie ein dreibeiniger Hocker: Ein Bein ist eine demokratische Regierung, das zweite eine freie Marktwirtschaft und das dritte die Zivilgesellschaft, die sich auf Bürgervereinigungen, religiöse Einrichtungen, freiwillige Gruppen und individuelles bürgerliches Engagement stützt.«**

Na ja, ein Hocker ist doch meist ein recht hartes Möbelstück, auf dem man recht unbequem sitzt. Muss man sich also die Demokratie als unbequeme, harte Regierungsform vorstellen? Wollte Clinton die Demokratie als unbequeme Staatsform schildern? Wohl eher nicht.

Da hätte das Bild eines dreibeinigen Flügels besser gepasst. Wenn er solide auf seinen drei Bei-

---

*   *Münchner Merkur* vom 19. November 2011, S. 27
** Hillary Clinton: »Gelebte Geschichte«

nen steht, erklingt harmonische Musik. Das wollte sie eigentlich als Bild verankern.

Helmut Kohl bemüht sich als Bundeskanzler um ein anderes Bild für die Beschreibung seiner Schwierigkeiten bis zur Wiedervereinigung:

»Als wir unseren Marsch in die Wiedervereinigung im Herbst 1989 begannen, war es wie die Durchschreitung eines Moores. Wir standen bis zu den Knien im Wasser, Nebel behinderte die Sicht, und alles, was wir wussten, war, dass es irgendwo einen Weg geben musste. Wir wussten nicht wirklich, wo er war. Wir bewegten uns Schritt für Schritt und kamen sicher am anderen Ufer an. Ohne die Hilfe Gottes wäre es nicht gelungen.«

Frage: Kann man im Moor wirklich »marschieren«? Bewegt man sich beim »Marschieren« bis zu den Knien im Wasser? Wenn man »Schritt für Schritt« sich bewegt, »durchschreitet« man dann?

Helmut Kohl hätte zur Wiedervereinigung sein Bild auch so beschreiben können:

»Als wir unseren Weg in die Wiedervereinigung im Herbst 1989 begannen, war es wie ... das vorsichtige Vorantasten in einem unbekannten Moor. Das kalte Wasser stieg uns bis zu den Knien, der Nebel machte uns orientierungslos, fast blind. Alles, was wir ahnten, war, irgendwo gibt es einen verborgenen Pfad. Wir bewegten uns...«

Noch eindrucksvoller wäre es gewesen, wenn er seine Zuhörer einbezogen hätte:

»Als wir unseren Weg in die Wiedervereinigung im Herbst 1989 begannen, war es wie ... das vorsichtige Vorantasten in einem unbekannten Moor. Versetzen Sie sich in unsere Lage: Das kalte Wasser steigt Ihnen bis zu den Knien, der Nebel macht Sie orientierungslos, fast blind...«

Der russische Präsident Wladimir Putin wollte die amerikanische Raketeninitiative lächerlich machen. Er hätte darauf hinweisen können, dass diese sehr umfassend sei, dass sie nicht erforderlich sei, weil die Grenzen ja nicht mehr gegeben seien, dass es keine natürlichen Feinde mehr gebe. Alles das hat er abgekürzt mit dem Vergleich:

> »Die amerikanische Raketeninitiative ist nichts anderes als der Vorschlag, das Haus zu verbrennen, um Rühreier zuzubereiten.«

Was sagt dieses Bild? Behauptet es, dass diese Aufrüstung überdimensioniert ist, zu stark, risikoreich für Russland? Nein, er behauptet damit, dass diese Aufrüstung völlig verfehlt sei. Wenn man das Haus abbrennt, um Spiegeleier zu braten, ist sowohl die Küche, in der die Spiegeleier gebraten werden sollen, zerstört, das Haus ist zerstört und die Spiegeleier selbst. Dieser Vergleich ist also falsch.

Wenn er auf das Missverhältnis zwischen Aufwand und Erfolg hinweisen wollte, wäre passender gewesen:

> »Diese Maßnahme gleicht dem Versuch, zum Braten von Spiegeleiern eine neue Küche zu kaufen.«

Anonym ist der Vergleich:

> »Politiker sind wie Tauben: Sind sie unten, fressen sie uns aus der Hand. Sind sie oben, scheißen sie uns auf den Kopf.«

Bernd Rasselhöven, Finanzwissenschaftler aus Freiburg:

> »Den gesetzlichen Kassen Kapital in die Hände zu geben, ist, als ob Sie einem Hund zwei Knochen hinschmeißen und sagen: Einer ist für morgen.«

Der Vergleich ist falsch. Gesunde Hunde fressen nur, solange sie Hunger verspüren. Sie lassen Futter dann zurück oder vergraben es.

Cem Özdemir, Bundesvorsitzender der Grünen:*

»Wenn Europa ein Kreuzfahrtschiff wäre, dann würden wir längst kotzend an der Reling hängen, weil Frau Merkel jede Woche das Ruder rumreißt.«

Die MS Europa ist ein sehr beliebtes Kreuzfahrtschiff, ständig ausgebucht; sie gilt als das schönste Kreuzfahrtschiff mit einzigartigem Komfort. Mit seinem Vergleich macht Özdemir also eine Bauchlandung auf dem Wasser – und die schmerzt bekanntlich.

Beate Merk, bayerische Justizministerin, wollte die Kosten der bayerischen Justiz plausibel machen, Kosten, die jeden Bürger treffen. Ihr Bild:

»Für den Preis einer Pizza gewährleistet die bayerische Justiz innere Sicherheit, schnellen Rechtsschutz und vielfältigen Bürgerservice.«

Damit wollte sie erläutern, dass der Bayerische Bürger pro Monat 5,50 Euro für die Justiz ausgibt. Ein eingängiges gutes Bild.

Solange Michael Glos Fraktionsvorsitzender der CSU im Bundestag war, schuf er kreative Bilder. Als Wirtschaftsminister verarmte seine Sprache.

Über die Wirtschaftspolitik der rot-grünen Regierung formulierte er:

»Das ist Kängurupolitik: große Sprünge mit leerem Beutel.«

»Es gibt keine Kuh, die im Himmel gefüttert und auf Erden gemolken wird.«

---

* *Welt am Sonntag* vom 27. November 2011

Zur Regierungsbildung und seiner Beteiligung als Bundesminister:

> »Ich habe mich nicht zum Rettungsschwimmer ausbilden lassen, um dann, wenn es stürmisch wird, an den nächsten Strand zu gehen und zu surfen.«

Zu den Grünen:

> »Eher wirft sich ein Karpfen an Land, als dass sich die Grünen freiwillig von der Macht verabschieden.«

Al Gore während des US-Wahlkampfes über Expräsident Bush senior:

> »Wenn Bush sich den Fall der Mauer anrechnet, ist das so, als wenn sich der Hahn den Sonnenaufgang anrechnet.«

Im Präsidentschaftswahlkampf 2012 in den USA attackierte Ted Strickland, früher Gouverneur von Ohio, die Wirtschaftskompetenz von Mitt Romney, dem Gegner seines Freundes und Präsidenten Obama:

> »Wenn Romney der Weihnachtsmann wäre, würde er das Rentier rausschmeißen und die Elfen outsourcen.«

▪ Gute Bilder – schlechte Bilder

> Bildung kommt nicht von Wissen, sonst hieße es Wissung. Erst Wissen, das ein Bild der Umwelt schafft, wird »Bild-ung«.

Tom Buhrow schrieb in der *Welt am Sonntag*:*

---

*   *Welt am Sonntag* vom 2. Mai 2010, S. 12

»Die meisten Regierungen in Europa wollen sich waschen, ohne dabei nass zu werden. Politisch wollen sie Nationalstaaten bleiben, wirtschaftlich aber verlangen sie von den anderen Solidarität. Das ist so, als ob man sein eigenes Girokonto hat, aber vom Nachbarn erwartet, für den Überziehungskredit zu bürgen.«

Er bringt **zwei** Vergleiche, um **einen** Sachverhalt zu erklären. Der Sachverhalt ist die Tatsache, dass die Regierungen Nationalstaaten bleiben wollen, aber wirtschaftlich von den anderen Solidarität verlangen. Das soll einerseits eine Haltung sein, bei der man sich wäscht, ohne nass zu werden, andererseits soll es so sein, dass man vom Nachbarn erwartet, für den Überziehungskredit zu bürgen.

Diese beiden Vergleiche geben aber ein unterschiedliches Bild. Der zweite Vergleich passt offenkundig. Der erste Vergleich passt nicht so offenkundig. Man muss sich schon recht bemühen, um diesen ersten Vergleich auf den Sachverhalt zu pressen. Sich zu beschränken auf nur einen Vergleich wäre besser gewesen.

Die *Rhein-Main-Presse* schrieb einmal:*

»Der Hundekot im Drais (Ortsteil von Mainz) ist dem Ortsbeirat weiterhin ein Dorn im Auge.«

Stellen Sie sich das nur einmal plastisch vor.

Oder in den *Kasseler Nachrichten*:

»Preise wie im alten Rom: In Kassel werden die Autofahrer gemolken wie Weihnachtsgänse.«

Eine schwierige Aufgabe, eine Weihnachtsgans zu melken.
Anonym:

»Ein schlechter Redner ist wie ein guter Zahnarzt: Er tötet uns den Nerv, bevor er an die Wurzeln der Probleme rührt.«

....

*   Nach Peter Ditko/Norbert Engelen: »In Bildern reden«

Auch dieses Bild ist falsch. Es wirkt nicht, wenn versucht wird, die positive hilfreiche Spritze des Zahnarztes als Beispiel für eine schlechte Wirkung heranzuziehen. Das ist zwar zunächst ein Gag, widerspricht sich aber.

Das Bemühen um passende und schnell eingängige Bilder ist also überall erkenntlich. Wer aber schnell eingängige Bilder auch schnell produziert, macht schnell Fehler.

Lukas Podolski, Fußballspieler bei FC Bayern München, im Jahre 2008:

»Schach spielen ist wie Fußball spielen – nur ohne Würfeln!«

Eine Schlagzeile der *Abendzeitung* im Februar 2001:

»Der weiße Hai im Wolfspelz.«

Diese Beispiele zeigen: Bilder sind zwar häufig schnell gemalt, aber gerade so häufig mit den falschen Farben. Sie müssen also bei der Überlegung, welches Bild Sie wählen, zielbewusst suchen.

Anders diese Bilder:

E. W. Heine in seinem Buch »Das Halsband der Taube«:

»Gedächtnis und Alter vertragen sich wie Eis und Feuer. Wo das eine ist, kann das andere nicht sein.«

»Es gibt für den Menschen keinen wertvolleren Besitz als das Wissen. Es zählt mehr als jeder Schatz. Denn den Schatz musst du hüten, das Wissen aber behütet dich. Es gibt keine wirksamere Waffe als die Schärfe des Geistes.«

Guido Westerwelle:

»Das rot-grüne Kabinett widerspricht allen Lehrsätzen der Mathematik: Die Summe von Nullen kann durchaus eine stattliche Zahl erreichen.«

Christopher Wills in »Das vorauseilende Gehirn«:

> »Unser Gehirn ist viel anpassungsfähiger als unser Magen. Wäre dessen Anpassungsfähigkeit genauso gut wie das Gehirn, dann könnte er lernen, Cellulose und Konserven zu verdauen.«

> »Unser (menschliches) Gehirn trennt von anderen (Gehirnen) nicht die Fähigkeit zu jonglieren, sondern die Zahl der Bälle, die wir gleichzeitig in der Luft halten können. Schimpansen entnehmen ihrer Umwelt nicht so viele Informationen wie wir. Sie sehen die Sterne, aber sie betrachten sie nicht.«

Diana Gabaldon, »Das flammende Kreuz«:

> »Er verbreitete Wohlbehagen wie ein Kessel Eintopf.«

Hubert Markl, langjähriger Präsident der Max-Planck-Gesellschaft:

> »Der Menschheit steht das Wasser hoch am Hals, und wenn der Geruch nicht täuscht, handelt es sich dabei zunehmend um Abwasser.«

■ Abgegriffene Bilder – eigene Bilder

Viele Redner scheuen den Aufwand, eigene Bilder zu suchen, und nehmen abgegriffene Klischees wie zum Beispiel:

Eulen nach Athen tragen.
Ein Wasserglas ist halb voll oder halb leer.
Was Hänschen nicht lernt, lernt Hans nimmermehr.
Das heißt, das Kind mit dem Bade ausschütten.
Das geht herunter wie Öl.
Der Krug geht so lange zum Brunnen, bis er bricht.

Diese Bilder sind so bekannt, dass Sie damit die Wirkung bei Ihren Zuschauern durchaus erreichen. Sie sind aber so abgegriffen, dass die Zuschauer dieses Bild nie mit Ihnen als Redner verbinden. Es sei denn, Sie geben diesen Bildern ganz überraschende Wirkung. Wie wir einmal gelesen haben:

>Wenn der Kollege ein neues Gutachten zum Flughafen fordert, will er Eulen nach Athen tragen. Und dann will er auch noch den Eulen die Augen zubinden lassen, damit sie nicht erkennen, dass zu diesem Thema bereits alles gesagt ist.«

Allerdings hat der Autor dieses Bildes ein Erklärungsproblem: Wenn alles gesagt ist, haben die Ohren genug gehört. Er will den Eulen aber die Augen zubinden – hm, hm. Jeden Tag strömen Tausende von Bildern auf uns ein. Denken Sie nur an die vielen Verkehrszeichen. Man könnte auf der Nebenstraße eine Tafel aufstellen mit den Worten:

>Wenn Sie auf dieser Straße fahren, haben Sie keine Vorfahrt. Beachten Sie dies. Denken Sie daran, zuerst nach links zu sehen, ob von dort Verkehr kommt, und dann nach rechts. Wenn von links frei ist und von rechts genug Platz ist, dürfen Sie abbiegen. Sie fahren jetzt auf eine übergeordnete Straße. Sie müssen allerdings nicht halten, es genügt, wenn Sie sich dieser übergeordneten Straße vorsichtig nähern und sich dann zügig dem Verkehr einordnen.«

Diese Aussagen ergeben sich aus dem dreieckigen Vorfahrt-achten-Schild. Die Bedeutung dieses Schildes haben Sie in der Fahrschule gelernt und gespeichert.

Ähnlich lange Inhalte haben auch die anderen Verkehrszeichen. Deren Aufgabe besteht ausschließlich darin, schnell und eindeutig ein ganz klares Signal zu geben. Das gelingt bei den Verkehrszeichen.

Wenn ein Vorschlag noch diskutiert werden muss, könnten Sie also sagen:

»Hier müssen wir ein Vorfahrt-achten-Schild hinstellen. Die Förderung des X-Projektes hat eindeutig Vorrang. Wir müssen also sehr genau untersuchen, ob wir mit diesem Vorschlag dieses Projekt nicht gefährden.«

Wenn es noch problematischer ist, dann statt des Vorfahrt-achten-Schildes das Stoppschild verwenden.

Es gibt in Deutschland einen Normenausschuss, der es sich zur Aufgabe gemacht hat, typische Verhaltensweisen mit Bildern zu steuern. Sie erleben es, wenn Sie im Hotel sind und die Tafel mit dem Fluchtweg oder das Schild WC sehen, das mit einem Bild dargestellt ist. In den muslimischen Ländern tragen die Schilder, die auf ein Damen-WC hinweisen, einen Schleier. In Bayern manchmal ein Dirndl.

Diese Bilder haben alle einen eindeutigen Aussagewert, der nur sehr schwer missbraucht werden kann. Das ist ihr großer Vorteil.

Wenn Sie wirken wollen, wenn Sie erreichen wollen, dass die Zuschauer das Bild Ihrer Rede auch mit Ihnen verbinden und es als »Ihr« Bild verankern, dann kommen Sie um die Mühe nicht herum, ein eigenes Bild zu malen. Mit Bildern wollen Sie erreichen, was schon der römische Redelehrer Quintilian gefordert hat:

»Der Redner muss nicht bloß so sprechen, dass man ihn verstehen kann, sondern er muss dafür sorgen, dass man ihn schlechterdings verstehen muss.«

Die Bundestagsabgeordnete Ilse Aigner, damals Sprecherin für Wissenschaft und Forschung, hat den Bildungsplan der Bundesregierung vorgestellt: Die Ausgaben für Bildung, Forschung und Entwicklung sollten auf drei Gebieten Deutschland in die Zukunft führen. Sie hat diese drei Gebiete mit einer Ariane-Rakete verglichen, die drei Stufen zündet.

»Als erste Stufe dienen die Feststoff-Booster. Sie sind außerhalb des Haupttriebwerkes angebracht und eignen sich deshalb vorzüglich für einen Vergleich mit den außeruniversitären Forschungseinrichtungen: Die erste Stufe stellt also für mich der Pakt für Forschung dar ...

Und somit wären wir beim Haupttriebwerk, den Hochschulen.

Unsere Hochschulen sind das Herzstück unseres Wissenschaftssystems … Der wissenschaftliche Nachwuchs an sich ist der Treibstoff für die Forschung …

Und nicht zuletzt kommen wir nun zur Oberstufe, die die Satelliten im Weltraum platziert. Ich will diese in unserem Fall mit den wissenschaftlichen Leuchttürmen vergleichen.«

Dieses Bild hat die Abgeordneten so überzeugt, dass es auch von anderen Parteien verwendet wurde.

Niki Lauda*, ehemaliger Formel-1-Pilot, wurde einmal gefragt, ob ihm denn seine Bekanntheit nicht lästig sei. Seine Antwort:

»Ich pinkle heute noch mit der linken Hand. Weil immer einer auf dem Pissoir war, der mir die rechte Hand schütteln wollte.«

Das ist drastisch, sagt aber mehr als umfangreiches Lamentieren. Er hätte darauf umständlich antworten können, auf die Schwierigkeiten hinweisen, beim Essen keine Ruhe zu haben, auf den Straßen immer erkannt zu werden, sich tarnen zu müssen und Ähnliches mehr. Stattdessen wählte er ein recht überzeugendes Bild aus seiner eigenen Erfahrung.

Versuchen Sie selbst die ideale Führungspersönlichkeit zu beschreiben. Überlegen Sie, welche Eigenschaften ein Unternehmensführer angeblich oder tatsächlich braucht, und lesen Sie dann, wie der Abgeordnete Ingo Kleist die gewünschten Eigenschaften eines neuen Polizeipräsidenten beschrieben hat:

»Die ideale Führungspersönlichkeit braucht:

Die	Würde	eines Erzbischofes
Die	Selbstlosigkeit	eines Missionars
Die	Beharrlichkeit	eines Steuerbeamten
Die	Genialität	eines Nobelpreisträgers

....

* *Münchner Merkur* vom 8. Dezember 2004

Die	Erfahrung	eines Wirtschaftsprüfers
Die	Arbeitskraft	eines Kulis
Den	Takt	eines Botschafters
Den	Optimismus	eines Schiffbrüchigen
Die	Findigkeit	eines Rechtsanwaltes
Die	Gesundheit	eines Olympiakämpfers
Die	Geduld	eines Kindermädchens
Das	Lächeln	eines Filmstars
Das	dicke Fell	eines Nilpferdes«

Er benötigt 13 Bilder, die sich in einer solchen Rede launig anhören. Aber: Olympiakämpfer sind häufig gar nicht gesund, das Lächeln von Filmstars ist künstlich, kommt nicht »vom Herzen«, Kulis werden ausgebeutet ...

Der Maler und Geiger Paul Klee hat sein Leben als Baum gezeichnet – diesmal mit Worten, nicht mit Farbe:

>»Die viel verästelte und verzweigte Ordnung des Lebens, die ihn mit Ideen speist, gleicht einem Wurzelwerk. Der Künstler ist der Stamm, die Krone sein Werk, das sich zeitlich und räumlich nach allen Seiten entfaltet. Es wird niemandem einfallen, vom Baum zu verlangen, dass er die Krone genau so bilde wie die Wurzel.«

Das ist ein sehr eigenes Bild, das sich auch in der Literatur mit dem Namen von Paul Klee verbunden hat.

Beate Merk, die bayerische Justizministerin, bemüht sich mit viel Erfolg, in ihren Reden nur mit einem Bild verschiedene Blickwinkel auszuleuchten. Beim Amtswechsel von OLG-Präsident und Generalstaatsanwalt in Nürnberg am 22. Januar 2011 benützt sie den Vergleich mit dem Fernsehen, insbesondere mit den Moderatoren Ulrich Wickert und Thomas Gottschalk und mit ihrem Erfolgsmesser, der Einschaltquote:

>»Bei einem **Nachrichtenmoderator** wie Ulrich Wickert oder einem **Showmaster** wie Thomas Gottschalk ist der Erfolg leicht zu messen. Jedenfalls aus der Sicht der Sender: Entscheidend ist die **Einschalt-**

quote!... Aber wie soll der **Erfolg eines Oberlandesgerichtspräsiden-ten** gemessen werden? Wie der eines **Generalstaatsanwalts**? Jedenfalls nicht über die Einschaltquote! Denn: Wir haben eine **Monopolstellung** für Rechtsprechung – öffentlich-rechtlich garantiert!

Das heißt: Wie oft wir eingeschaltet werden, ist nicht unbedingt ein Zeichen unserer Güte! Ein Großteil unseres Publikums muss zu uns kommen – ob es will oder nicht...

Als Oberlandesgerichtspräsident oder Generalstaatsanwalt braucht man:

das Fachwissen eines **Dokumentarfilmers** und

die Eloquenz eines guten **Moderators**.

Das umfassende Allgemeinwissen eines

Nachrichtenjournalisten

und die Schlagfertigkeit eines guten **Humoristen**...

Mit den Worten der Medien: Sie waren **Produzent**, **Regisseur** und **Drehbuchautor** zugleich, verantwortlich für Inhalt, Darstellung, Budgeteinhaltung und vieles mehr...

Sehr geehrter, lieber **Herr Küspert**,

jetzt sind Sie gewissermaßen der ›Programmdirektor‹ am OLG Nürnberg...«

Michelle Müntefering beschrieb am 22. April 2012 ihren Mann so:

»Franz ist ein Zwiebelschneider. Er pellt die Dinge nach und nach auseinander, bis er zum Kern vorgedrungen ist. Dann stellt er die richtige Frage.«

▪ Wie Sie selbst Bilder malen

Wenn Sie selbst Bilder bei Ihren Zuschauern zeichnen wollen, berücksichtigen Sie folgende Regeln:

Regel 1: Am Anfang steht die Frage, was Sie mit Ihrem Bild wirklich ausdrücken wollen.
Ist es ein Lebenssachverhalt wie bei Niki Lauda?

Ein überwältigendes Ereignis wie die Wiedervereinigung bei Kohl?
Ist es eine politische Institution wie bei Clinton?
Oder wollen sie Worte wie »unmöglich« bebildern wie Glos mit seinen Karpfen oder Al Gore mit dem Hahn?

Regel 2: Wollen Sie nur eine Eigenschaft vergleichen, oder soll das Bild mehrere Aspekte zeigen?
Hillary Clinton hätte nicht nur die drei Bedingungen für die Demokratie schildern können, sondern auch das Ergebnis, den Unterschied zu anderen Regierungsformen – wenn sie statt dem Hocker den Flügel verwendet hätte.

Berühmt ist das Beispiel, mit dem Franz Josef Strauß die SPD beschrieben hat:

»Im Vergleich mit den Sozialdemokraten war Kolumbus noch ein Anfänger.

Auch er hat nicht gewusst, woher er kam; er hat nicht gewusst, wohin er fuhr. Als er ankam, hat er nicht gewusst, wo er war; als er zurückkam, konnte er nicht sagen, wo er gewesen war – und das alles mit fremdem Gelde.«

Regel 3: Welche selbst erlebte Lebenssituation passt auf diesen Tatbestand?
Wenn Sie auf eigene Erfahrungen zurückgreifen, sind Sie sicher und machen nicht solche Schnitzer wie Podolsky, der keine Ahnung vom Schach hat.
Bei Michael Glos, von Beruf Müller, passt der Karpfen.
Sehr überzeugend ist das Erlebnis-Bild von Niki Lauda.

Regel 4: Passt diese Situation auch für Ihre Zuschauer?
Es nützt wenig, wenn Sie begeistert einen Golfspielervergleich bringen, die Zuschauer aber von Golf keine Ahnung haben.

Regel 5: Wecken Sie Erinnerungen!
Das Beispiel von Al Gore weckt Erinnerungen an den krähenden Hahn. Wer schon einmal im Moor vorsichtig den Weg gesucht hat

oder im Märchen über die Verirrungen im Moor gelesen hat, wird von dem Vergleich von Kohl angesprochen.

Regel 6: Bauen Sie auf den Alltagserfahrungen Ihrer Zuhörer auf. Das schafft Gemeinsamkeiten. Clinton mit dem Bild von dem Hocker erreicht das. Jeder ist schon einmal auf einem Hocker gesessen.

Regel 7: Verführen Sie das Publikum, mit geistigem Auge (Spiegelneurone) zu sehen, zu hören, zu schmecken, zu fühlen und zu riechen.

> »Also: Der Hundekot stinkt dem Ortsbeirat gewaltig in der Nase …«

Bei diesem Zitat halten Sie eine Hand vor die Nase, als ob Sie daran riechen würden.
Oder:

> »Das Produkt ist gut, sehr gut. Doch in dieser Verpackung fällt es so wenig auf wie ein Glühwürmchen bei Tag.«

Dabei machen Sie ein kleines LED-Licht an, das man kaum sieht.

Regel 8: Ganz wichtig: Schützen Sie Ihr Bild vor Missbrauch! Überlegen Sie vorher, wie Ihr Bild umgedeutet werden kann, und sichern Sie es, indem Sie die Wirkungsbreite Ihres Bildes eingrenzen.
Wenn Sie also den Kapitän bringen, der sein Schiff sicher führt, dann sollten Sie auch das Ziel mit dazu liefern, das der Kapitän hat. Sonst kommt sicher die Retourkutsche: Was nützt ein Kapitän, der gar kein Ziel hat und damit das Schiff falsch führt? Sehen Sie nur, was Strauß aus dem Kapitän Kolumbus herausgeholt hat.
Wenn Sie die Firma mit einer Familie vergleichen, da hilft es, wenn auch gleichzeitig erklärt wird, dass die Aufgaben fair verteilt sind und alle an der guten Entwicklung teilhaben.
Verfremden Sie gewohnte Bilder, das erzeugt einen Überraschungseffekt und bleibt im Gedächtnis der Zuschauer. Versuchen Sie die nachfolgenden Halbsätze zu ergänzen:

Ein Prognostiker ist ein Mann, der in lichten Momenten ...
Wer sich auf seinen Lorbeeren ausruht, ...
Wer nie betrunken am Steuer saß, ...
Schmiede deinen Nächsten, ...
Wer zuletzt lacht, ...
Der Klügere gibt so lange nach, ...
Je planmäßiger die Menschen vorgehen, ...
Wer dauernd wie ein rohes Ei behandelt werden will, ...
Ein aufrichtiger Mann erzählt seiner Frau alles, ...
Niemand arbeitet für sein Geld so hart wie der ...

Und hier eine mögliche Auflösung:
Ein Prognostiker ist ein Mann, der in lichten Momenten *düstere Ahnungen hat.*
Wer sich auf seinen Lorbeeren ausruht, *hat sie an der falschen Stelle.*
Wer nie betrunken am Steuer saß, *hat von Tuten und Blasen keine Ahnung.*
Schmiede deinen Nächsten, *solange er arm ist.*
Wer zuletzt lacht, *hat oft die längere Leitung.*
Der Klügere gibt so lange nach, *bis er der Dumme ist.*
Je planmäßiger die Menschen vorgehen, *desto wirksamer trifft sie der Zufall.*
Wer dauernd wie ein rohes Ei behandelt werden will, *muss mit der Zeit faul werden.*
Ein aufrichtiger Mann erzählt seiner Frau alles, *was sie durch ihre Freundin erfahren könnte.*
Niemand arbeitet so hart für sein Geld wie der, *der es geheiratet hat.*

■ Die Bibelbilder und die Mao-Zedong-Bilder

Es ist keine Verniedlichung: Die Bibel ist ein Bilder-Buch. Wenn die Gleichnisse von Jesus zitiert werden, so sind es Bilder. Bilder, die über 2000 Jahre hinweg Religion »gebildet« haben und auch heute

noch Handlungsanweisungen für viele Millionen Menschen darstellen.

Der verlorene Sohn
Die Arbeiter im Weinberg
Der gute Hirte
Das Lamm Gottes
Der gute Samariter
Der Tempel als das Haus meines Vaters ...

Mao Zedong hat diese Wirkweise der Bibel verstanden und nach-
geahmt. Er hat gesehen: Die Kraft der Bilder reißt Menschen mit
und überzeugt sie. Sein Buch, die »Mao-Bibel«, strotzt deshalb von
Bildern.

Diese Mao-Bibel, auch »Das kleine rote Buch« genannt, ist eine
Sammlung der Worte von Mao Zedong. Seit 1966 wird es von der
chinesischen Staatsregierung herausgegeben. Weltweit dürfte
mehr als eine Milliarde Bücher verlegt worden sein. Zu Zeiten der
Kulturrevolution war es selbstverständliche Pflicht, dieses Buch
»wie die Bibel« jederzeit zitieren zu können.

»Wir sind verpflichtet, das Volk zu organisieren. Was die chinesischen
Reaktionäre betrifft, so sind wir verpflichtet, das Volk zu organisieren,
damit es sie niederschlägt. Für alles Reaktionäre gilt, dass es nicht fällt,
wenn man es nicht niederschlägt. **Es ist die gleiche Regel wie beim Bo-
denkehren – wo der Besen nicht hinkommt, wird der Staub nicht von
selbst verschwinden.**

**Eine Revolution ist kein Gastmahl, kein Aufsatzschreiben, kein Bilder-
malen oder Deckchensticken**; sie kann nicht so fein, so gemächlich und
zart fühlend, so maßvoll, gesittet, höflich, zurückhaltend und großherzig
durchgeführt werden. Die Revolution ist ein Aufstand, ein Gewaltakt,
durch den eine Klasse eine andere Klasse stürzt.

**Die Ideologie und die Gesellschaftsordnung des Kapitalismus befin-
den sich in einem Teil der Welt – in der Sowjetunion – auch schon im**

Museum, und wo das noch nicht der Fall ist, gleichen sie ›einem Sterbenden, der niedersinkt – wie die untergehende Sonne hinter den Westbergen‹, und sie kommen auch bald ins Museum. Allein die kommunistische Ideologie und die Gesellschaftsordnung sind voller Jugendfrische und Lebenskraft, sie gleichen einer allmächtigen Naturgewalt, die mit unwiderstehlicher Kraft über das ganze Erdenrund hinwegfegt.

Außer anderen Besonderheiten hat die 600-Millionen-köpfige Bevölkerung Chinas eine auffällige Besonderheit: Sie ist einmal arm, **zum anderen weiß wie ein unbeschriebenes Blatt**. Das scheint eine schlechte Sache zu sein, ist aber in Wahrheit eine gute Sache. Armut drängt zur Änderung, zur Tat, zur Revolution. **Ein weißes Blatt Papier ist durch nichts beschwert, auf ihm lassen sich die neuesten und schönsten Schriftzeichen schreiben, die neuesten und schönsten Bilder malen ...«**

Mao scheut sich auch nicht, einen Satz des deutschen Generals Clausewitz für seine Zwecke zu verwenden:

»Der Krieg ist eine bloße Fortsetzung der Politik mit anderen Mitteln« – so Clausewitz.

Mao:

»Wenn sich die Politik bis zu einer bestimmten Stufe entwickelt hat, wo sie nicht mehr auf die alte Reise fortgeführt werden kann, dann bricht der Krieg aus, mit dessen Hilfe die der Politik im Wege liegenden Hindernisse hinweggefegt werden ... Sobald die Hindernisse aus dem Weg geschafft sind und die Politik ihr Ziel erreicht hat, geht der Krieg zu Ende. Sind aber die Hindernisse nicht gänzlich beiseite geräumt, dann muss der Krieg fortgesetzt werden, bis das Ziel völlig erreicht ist ... Man kann deshalb sagen: Die Politik ist Krieg ohne Blutvergießen, der Krieg ist Politik mit Blutvergießen.

Ein revolutionärer Krieg ist ein Gegengift, das nicht nur das Gift des Feindes vernichtet, sondern auch seinen eigenen Schmutz hinwegsäubert.

Jeder Kommunist muss diese Wahrheit begreifen: ›**Die politische Macht kommt aus den Gewehrläufen.**‹

Alle Reaktionäre sind Papiertiger. Dem Aussehen nach sind sie furchterregend, aber in Wirklichkeit sind sie gar nicht so mächtig. Auf lange Sicht haben nicht die Reaktionäre, sondern hat das Volk eine wirklich große Macht.

Ebenso, wie es nichts auf der Welt gibt, das nicht eine Doppelnatur hätte (das ist eben das Gesetz der Einheit der Gegensätze), so haben auch der Imperialismus und alle Reaktionäre eine Doppelnatur: **Sie sind wirkliche Tiger und zugleich Papiertiger.** Im Laufe der Geschichte waren die Sklavenhalter Klasse, die Klasse der Feudalherren und die Geoisie vor ihrem Machtantritt und eine Zeit lang nachher voller Lebenskraft, revolutionär und fortschrittlich; sie waren echte Tiger. In der Folgezeit kam es jedoch, da ihr jeweiliger Widerpart – die Klasse der Sklaven, die Bauernschaft und das Proletariat – allmählich erstarkte und gegen sie einen immer heftigeren Kampf führte, nach und nach zu einem Umschlag ins Gegenteil: Sie verwandelten sich in Reaktionäre, in Rückständige, in Papiertiger und wurden bzw. werden letztes Endes vom Volk gestürzt.

Einerseits sind sie echte Tiger, die Menschen fressen, Millionen und Abermillionen Menschenleben vernichten. Das chinesische Volk brauchte, um die Herrschaft des Imperialismus, des Feudalismus und des bürokratischen Kapitalismus in China zu liquidieren, mehr als 100 Jahre, und Dutzende Millionen Menschen mussten ihr Leben lassen, ehe im Jahr 1949 der Sieg errungen war. Sehen Sie, waren das nicht lebendige Tiger, eisenharte Tiger, echte Tiger? Letzten Endes aber haben sie sich in Papiertiger, in tote Tiger, in butterweiche Tiger verwandelt.

Ich sagte, dass alle angeblich mächtigen Reaktionäre nur Papiertiger sind. Der Grund dafür liegt in ihrer Loslösung vom Volk. Sehen Sie, war Hitler nicht ein Papiertiger? Wurde Hitler nicht geschlagen? Ich sagte auch, dass der Zar, der chinesische Kaiser und der japanische Imperialismus Papiertiger gewesen sind. Wie Sie wissen, wurden sie alle gestürzt. Der USA-Imperialismus ist noch nicht niedergeschlagen. Er hat noch Atombomben. Ich denke, auch er wird niedergeschlagen werden. Er ist auch ein Papiertiger.

Meiner Ansicht nach ist gegenwärtig in der internationalen Lage ein neuer Wendepunkt eingetreten. Es gibt jetzt zwei Luftströmungen in der Welt: den Ostwind und den Westwind. Ein chinesisches Sprichwort lautet: »Entweder der Ostwind übertrifft den Westwind, oder der Westwind übertrifft den Ostwind.« Ich glaube, die Besonderheit der gegenwärtigen Lage besteht darin, dass der Ostwind über den Westwind die Oberhand gewonnen hat, das heißt, dass die sozialistischen Kräfte den imperialistischen Kräften absolut überlegen sind.

Völker der ganzen Welt, vereinigt euch, besiegt die USA-Aggressoren und alle ihre Lakaien! Völker der ganzen Welt, seid mutig, habt Mut zu kämpfen, fürchtet keine Schwierigkeiten, schürt Welle auf Welle vorwärts, und die ganze Welt wird den Völkern gehören. Alle finsteren Mächte werden restlos vernichtet werden.«

◼ Wie Sie eindeutige Bilder schützen

Michael Glos wollte eine ganz und gar unerwartbare Haltung der Grünen bebildern. Deshalb der Hinweis: »Eher wirft sich ein Karpfen ans Land.« Es ist noch nirgendwo berichtet worden, dass sich Karpfen ans Land werfen. Man erlebt das von Walen, die sich ans Land werfen, oder von Lemmingen, die sich vom Land ins Wasser werfen. Aber ein Karpfen, der sich ans Land wirft? Darüber gibt es jedenfalls keine allgemein bekannten Berichte. Also: Das Bild ist eindeutig und unverwechselbar.

Das Bild muss zum Zuschauerkreis passen. Das Bild vom Karpfen, der sich ans Land schmeißt, mag in einer ländlichen Gegend sofort verständlich sein. Alle wissen, was gemeint ist. Ob dieses Bild in einer Stadt die gleiche Wirkung hat, ist zumindest fraglich.

Die Versicherungskammer Bayern führt ihre Werbung unter dem Bild eines »Schirmes«. Dieses Bild ist konkret, aber nicht zu konkret. Es ist kein »Regenschirm«, sondern ein Schirm, der für alle Zwecke hilfreich ist. Er schützt gegen zu viel Regen, gegen zu viel Hitze, gibt (teilweise) Sicherheit gegen Unwetter. Insofern ist das Bild also begrenzt einsetzbar. Der Schirm ist so groß, dass er Platz für mehrere bietet, also ist auch die gemeinsame Basis, die die Versicherten bilden, zum Schutz Einzelner angedeutet. Insgesamt also ein Bild, das den Werbeeffekt unterstützt.

Es ist aber nicht umfassend, wie der fehlende Schutz gegen Sturm und Hagel zeigt. Es strahlt aber auf der anderen Seite wieder viel Sympathie aus, weil wir mit dem Aufspannen des Schirms den Schutzgedanken verbinden.

Der niedersächsische Ministerpräsident MacAllister wurde von dem SPD-Vorsitzenden Gabriel angegriffen, weil er den damaligen Bundespräsidenten Wulff, seinen Vorgänger in Niedersachsen, schützte. Gabriel seinerseits war vor Wulff Nachfolger von Ministerpräsident Schröder, als dieser Bundeskanzler wurde. Die Antwort von McAllister:

»Lieber der Terrier von Wulff als der Mops von Schröder!«

Eine sehr schlagfertige Antwort auf einen harten Angriff.

Die Identifikation zwischen Zuschauer und Bild. Wenn der Zuschauer ein Bild verstanden hat, ist die zweite Frage, ob er sich damit auch identifiziert. Berücksichtigen Sie dabei: Unser Gehirn will an Bekanntes anknüpfen und kann dann leicht und schnell speichern.

Deshalb ist das Bild vom Karpfen nur hilfreich in einer Gegend, in der der Karpfen ein vertrauter Fisch ist.

Je unbestimmbarer daher der Bezugskreis ist, desto wichtiger ist es, ein Bild zu wählen, das eine möglichst breite Menge anspricht.

Bilder vom Fußball sprechen nach der Statistik überwiegend Männer an, nicht Frauen. Wer also einen Wahlkampf mit Fußballbildern führt, führt einen Wahlkampf für Männer.

Der Bezug des Bildes zum Redner. Die Zuschauer müssen den Eindruck haben, dass dies kein künstliches Bild ist, sondern zum Redner passt. Das Bild vom Karpfen passt zu Michael Glos, der von Beruf Müller ist, also am Fluss und am Teich lebt.

Der Vergleich zwischen Schach und Fußball passt überhaupt nicht zum Fußballer Podolski.

Bilder und (Gegen-)Bilder

Ein Bild ist ein vergleichendes Argument. Die Suche nach Bildern ist also auch die Suche nach dem richtigen Argument. Umgekehrt heißt es auch: Der Angriff auf ein Bild folgt den Regeln, wie Argumente angegriffen werden. Es gibt dazu hilfreiche Bücher, schon aus der Antike von Cicero oder Quintilian. Im 18. Jahrhundert hat der Engländer W. G. Hamilton seine jahrelangen Aufzeichnungen als Politiker, als Parlamentarier zusammengefasst. Sie sind veröffentlicht mit dem Titel »Das Streitgespräch« und dem Untertitel »Bemerkungen über den Glanz der Rede und die Schäbigkeit der Beweise«.

Bei der Prüfung, ob ein Bild wirklich passend ist, bleibt die letzte Frage: Wie können andere dieses Bild missbrauchen, ins Gegenteil verkehren oder ihm zumindest eine ganz andere Richtung geben?

Dazu einige Hinweise, die sich zugleich mit der Argumentationstechnik beschäftigen.

»Unsere Firma (Gemeinschaft) ist wie eine große Familie.«

Ein beliebtes Bild. Der Chef will damit die Harmonie betonen. Der Gewerkschaftsvertreter kann ihm antworten und darauf verweisen, dass nirgends so viel gestritten wird wie in Familien und dass Familien heute sehr leicht auseinanderbrechen.

Wenn Sie das Bild also schützen wollen, müssen Sie es konkretisieren: ... wie eine große Familie, in der jeder auf den anderen Rücksicht nimmt.

Oder: Ein Politiker beschreibt den Haushaltsplan für das nächste Jahr mit den Worten:

»Wir haben unser Schiff in Fahrt gebracht.«

Da kann der Gegner leicht reagieren: in Fahrt schon, aber ohne Ziel. Es steuert doch auf die nächste Untiefe zu.

Also muss das Bild schon vorher ergänzt werden und das Ziel des Schiffes angegeben ... in Fahrt zu einem lohnenden Ziel: Neue Investitionen werden Arbeitsplätze sichern ...

Das Bestreiten der Tatsachen:
Die Basis des Vergleiches wird bestritten.

Wir sind keine Familie, hier gibt es völlig unterschiedliche Interessen!

Die Kausalität des Bildes wird bestritten:
Was soll der Blödsinn, das Bildungsprogramm mit einer Rakete zu vergleichen? Wollen Sie Kinder und Jugendliche ins All schießen?

Die Eigenschaften des Bildes werden getrennt und zergliedert:
Es werden also in den Vergleich zusätzliche Eigenschaften eingeführt, die das Bild des Redners in ein »schiefes Licht« rücken.

Mit den jetzigen Finanzentscheidungen haben wir eine Rakete gezündet, die uns in der Satellitenforschung auf höchste Höhen führt.

Gegenargument: Zu viele Raketen haben einen Fehlstart erlitten und sind dann bald explodiert.

Ins Absurde führen:
Das Bild wird weiterentwickelt und erhält dadurch einen absurden Anstrich: Wenn das wirklich eine Rakete sein soll, dann führt

sie uns in luftleere Höhen ohne Sauerstoff zum Atmen. Davon haben wir nichts. Die Wirtschaft wird auf Erden weitergeführt, nicht im Himmel.

Auf schiefe Vergleiche hinweisen:
Jemand beschwert sich, dass eine Angelegenheit nicht schnell genug behandelt wird. Um ihm zu beweisen, dass es nicht auf Schnelligkeit, sondern auf Genauigkeit ankommt, wird das Beispiel gebracht:

> »Besteht die Leistung einer Uhr etwa darin, dass sie schnell geht – oder dass sie genau geht?«

Das Beispiel ist schief. Warum?
Bei einer Uhr ist die Möglichkeit einer Beschleunigung oder Verlangsamung nicht vorgesehen. Ein Verwaltungsvorgang kann aber sehr wohl schneller oder langsamer bearbeitet werden. Der Redner hat also bei der Uhr gerade eine Eigenschaft behauptet, die die Uhr gerade nicht hat.

Ein Aufruf zur Friedfertigkeit:

> »Wir demonstrieren gegen den Krieg.
> Lasst uns friedfertig sein wie die Tauben.«

Die Taube gilt überall als Symbol des Friedens, also scheint dies ein sehr gutes Beispiel zu sein.
Tatsache ist: Tauben sind nicht friedlich. Tauben sind wehrlos; das ist etwas ganz anderes. Wenn zwei Tauben in einen Käfig gesperrt werden, ist es sehr gut möglich, dass die stärkere Taube die schwächere Taube zu Tode hackt. Einfach deshalb, weil sie stärker ist und die schwächere nicht fliehen kann. Tauben haben keine Tötungshemmung, wie beispielsweise Wölfe oder giftige Schlangen im Kampf um die Rivalität. Das braucht es in der Natur nicht, weil eine Taube sofort fliehen kann und die Waffen der Taube, Schnabel und Flügel, ungefährlich sind.

Wenn aber die andere (Taube) nicht fliehen kann, dann sind auch solche stumpfen Waffen gefährlich. Die Taube ist also kein Symbol für den Frieden, sondern ein Symbol für die Wehrlosigkeit. Das ist gerade keine überzeugende Voraussetzung für den Frieden.

Mao Zedong hat das Beispiel vom Papiertiger gebracht. Wie Sie oben gelesen haben, hat er dieses Beispiel gleich wieder eingeschränkt und nur bestimmte Eigenschaften des Tigers angesprochen. Das war erforderlich, damit nicht die Grausamkeit des Tigers im Vordergrund steht, sondern in Verbindung mit dem Wort »Papier« die Macht des Tigers, die durch die Ohnmacht des Papiers aufgehoben wird.

Falsche Bilder verwirren

Wir haben schon einige falsche Bilder erwähnt. Falsche Bilder können ein guter Ansatz sein, wenn Sie sie richtigstellen.

Als besondere Beispiele dienen hier zunächst einige Tiervergleiche.

|a| Die Rabeneltern:

Das Bild wird gebraucht, um Eltern vorzuwerfen, dass sie sich nicht um ihre Kinder kümmern oder die Kinder schlecht behandeln.

Dieses Bild ist völlig verkehrt. Das Gegenteil ist richtig: Rabeneltern sind äußerst liebevoll zu ihrem Nachwuchs. Verhaltensforscher haben das herausgefunden. Konrad Lorenz und auch Vitus E. Dröscher berichten darüber sehr ausführlich.

Wenn bei Kolkraben beispielsweise das Nest von Eierräubern bedroht wird, nehmen sie die Eier in den Schnabel und transportieren sie zu einem anderen Baum. Wenn die Jungen später geschlüpft sind, werden sie von ihren Eltern liebevoll mit Nahrung versorgt. Wenn es zu warm wird, bohren die Eltern Löcher in das Nest; genügt das nicht, fliegen sie zu einem Tümpel, machen sich nass und geben ihren Kindern später

eine Dusche. Allerdings putzen die Eltern auch die Kinder liebevoll und ausgiebig mit ihrem Schnabel. Das passt den Kindern nicht immer, und sie beschweren sich lauthals. Das mag
man als »Schlagen« missverstanden haben.

Sie können das Beispiel positiv benutzen, indem Sie von Eltern
sprechen, die so liebevoll sind wie Rabeneltern, und dann
durch das Beispiel das Fehlverständnis richtigstellen. Sie können aber reagieren, wenn Sie oder jemand aus Ihrer Gruppe
als »Rabenvater« scheinbar beschimpft wird. Dann kann man
sich hinstellen und sagen: »Ich bedanke mich herzlich für das
Kompliment.« Ich weiß aber nicht, ob Ihnen klar ist, was Sie
wirklich gesagt haben! Danach kommt die Erklärung.

|b| Der Nestbeschmutzer:
Als Nestbeschmutzer wird jemand bezeichnet, der entgegen
aller sozialen Verpflichtung seine eigene Gruppe schlecht
macht. Der das Nest, in dem sich alle aufhalten und groß werden, beschmutzt.

Tatsache ist das Gegenteil: Der Nestbeschmutzer schützt
den Nachwuchs. Das zeigt sich sehr deutlich an der Stockente:

Wenn eine Stockente brütet und bei der Brut durch einen Eier-
räuber wie eine Ratte oder einen Marder bedroht wird, fliegt
sie weg und deckt die Brut mit einem Kotstrahl zu. Der Kot
stinkt so erbärmlich, dass eine Wasserratte oder ein anderer
Räuber sich »empört« abwendet. Es stinkt so bestialisch, dass
man nicht mal die leckere Eierspeise will. Die Ente selbst ist
während der Brutzeit geruchsunempfindlich. Sie kann also
zurückkommen, das unbeschädigte Nest säubern und dann
weiterbrüten.

|c| Der Elefant im Porzellanladen:
So wird jemand bezeichnet, der sich tollpatschig benimmt und
alles, was so herumsteht, kaputt macht.

Tatsache ist: Elefanten bewegen sich äußerst vorsichtig. Wenn
sie in einen »Porzellanladen« geführt werden, zerstören sie
nichts, sondern gehen äußerst behutsam mit allen Gegenständen um, auch mit den Gegenständen, die ihnen in den Weg ge-

stellt werden. Woher das falsche Bild in Deutschland stammt, ist nicht ganz gewiss, möglicherweise von einer Parade aus dem Jahre 1888 in München. Weil ein feuerspeiender Drache Elefanten nervös gemacht hatte, rissen sie sich los. Einer dieser Elefanten brach durch die Abdeckung eines Milchladens. Dadurch wurde einiges zerstört.

|d| Der Hecht im Karpfenteich:
Als Hecht im Karpfenteich wird jemand bezeichnet, der sich völlig im Überfluss bewegt.
Dieses Bild ist falsch. Die Karpfenzüchter setzen selbstverständlich keinen Hecht in den Karpfenteich, der ihre wertvollen Karpfen verschlingen könnte. Vielmehr kommt nur ein ganz kleiner »mickriger« Hecht in den Teich, der diejenigen Fischlein verschlingt, die den Karpfen das Futter streitig machen könnten. Für die Karpfen ist er völlig ungefährlich.

Dies sind nur einige Beispiele, wie Sie ein Bild wählen können, das Ihren Vortrag stützt, oder wie Sie umgekehrt das Bild einer anderen Person angreifen können.

Sehr hilfreich für Sie selbst ist es auch, wenn Sie andere lieb gewordene falsche Bilder einführen und korrigieren. Sie haben damit sofort die Aufmerksamkeit und bleiben in Erinnerung.

Es gibt dazu zwischenzeitlich eine Fülle von Büchern.*

|a| Der Amtsschimmel:
In einem Buch eines früheren Präsidenten der Steuerberaterkammer lässt er in seinem Vorwort auch den Amtsschimmel fröhlich durch die Büroräume der Finanzbeamten traben und wiehern. Der Autor hat bewiesen, dass er keine Ahnung hat.
Das Wort Amtsschimmel kommt vermutlich vom Wort »Simile«. Das waren im alten Österreich die vorgedruckten Musterformulare. Wer also nach einem Musterformular arbeiten konnte, war ein »Similereiter«. Daraus wurde unser Schimmelreiter.

....

*   Vgl. u. a. Walter Krämer/Götz Trenkler: »Lexikon der populären Irrtümer und Folgen«

Eine andere Erklärung versucht sich daran, dass man früher über den Hemdsärmeln Stulpen trug, um das Bestauben der Hemdsärmel zu vermeiden. Diese Stulpen wurden als »Schimmel« bezeichnet. Wie auch immer, jedenfalls mit einem Pferd hat der Amtsschimmel nichts zu tun.

|b| Eva und der verführerische Apfel:
Der Apfel kommt als verbotene Frucht in der Bibel nicht vor. Es ist nur die Rede von »den Früchten der Bäume«, von denen Adam und Eva nicht essen dürfen. Wieso daraus ein Apfel wurde, weiß keiner mehr. Sicher ist, dass es die Äpfel zu dem Zeitpunkt, in dem die Bibel entstand, im Nahen Osten nicht gab. Viel wahrscheinlicher ist es, dass es sich damals um einen Feigenbaum handelte, da sich Adam und Eva ja anschließend mit Feigenblättern zudeckten.

|c| Kohldampf schieben:
Der Kohldampf hat weder etwas mit Kohl noch etwas mit Dampf, geschweige denn irgendetwas mit Helmut Kohl zu tun, obwohl er ganz offenkundig häufig Kohldampf geschoben hat. Wahrscheinlich kommt dieser Ausdruck aus dem Rotwelschen »Kohler« = »Hunger«. Das könnte wiederum aus der Zigeunersprache gekommen sein von »Carlo« = »schwarz, arm, ohne Geld«. Auch das Wort »Dampf« heißt auf Rotwelsch »Hunger«. Kohldampf ist also genau genommen ein Pleonasmus und heißt: Hunger – Hunger.

|d| Mens sana in corpore sano:
Alle Betreiber von Fitnessstudien heben diesen Spruch ganz besonders hervor. Die Welt macht uns glauben, dass uns Sport gesund macht. Diese Worte vom Dichter Juvenal werden also in der Regel übersetzt mit: »In einem gesunden Körper wohnt ein gesunder Geist.«
Juvenal hat aber etwas anderes gemeint. In seinen Satiren steht dieser Spruch in einem ausführlicheren Zusammenhang: »Es wäre zu wünschen, dass in einem gesunden Körper auch ein gesunder Geist stecken möge.« Das war gerade keine Lobeshymne auf körperliche Fitness, sondern schon damals ein Angriff auf den von Juvenal zutiefst missbilligten

Kult um körperliche Fitness – so schreibt Krämer. Er formt den Spruch von Juvenal in die heutige Zeit um: »Ach, wie wäre es doch schön, wenn diese Muskelaffen auch noch denken könnten.«

|e| Und sie bewegt sich doch.

Dieser Spruch wird Galileo Galilei zugeschrieben. Er findet sich aber bei ihm nicht. Weder in seinen Prozessakten noch in seinen eigenen Schriften. Erstmals wird dieser Spruch erwähnt 100 Jahre nach dem Tod von Galilei.

|f| Weihnachten als Tag der Geburt von Jesus:

In den Anfängen des Christentums gab es verschiedene Tage wie den 6. Januar, den 28. März, den 20. April, den 20. Mai oder auch den 18. November als Tag der Geburt von Jesus. Der 25. Dezember wird erstmals Mitte des vierten Jahrhunderts dargestellt. Als Begründung führte man damals an, die Empfängnis sei zu Beginn des Jahres erfolgt, das war damals der 25. März. Neun Monate Schwangerschaft ergaben dann den 25. Dezember. Dieser 25. Dezember war ein heidnischer Feiertag. So konnte der bisherige Feiertag bei den Heiden bestehen bleiben und brauchte nur umgedeutet zu werden.

Einen Nachweis, dass die Empfängnis exakt am Jahresanfang stattgefunden haben soll, gab es nie. Die Wahrscheinlichkeit spricht auch sehr dagegen. Das Lukasevangelium berichtet nämlich, dass am Geburtsort Jesu die Hirten auf freiem Feld lagerten und Nachtwache hielten bei ihrer Herde. Im Dezember ist es aber in Palästina sehr kalt. Das Vieh bleibt zu dieser Zeit in den Ställen.

Zwischenzeitlich gibt es aus der Fülle von Irrtumsbüchern einen reichen Schatz, mit dem Sie in der Rede Fehler richtigstellen und gleichzeitig Aufmerksamkeit beim Publikum.

Auch beim Thema Ernährung halten sich viele Irrtümer:

Wer abnimmt, lebt länger – wird behauptet.

Die amerikanische Gesundheitsbehörde hat von 1950 bis 1990 über verschiedene Studien genau diese Frage untersucht. Das Ergebnis:

>»Zusammenfassend ergeben sich aus den sechs Studien keine Belege, dass sich durch Gewichtsreduktion die Lebenserwartung von Übergewichtigen verlängert.«

Schockierend dann das Ergebnis für alle diejenigen, die Diäten durchführen. 13 Langzeitstudien der gleichen Behörde ergeben:

>»Für das Abnehmen, auch wenn es nur mäßig oder wenig ausgeprägt ist, findet man eine erhöhte Sterblichkeit.«

Am längsten leben diejenigen, die im Laufe ihres Erwachsenenlebens langsam, aber stetig immer ein bisschen zunehmen.

Dies nur als Hinweis auf die auf dem Sektor Ernährung vorhandenen vielfältigen Irrtümer. Je nach Redethema können Sie heute davon ausgehen, dass es ausreichend viele belegte Irrtümer gibt, die Sie in Ihre Rede wirkungsvoll einbauen können. Um ein solches Thema kann man dann jeweils auch die entsprechende Bildgeschichte herum gestalten.

Die Schönheit der Metapher

Die Metapher ist die klassische Redefigur für Bilder. Schon Aristoteles war der Überzeugung: Gute Metaphern schmücken die Rede. Voraussetzung dafür ist, die Ähnlichkeiten zu erkennen zwischen dem Tatbestand und der Metapher. Bei der Metapher wird das Wort nicht in seiner wörtlichen Bedeutung, sondern in einer übertragenen Bedeutung benutzt.

Eine Metapher ist es, vom »Abend des Lebens« zu sprechen statt einfach vom Alter eines Menschen. Eine Metapher ist es, das Gehirn als »Computer« zu bezeichnen. Eine ganz berühmte Metapher ist die Ideengeschichte von Platon, die er mit dem »Höhlengleichnis« beschreibt. Die Menschen in der Höhle erkennen das Licht nicht, weil sie nicht nach draußen gehen. Auch Charles Darwin benützte eine Metapher, um seine Entstehungsgeschichte zu erläutern. Er beschrieb die Natur als »Züchter«.

Die Metapher wird also benutzt, um zwei Tatbestände zu vergleichen, die sehr verschieden sein können, sich aber doch zumindest in einem entscheidenden Punkt gleichen.

Als Redner hat die Metapher für Sie den Vorteil, dass Sie hinter die Metapher zurücktreten. Sie sprechen eben nicht mehr vom Alter, sondern vom Abend des Lebens. Sie reden nicht mehr vom Gehirn, sondern von einem Computer.

Freilich bleibt bei der Metapher das Problem, das bei allen Bildern gilt: Es muss wirklich die entscheidende Eigenschaft auch übertragbar sein. Gerade beim Beispiel des Gehirns als »Computer« stimmt die Metapher nach heutiger Erkenntnis nicht. Das Gehirn arbeitet eben ganz anders als ein Computer. Wie es genau arbeitet, ist ja noch nicht bekannt, aber jedenfalls geht es nicht so methodisch der Reihe nach vor, wie das Computer durch ihre technische Konstruktion machen müssen.

In der Politik wird für die Öffentlichkeit ständig mit Metaphern gearbeitet. So schrieb erst kürzlich Torsten Krauel:*

»Politik ist die Kunst, nachts einen Wildwasserbach hinabzufahren, ohne Karte, mit immer neuen Stromschnellen.«

Die Kraft der Metaphern, die Übertragung der Eigenschaft eines anderen Bildes, ist auch – wie immer bei Bildern – zugleich die Gefahr. Es werden dann eben falsche Bilder übertragen, falsche Eigenschaften geliefert. Das zeigt sich an dem eben erwähnten Beispiel des Gehirns als Computer.

Metapher und Analogie. Der Unterschied zwischen Metapher und Analogie ist ein einziges Wort. Die Analogie arbeitet immer mit dem Wörtchen »wie«. Also: Stellen Sie sich das Gehirn ähnlich

---

*   *Welt am Sonntag* vom 30. Oktober 2011

wie einen Computer vor – das ist die Analogie. Das Gehirn **ist** ein Computer, das ist die Metapher.

Die Analogie ist als Vergleich schwächer, weil dadurch gleich Einschränkungen vorgenommen werden. Der Redner hat also viel mehr Möglichkeiten, bei der Analogie Grenzen zu setzen nach dem Motto: Das Gehirn ist mit seiner Fähigkeit, blitzschnell Sachverhalte zu erfassen, ähnlich **wie** ein Computer, wenn auch das Gehirn dieses Ergebnis anders »berechnet«, als dies bei einem Computer geschieht.

Das Problem der Analogie ist das Problem bei allen Bildern. Sie können missbraucht werden, und sie verführen zu Fehlern. Deshalb gilt die Regel wie bei allen Bildern: Bevor Sie eine Analogie, eine Metapher, ein Bild verwenden, müssen Sie sich über ihre Grenzen klar werden.

Das richtige Bild zu finden verlangt also schon einige Überlegung. Wenn Sie einen nachhaltigen Eindruck bei Ihren Zuschauern erzielen wollen, besteht die Hauptaufgabe darin, ein Bild zu finden, das künftig mit Ihnen verbunden bleibt. So bleiben sowohl das Bild wie auch Sie selbst in Erinnerung.

Und das ist Ihr Ziel. Oder?

8 Nur drei Schritte zur FreiRede

Zuletzt siegt immer das Ackerfeld über das Schlachtfeld.

Theodor Fontane

E in kleiner Schritt für mich – ein großer Schritt für die Menschheit!«

Das waren die ersten Worte von Neil Armstrong, bei dem ersten Schritt eines Menschen auf dem Mond. Drei Schritte sind es für Sie, also nur zwei Schritte mehr, wenn Sie sicher frei sprechen möchten.*

- ⊕ Erster Schritt: Ein vorhandener Text wird nicht nur vorgelesen, sondern gestaltet.
  Also – vom Vorlesen zum Vortragen.
- ⊕ Zweiter Schritt: Vom Manuskript zum Rheto*Script*®! Ein Manuskript ist zwar (vielleicht) für Veröffentlichungen geeignet, vielleicht auch zum Vorlesen, aber sicher nicht zum Vortrag; schon gar nicht für eine FreiRede. Im Gegenteil: Es behindert jede Rede. Sie brauchen eine Redeunterlage, die Sie als Redner unterstützt, ähnlich wie dem Dirigenten die Partitur hilft. Wir bezeichnen ein so aufgearbeitetes ManuSkript, das für den Redner (= Rhetor) geeignet ist, als ein Rheto*Script*®.
  Also – vom ManuSkript zum Rheto*Script*®!
- ⊕ Dritter Schritt: Vom Rheto*Script*® zur FreiRede mit dem angepassten Stichwort-(Notiz-)Zettel, dem »Noti*Script*« oder dem Libero*Script*.

....

* Wir geben zu, dass das eine recht gewagte Parallele ist.

Es ist immer wieder erstaunlich: Meist wird sehr viel Zeit darauf verwendet, das ManuSkript zu erarbeiten. Ganz selten aber wird in den überzeugenden erfolgreichen Vortrag investiert. Wozu die gesamte intensive Vorarbeit, wenn das Resultat, der »Vortrag«, misslingt? Der Vortrag sollte das krönende Ergebnis sein; häufig ist es ein ziemlich klägliches Vorlesen, das noch dazu unter Missachtung der Technik im Saal »vollzogen« wird. Schade für Ihre Vorbereitung, schade, dass die Zuschauer ihre Zeit dafür verschwendet haben.

Erster Schritt: Vom Vorlesen zum Vortragen

Wann immer ein Redner mit einem ausgeschriebenen fertigen Manuskript zum Pult geht, wissen wir schon: Aha, das wird wieder eine langweilige Vorlesestunde. Sie wissen das auch. Es ist fast unvermeidlich. Mit ganz wenigen Ausnahmen verfallen die Redner sehr bald in einen monotonen Vorlesestil mit wenigen Betonungen, mit wenig Kontakt zum Publikum. Sie können sich vom Manuskript nicht lösen, weil sie Angst haben, dann den Faden zu verlieren. Hin und wieder einmal ein kurzer Blick ins Publikum, häufig ein Blick an die Decke (zum Heiligen Geist?) – das ist alles.

Wenn ein Redner dann doch einmal die FreiRede versucht, sich vom Manuskript löst, dann wirkt er gleich lebendig, persönlich, wie befreit – zunächst. Sein Problem beginnt aber, wenn er mit dem freien Teil seiner Rede fertig ist und wieder mit dem Manuskript fortfahren möchte. Sehr häufig findet er den Anschluss im Manuskript nicht mehr oder nur teilweise. Dann werden Textbausteine wiederholt, es kommen dann Floskeln wie »… darauf möchte ich nochmals hinweisen …«, weil der Redner selbst entdeckt, dass er sich wiederholt, oder zu guter Letzt der publikumswirksame Satz »… jetzt lege ich mein Manuskript völlig zur Seite und spreche frei mit Ihnen …«. Das ist dann die Erlösung.

Diese Erlösung erleben wir aber nur selten, weil die wenigsten Redner dann den Mut haben, wirklich frei zu sprechen. Franz Josef

Strauß hatte diesen Mut. Doch auch er wechselte die Sprech-
geschwindigkeit zwischen FreiRede und Vorlesen. Mancher Redner behilft sich auf eigene Weise:

Der Präsident einer großen Handelskammer in Bayern blieb
mit einem Finger am Text. Das hilft tatsächlich, aber er blockiert
so seine Gestik: eine Hand stets gefesselt ans ManuSkript.

Woher kommt dieses schnelle Vorlesen? Es ist wohl das Ergebnis unseres Lesetrainings in der Volksschule. Lesen ist schließlich
für unser Gehirn sehr anstrengend. In unserer Entwicklungsge-
schichte zum Menschen brauchten wir diese Fähigkeit nicht;
99 Prozent der Entwicklung des Menschen verlief ohne Schrift.
Unser Gehirn hat also keine natürliche Veranlagung zum Lesen, es
muss sich jeden Schritt mühselig erarbeiten. Eine Leistung, die
weltweit etwa 900 Millionen Menschen noch nicht vollbracht haben; in Deutschland soll es 14 Prozent Analphabeten geben*, das
sind zirka elf Millionen Menschen.

Der Hirnforscher Ernst Pöppel pointiert:

»Lesen ist eine der unnatürlichsten Tätigkeiten des menschlichen
Gehirns.«

Im Laufe unserer Millionen Jahre dauernden Entwicklung gab es
nie eine Notwendigkeit, Gehirnstrukturen für das leichte Lesen
zu entwickeln. Unser Gehirn ist Millionen Jahre alt, gelesen wird
seit vielleicht 6000 Jahren. Das Ergebnis: Das menschliche Gehirn wehrt sich gegen das Lesen. Anstrengungsloses Lernen und
Verarbeiten von Informationen wird durch das Lesen eher behindert. Lesen erfordert eine extrem hohe Konzentration. Noch
dazu, weil die meisten Autoren nicht bildorientiert schreiben.
Gerade weil Lesen ein so schwieriger Prozess ist, sind wir in
der Schule belohnt worden, wenn wir gut und flüssig lesen konnten.

---

* Diese Prozentzahl ist Produkt einer sehr weiten Definition des Analphabeten, vgl.
Walter Krämer: »So lügt man mit Statistik«.

Wir lesen also zu schnell für eine Rede. Hinzu kommt für uns als erwachsene Redner: Wir haben den Text vor uns, also ein fertiges Produkt.

Wir sind es gewohnt, solche Texte schnell durchzuarbeiten, weil das unser täglich Brot ist. Mit einiger Übung zeigt sich: Wir sehen nicht nur den Buchstaben, den wir gerade fixieren, sondern auch noch vier Buchstaben links davon und bis zu 15 Buchstaben rechts davon. Das ist bei Musikern ähnlich. Musiker, die gut vom Blatt spielen, sind mit ihren Augen normalerweise ihren Fingern etwas voraus. Im Gegensatz zu schlechten Vom-Blatt-Spielern, die Note für Note gleichsam buchstabieren, erkennen sie ganze Notengruppen auf einmal und schauen bis zu acht Noten im Voraus auf die Partitur.

Ich habe einen Viersternegeneral als »Festredner« erlitten. Er zog ein fertiges Manuskript heraus und hat es lesend nur so heruntergehudelt. Da dieses Manuskript noch dazu mit vielen deutschen technischen Militärfachausdrücken gespickt war, durchlebten wir eine ermüdende Stunde. Während des anschließenden Essens habe ich ihn darauf angesprochen, dass gerade beim Vorlesen die Gefahr besteht, recht schnell zu werden. Seine verblüffende Antwort:

> »Ich habe absichtlich so schnell gelesen, damit meine Rede schneller fertig wird, sonst hätte das Publikum ja noch eine Viertelstunde länger zuhören müssen.«

Das ist eine recht deprimierende Haltung von einem Mann, der doch in der Öffentlichkeit die Bundeswehr repräsentieren soll. Es ist aber als Verhalten vielleicht durchaus typisch. Wer seine Rede vorlesen muss, weiß ja selbst, dass er nicht frei sprechen kann. Für ihn ist es deshalb eine mehr oder weniger unangenehme Pflicht, die er hinter sich bringen will.

Für die Rede, für den Kontakt zum Publikum ist eine solche Haltung schädlich. Für die Zuschauer ist der Text des Redners – zumindest teilweise – neu. Sie müssen sich darauf einstellen, bekommen aber durch das Vorlesen keine Zeit dazu. Vorlesen ist die

schlechteste Art, eine Rede zu halten! Der weltberühmte Paläonto-
loge Stephen Jay Gould beurteilt:

> »... dass die Naturwissenschaftler die Überlegenen sind, was den Ge-
> brauch der Sprache und die Art der Vermittlung angeht.
>
> Erstens lesen Geisteswissenschaftler ihre Vorträge nahezu ausnahmslos
> von einem geschriebenen Manuskript ab (und das fast immer schlecht,
> den Kopf im Text vergraben und in einem sanften Singsang, der für Vor-
> träge völlig ungeeignet ist).
>
> Naturwissenschaftler lesen fast nie vor; wir legen uns die Reihenfolge
> oder die Logik der Argumentation zurecht, schreiben ein paar Gedan-
> ken und Stichworte auf und sprechen dann frei. Ich war immer der Mei-
> nung, die Überlegenheit eines solchen echten mündlichen Vortrages sei
> leicht zu erkennen.
>
> Zweitens ist die freie Rede viel attraktiver und fordert die Aufmerksam-
> keit viel stärker als der eigenwillige, geistlose Sprechstil der meisten
> Vorleser.
>
> Mir ist natürlich klar, dass sich dieses Hindernis überwinden lässt, wenn
> man ein paar einfache Regeln beherzigt (zum Beispiel, indem man sich
> den nächsten Satz merkt und die Zuhörer zwischendurch ansieht), aber
> in der Praxis lesen die wenigsten Leute gut vor – und die Langeweile,
> die sich bei schlechtem Vorlesen ansammelt, wiegt weit als alle Schreck-
> lichkeiten einer fragwürdigen Grammatik und Semantik bei Wissen-
> schaftlern, die im freien Reden nicht besonders geübt sind.
>
> Nebenbei bemerkt, vermute ich, dass viele Geisteswissenschaftler sich
> der Methode des Vorlesens aus Angst bedienen: Der Sprachstil ist ihr
> ein und alles, und deshalb nehmen sie Langatmigkeit und sogar Unver-
> ständlichkeit in Kauf, nur damit sich keine falsche Konjugation ein-
> schleicht; ...«

Der Mann hat recht. Seine Beobachtung gilt aber nicht nur für
Geisteswissenschaftler, sondern für alle, die vorlesen.

Nun bringt das Vorlesen **einen** entscheidenden Vorteil: Der
Redner hat sich (hoffentlich) intensiv mit dem Text und dem Inhalt
auseinandergesetzt. Er weiß sicher: Beim Vorlesen mache ich
keine Fehler!

Das ist ein wichtiger Selbstschutz, also sehr verständlich. Die Tatsache, dass die Zuschauer sich langweilen, ist für ihn demgegenüber (leider) zweitrangig. Er beweist immerhin, dass er die Materie sorgfältig bearbeitet hat. Er signalisiert aber auch, dass er sehr unsicher ist – sonst würde er vielleicht FreiReden oder zumindest hin und wieder den Text verlassen.

Dieses scheinbare Dilemma zwischen Sicherheit und Wirkung lässt sich lösen – in drei Schritten.

▉ Vortragen heißt »nachgestalten«

Sie müssen – als Erstes – den Text während Ihrer Rede wieder selbst gestalten, nicht ablesen. Dazu lesen Sie ein, zwei Sätze voraus und gestalten dann diese Sätze nach, wiederholen sie also aus dem Gedächtnis. So benützen Sie nicht nur den Lautwiederholungsapparat im Kehlkopf, sondern auch das Gedächtnis. Sie werden langsamer, da Sie formulieren, voraus- und mitdenken. Sie suchen nach Worten, kontrollieren den Satz, prüfen Ihre Erinnerung, wechseln vielleicht ein Wort aus, das bremst den Redefluss. So helfen Sie sich und Ihren Zuschauern.

Da Sie den Inhalt kennen, ist das nicht besonders schwierig. Sie können deshalb auch gleichzeitig Kontakt mit dem Publikum aufnehmen. Dieses Entkoppeln der Vorlesegewohnheit aus der Kindheit können Sie trainieren. Zu Hause, wenn Sie ein Buch laut lesen, wenn Sie morgens markante Abschnitte aus der Zeitung der Familie vorlesen, wenn Sie Ihren Kindern Märchen gestalten; üben Sie es vor allem mit dem fertigen Manuskript.

Diese Übung wird verbunden mit der richtigen Betonung der Wörter in Ihrem Manuskript.

◼ Der Text – richtig formatiert

Gestalten Sie den Text zur Vortragsübung etwas um.

Das zeigt das nachfolgende Beispiel:

Zunächst eine übliche Manuskriptseite aus dem Redetext eines früheren Ministerpräsidenten. Die Vorlage ist – wie in diesen Fällen immer noch häufig – in einer Größe von 12 Punkt (hier maßstäblich verkleinert) geschrieben:

Mein Freund Reinhard Kniegel hat sein neues Buch veröffentlicht: »Die deformierte Gesellschaft«

Schon in der Einführung verweist er darauf: Die Politik in Deutschland ist zunehmend zur »Nachhut« geworden, statt »Vorhut« zu sein. Die Politik, und zwar beider Parteien, hat die Fähigkeit verloren, aus der Wirklichkeit Schlussfolgerungen für die zukünftige Entwicklung zu ziehen.

Wir brauchen eine Entscheidung für eine Politik, in der die Politiker wieder versuchen, »Vorhut« zu sein. Dieser Wechsel von der »Nachhut zur Vorhut« ist schwierig. Die Besitzstände der Nachhut sind viel größer. Die Nachhut sichert diese Besitzstände. Die Vorhut stellt sie infrage.

Die Gewerkschaften zeigen heute, dass es ihnen schwer fällt, »Vorhut« zu sein. Entscheidend ist für uns der Entwicklungsbedarf unserer Gesellschaft. Heute ist die Diskussion oft eingebunden in eine »virtuelle« Wirklichkeit. An eine Wirklichkeit, die man aus der Vergangenheit gewohnt ist und die man in die Zukunft fortschreibt oder die man sich für die Zukunft wünscht. Sie ist aber nicht an der realen tatsächlichen Wirklichkeit orientiert. Wenn dann die Handlungen der Menschen, die in der realen Wirklichkeit stehen, von diesen Wünschen, von der virtuellen Wirklichkeit, abweichen, meint die Politik, diese Abweichungen korrigieren, anpassen zu müssen, und nennt das dann »Reform«.

Gefährlich halte ich die Verkürzung der Diskussion auf die Wirtschafts- und Sozialpolitik. Die Deutsche Einheit hat die Wirklichkeit grundlegend geändert. Die Menschen haben vergessen, dass George Bush der Ältere nach der Deutschen Einheit den Deutschen eine Partnerschaft in

Leadership angeboten hat. Deutschland ist die größte Wirtschaftsmacht in Europa. Deutschland muss Verantwortung übernehmen.

Die Deutschen sind diesen Aufforderungen nicht gefolgt. Obwohl die Folgen der Deutschen Einheit jedenfalls in den Auswirkungen auf das Bruttoinlandsprodukt zwischenzeitlich konsumiert sind, haben die Deutschen nicht die außen- oder europapolitischen Schlussfolgerungen gezogen. Wir hängen in der Außenpolitik heute noch einer Illusion einer »Friedensdividende« nach. Der Hoffnung, Sicherheit werde jetzt viel billiger. Der Zustand der Bundeswehr zeigt, dass das nicht der Fall ist. Deutschland kann die wesentlichen außenpolitischen Verpflichtungen kaum einlösen. Es fehlt auch in der Bevölkerung ein Verständnis dafür, dass solche außenpolitischen Leistungen von uns erbracht werden müssen. Helmut Schmidt hat dazu einmal gesagt:

Deutschland ist ein wirtschaftspolitischer Riese und ein außenpolitischer Zwerg.

Dieses Beispiel zeigt ganz deutlich: Ein solches Manuskript erlaubt keine FreiRede. Der Redner – es war Kurt Biedenkopf – hat sich auch von seinem Manuskript gelöst und freigesprochen. Das Ergebnis war dann eine andere Rede, als dieses Manuskript vorzeichnet. Wir haben auch diese tatsächliche Rede im Archiv verfügbar. Sie hat Satzbrüche, unvollendete Sätze, falsche Beziehungen – und war trotzdem faszinierend – weil es eine FreiRede war.

Es ist aber auch kein Zufall, dass Biedenkopf die Rede so nicht gehalten hat. Mit einem Manuskript, das nur eine Größe von 12 Punkt hat, kann man unmöglich eine FreiRede halten. Man kann damit auch nicht vortragen, höchstens, allerhöchstens vorlesen.

Die erste Hilfe ist es daher: Die Rede wird vergrößert auf 16 Punkt.

Das sieht dann ansatzweise wie folgt aus:

Mein Freund Reinhard Kniegel hat sein neues Buch veröffentlicht:

»Die deformierte Gesellschaft«

Schon in der Einführung verweist er darauf: Die Politik in Deutschland ist zunehmend zur »Nachhut« geworden, statt »Vorhut« zu sein. Die Politik, und zwar beider Parteien, hat die Fähigkeit verloren, aus der Wirklichkeit Schlussfolgerungen für die zukünftige Entwicklung zu ziehen.

Wir brauchen eine Entscheidung für eine Politik, in der die Politiker wieder versuchen, »Vorhut« zu sein. Dieser Wechsel von der »Nachhut zur Vorhut« ist schwierig. Die Besitzstände der Nachhut sind viel größer. Die Nachhut sichert diese Besitzstände. Die Vorhut stellt sie infrage.

Die Gewerkschaften zeigen heute, dass es ihnen schwer fällt, »Vorhut« zu sein. Entscheidend ist für uns der Entwicklungsbedarf unserer Gesellschaft. Heute ist die Diskussion oft eingebunden in eine »virtuelle« Wirklichkeit. An eine Wirklichkeit, die man aus der Vergangenheit gewohnt ist und die man in die Zukunft fortschreibt oder die man sich für die Zukunft wünscht. Sie ist aber nicht an der realen tatsächlichen Wirklichkeit orientiert. Wenn dann die Handlungen der Menschen, die in der realen Wirklichkeit stehen, von diesen Wünschen, von der virtuellen Wirklichkeit, abweichen, meint die Politik, diese Abweichungen korrigieren, anpassen zu müssen, und nennt das dann »Reform« ...

So ist der Text wenigstens schon größer und einigermaßen lesbar. Er hat aber noch einen deutlichen Nachteil: Die Seite ist viel zu weit beschrieben. Wenn wir die Möglichkeit haben wollen, mit dem Publikum zu reden, dann muss es möglich sein, jede Zeile nach Möglichkeit mit ein oder zwei Blicken zu erfassen. Das geht aber nur, wenn die Zeilen erheblich kürzer werden. Sinnvoll sind dabei zirka 40 Zeichen.

Das ergibt dann:

> Mein Freund Reinhard Kniegel hat sein neues Buch veröffentlicht:
>
> »Die deformierte Gesellschaft«
>
> Schon in der Einführung verweist er darauf: Die Politik in Deutschland ist zunehmend zur »Nachhut« geworden, statt »Vorhut« zu sein. Die Politik, und zwar beider Parteien, hat die Fähigkeit verloren, aus der Wirklichkeit Schlussfolgerungen für die zukünftige Entwicklung zu ziehen.
> Wir brauchen eine Entscheidung für eine Politik, in der die Politiker wieder versuchen, »Vorhut« zu sein. Dieser Wechsel von der »Nachhut zur Vorhut« ist schwierig. Die Besitzstände der Nachhut sind viel größer. Die Nachhut sichert diese Besitzstände. Die Vorhut stellt sie infrage.
>
> Die Gewerkschaften zeigen heute, dass es ihnen schwer fällt, »Vorhut« zu sein. ...

Jetzt ist der Text zwar groß und schnell erkennbar, er zeigt aber noch keine Hilfen. Man muss deshalb den Titel »Die deformierte Gesellschaft« und den Autor »Reinhard Kniegel« fett drucken. Sein neuestes Buch kennt der Redner, sodass dieser Hinweis genügt.

Aber: Er hat immer noch Probleme mit der FreiRede. So ist zum Beispiel im zweiten Absatz eine Satzverschränkung enthalten. Für die Zuschauer, für die der Text neu ist, ist das ein Problem. Deshalb gilt in der FreiRede (im Unterschied zum Manuskript): möglichst wenig Nebensätze, möglichst wenig Verschränkungen im Text enthalten.

Der Satz im Manuskript lautet:

»Die Politik, und zwar beider Parteien, hat die Fähigkeit verloren, aus der Wirklichkeit Schlussfolgerungen für die zukünftige Entwicklung zu ziehen.«

Diesen Satz verstehen die Zuschauer besser so:

»Die Politik hat die Fähigkeit verloren, aus der Wirklichkeit Schlussfolgerungen für die zukünftige Entwicklung zu ziehen. Das gilt für beide Parteien!«

Unterschiede, die betont werden sollen, sollen auch in einer eigenen Zeile stehen. So ist es zum Vortrag besser, wenn die bisherige Formulierung

»Die Nachhut sichert diese Besitzstände. Die Vorhut stellt sie infrage.«

in zwei Zeilen steht.

»Die Nachhut sichert diese Besitzstände.
Die Vorhut stellt sie infrage.«

Oder nehmen Sie den im Originalmanuskript fett gedruckten Satz:

> **»Wenn dann die Handlungen der Menschen, die in der realen Wirklichkeit stehen, von diesen Wünschen, von der virtuellen Wirklichkeit, abweichen, meint die Politik, diese Abweichungen korrigieren, anpassen zu müssen, und nennt das dann ›Reform‹.«**

Für die Zuschauer verständlicher formuliert lautet er:

> **»Die Handlungen der Menschen in der realen Wirklichkeit weichen von diesen Wünschen, von der virtuellen Wirklichkeit, ab. Die Politik glaubt dann, sie müsse diese Abweichungen korrigieren, anpassen.**
>
> **Das nennt sie dann ›Reform‹!«**

Da kann der Zuschauer leichter folgen. Der Redner hat noch die Möglichkeit, diesen Nachsatz »… das nennt sie noch Reform …« besonders zu betonen und ihm den Ausrufecharakter zu geben.

Wenn Sie das Manuskript so durcharbeitet haben, ist ein wichtiger Schritt erledigt. Sie haben ein, zwei Zeilen vom Manuskript sofort im Blick und können entsprechend frei ins Publikum sprechen. Das verlangsamt Ihre Rede, schafft Kontakt zu den Zuschauern.

◼ Die Stimme beim Vortrag

Der nächste Schritt für einen farbigen Vortrag ist es, die Betonungen und auch die Stimmführung in das Manuskript einzubauen.

Keiner von uns ist Schauspieler, der seinen Vortrag auswendig lernen möchte und dann stundenlang übt nach dem Motto: Hier muss ich die Stimme heben, da muss ich langsamer, schneller, leiser, lauter, höher, tiefer sprechen. Weil aber keiner von uns Schauspieler ist, haben wir diese Hilfen für die Zuschauer auch während der Rede nicht automatisch, auswendig präsent. Wir müssen daran gesondert denken: »Halt, jetzt müsste ich lauter werden«, oder: »Stopp, hier brauche ich eine Pause, damit die Zuschauer die Bedeutung des Wortes ganz genau erfassen«.

Da wir uns – verständlicherweise – auf die Rede und auf den Inhalt konzentrieren, geht die Betonung, die Musikalität (Prosodie) der Rede »flöten«. Wenn Sie deshalb Ihre Stimme im Vortrag sicher entfalten wollen, müssen Sie diese Hilfen in den Text einbauen. Nachfolgend wieder der Text von Kurt Biedenkopf, diesmal mit Vortragshilfen verbessert.

Die Pausen sind jetzt mit einem Schrägstrich / angesetzt, die Betonungen **fett** markiert, Änderungen der Stimmstärke mit dem > = Leiser- oder < = Lauter-Zeichen.

Da man nicht davon ausgehen kann, dass alle Zuschauer den »Freund Reinhard Kniegel« kennen, muss er zwischen zwei Pausen gesetzt werden, damit das Wort wirkt, ebenso wie sein Buch »Die deformierte Gesellschaft«. Nur dadurch besteht die Chance, dass die Zuschauer sich auch den Titel und den Autor einprägen können. Für eine längere Pause sind zwei Querstriche eingesetzt. Denken Sie daran: Die Zuschauer brauchen diese Pausen. Der Redner kennt den Inhalt; er weiß, worum es geht, die Zuschauer aber nicht. Wenn Sie dem Gehirn der Zuschauer also die Chance geben wollen, den Eindruck entsprechend zu verarbeiten, müssen Sie den Zuschauern auch die zeitliche Möglichkeit geben. Dem dient die Pause!! Wir haben unzählige Tests durchgeführt: Immer sind unerfahrene Redner der Meinung, ihre Pause sei peinlich lang; tatsächlich sind es lediglich drei oder vier Sekunden. Das ist für die Zuschauer ganz normal, ja hilfreich. Erst wenn die Pausen länger als sieben oder acht Sekunden werden, können sie unter Umständen als störend empfunden werden.

Für den Vortrag gilt wieder die Entdeckung von Ernst Pöppel:*

Unser Gegenwartsfenster von zirka drei Sekunden ist eine biologische Grundkonstante. Innerhalb dieser drei Sekunden kann ich

---

* Vgl. Ernst Pöppel: »Lust und Schmerz«

einen Text aufnehmen und bin dann bereit für den nächsten. Dieses Zeitfenster gibt es in allen Kulturen, bei den Japanern ebenso wie bei den Buschmännern oder Indianern.

Die Spalten in den Tageszeitungen haben dieses Bewusstseinsfenster (unbewusst?) aufgenommen. Deshalb müssen auch die Texte für den Redner in diesem Dreisekundenfenster gestaltet werden, damit er beim Lesen keine Gedächtnisprobleme hat. Zwölf Buchstaben in einer Zeile sind zu wenig, 70 Buchstaben sind zu viel. Finden Sie Ihren Mittelwert.

Also kann der Vortragstext jetzt so aussehen:

Mein   Freund / Reinhard   Kniegel / hat   sein neues Buch veröffentlicht:

/»Die deformierte Gesellschaft«. //

Schon in der Einführung verweist er darauf: Die Politik in Deutschland ist zunehmend zur / »Nachhut« / geworden, statt / »Vorhut« / zu sein. Die Politik hat die Fähigkeit verloren, aus der Wirklichkeit Schlussfolgerungen für die zukünftige Entwicklung zu ziehen.

Das gilt für < beide Parteien!! //

Wir brauchen eine Entscheidung für eine Politik, in der die Politiker wieder versuchen, /»Vorhut« / zu sein. Dieser Wechsel von der »Nachhut zur Vorhut« ist schwierig. Die Besitzstände der Nachhut sind viel größer.

Die Nachhut sichert diese Besitzstände.

Die / Vorhut / stellt sie infrage.

Wenn Sie auf diese Weise den Text bearbeiten, dann gestalten Sie bewusst, nehmen Rücksicht auf Ihre Zuschauer. Das gibt Ihnen zusätzliche Sicherheit und lässt aus der langweiligen einschläfernden Vorlesestunde einen lebhaften Vortrag werden. Probieren Sie es aus!

Wenn Sie die Seiten jetzt der Länge nach nur zu zwei Dritteln beschreiben, dann müssen Sie Ihren Kopf beim Vortragen des Textes nicht so tief senken. So haben Sie wieder schneller Kontakt zu den Zuschauern.

Auf diese Weise behalten Sie Ihre Sicherheit, haben aber doch schon Kontakt mit Ihrem Publikum. Die Zuschauer danken es Ihnen. Freilich: So werden es viel mehr Seiten. Sie wollen aber nicht der Redner mit dem kürzesten Manuskript werden, sondern der Redner, der mit seiner Botschaft überzeugt.

Ein ähnliches Beispiel, eine Manuskriptseite aus einer Rede des Vorstandsvorsitzenden eines deutschen Konzerns:

»Der Standort Deutschland entwickelt sich weniger dynamisch als sein Umfeld. Ergebnis ist ein offensichtlicher Anpassungsstau.

Den Satz habe ich vor zehn Jahren schon genauso gesagt wie heute. Und das heißt: Wir schaffen es in Deutschland schon seit längerem nicht, gegenüber anderen Ländern aufzuholen und besser zu werden, sondern unser Land fällt relativ zu anderen eher weiter zurück. Schlusslicht in Europa – das ist ja leider richtig.

Nicht, dass wir uns nicht bewegt hätten. Aber die anderen bewegen sich eben schneller als wir. Das ist ganz sichtbar an den **Wachstumsraten**. Die lagen in Deutschland in den letzten fünf Jahren im Durchschnitt bei einem Prozent. In Asien, in China zum Beispiel bei acht bis neun Prozent: Auch in Indien findet jetzt wieder Wachstum statt, das oberhalb von fünf Prozent liegt. Oder die ASEAN-Länder peilen nach überstandener Krise jetzt wieder Wachstumsraten an oberhalb von fünf Prozent. In den USA liegt das Wachstum bei vier bis fünf Prozent.

Und die EU-Beitrittsländer, also Ungarn, Polen, Tschechische Republik, haben durchschnittlich drei Prozent, Polen zum Beispiel vier Prozent. Auch Russland, ein Land, in dem Siemens schon seit über 150 Jahren tätig ist, wächst mittlerweile stabil mit Raten oberhalb von fünf Prozent.«

Wenn Sie die Zeilen jetzt kürzer beschreiben, dann können Sie mit einem Blick mehr Text erfassen. Auf diese Weise ist das Nachgestalten noch leichter. So behalten Sie Ihre Sicherheit, haben aber doch schon die Möglichkeit, mit Ihrem Publikum Kontakt aufzunehmen. Freilich bedeutet dies intensives Üben mit ihrem Manuskript. Aber: Nur so bleibt die Sicherheit und wächst der Kontakt zum Publikum.

So könnte eine leicht bearbeitete Seite aussehen:

> Der Standort Deutschland entwickelt sich
> weniger dynamisch als sein Umfeld.
> Ergebnis ist ein offensichtlicher
> Anpassungsstau.
> Den Satz habe ich vor **zehn Jahren** schon
> genauso gesagt wie heute. Und das heißt:
> Wir schaffen es in Deutschland schon seit
> längerem nicht, gegenüber anderen Ländern
> aufzuholen und besser zu werden, sondern
> unser Land fällt relativ zu anderen eher
> weiter zurück.
> **Schlusslicht in Europa** – das ist ja leider
> richtig.
> Nicht, dass wir uns nicht bewegt hätten.
> Aber die anderen bewegen sich eben schneller
> als wir. Das ist ganz sichtbar an den
> **Wachstumsraten**.
> Die lagen in Deutschland in den letzten
> 5 Jahren im Durchschnitt bei **1 %**.

In Asien, in China zum Beispiel bei **8 bis 9 %**:
Auch in **Indien** findet jetzt wieder Wachstum
statt,
das oberhalb **von 5 %** liegt.
Oder die ASEAN-Länder peilen nach
überstandener Krise jetzt wieder
Wachstumsraten an oberhalb von 5 %.
In den **USA** liegt das Wachstum bei **4 bis 5 %**.
Und **die EU-Beitrittsländer**, also Ungarn,
Polen, Tschechische Republik, haben
durchschnittlich 3 %, Polen zum Beispiel 4 %.

Will man den Text* vortragen, nicht vorlesen, dann sind Zahlen für den Redner besser als Worte, also 5 statt fünf, Bilder besser als Worte, also »%« statt Prozent. Das Auge kann diese Zeichen schneller erfassen. Deshalb sind im Straßenverkehr ganz überwiegend Bilder, keine Texte.

■ **Zweiter Schritt: Vom Vortrag zum Rheto*Script*®**

Das übliche Manuskript gibt zwar Sicherheit, behindert aber die für den Erfolg des Redners entscheidende Wirkung:
Den Kontakt zum Publikum.

Auf dem Weg vom Vorlesen zum Vortrag, also beim Üben mit dem Manuskript, stellen Sie fest: An dieser bestimmten Stelle wäre eine Pause hilfreich; hier müssten Sie ein besonderes Wort stärker betonen; da wäre es gut, lauter oder leiser zu werden. Und wann die passende Gestik?

Diese vielfältigen berechtigten Gestaltungen kann sich ein Redner über die Länge des gesamten Manuskriptes nicht auswendig

----

* Rede von Pierer auf der Siemens-HV 2004

merken. Unser Gehirn ist damit beschäftigt, den Text richtig wiederzugeben; es kann sich nicht auch noch die zusätzlichen Anforderungen merken. Auch geübte Schauspieler brauchen dazu ziemlich viel Zeit.

Deshalb brauchen wir die Hilfen im Text, im Manuskript.

Dafür gibt es aber auf einem Computer keine brauchbare Hilfen. Sie können diese Hilfen auch schlecht mit der Hand eintragen; dafür ist meistens nicht genug Platz vorhanden.

▪ Die Partitur

Es gibt aber solche Hilfen, wenn auch nicht für Redner, so doch für Musiker.

Sehen Sie sich das nachfolgende Musikstück an. Genauer: die Noten und die Handlungsangaben, die durch den Komponisten in der Partitur festgelegt sind. Unsere menschliche Stimme ist unser angeborenes Musikinstrument. Musikalität ist uns angeboren, eine genetische Konstante. Es gibt nur ganz wenige Menschen, etwa drei Prozent, die keine musikalische Veranlagung haben:

Wir haben einige der »Regieanweisungen« des Komponisten auf diesem Blatt mit Hand beschrieben. Allein in der ersten Zeile sind es mehr als 13 verschiedene Hilfen:

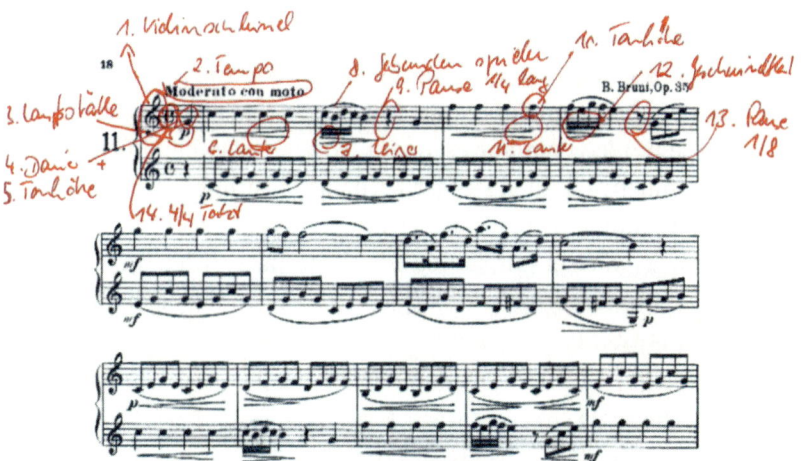

1. Der Violinschlüssel legt fest, in welcher Höhe die Noten zu spielen sind; es gibt verschiedene Notenschlüssel, wie zum Beispiel auch den Bassschlüssel 𝄢 oder den C-Schlüssel 𝄡. Hier wird auch noch die Tonart festgelegt: Wenn nichts notiert ist, gilt: C-Dur oder a-moll, zwei von 30 verschiedenen Tonarten.

2. Das Tempo:»moderato con moto«. Die Musiker kennen mehr als 36 verschiedene Tempoangaben, schon die langsamen Tempi werden achtfach unterschieden, zum Beispiel:

   Grave – schwer, sehr langsam
   Larghissimo – sehr breit, langsamer als Largo
   Largo – breit
   Larghetto – etwas breit, wenig schneller als Largo
   Lento – langsam
   Adagio – langsam, ruhig

   Oder Tempoänderungen:
   - ritardando – langsamer werdend
   - ritenuto – zurückhaltend, zögernd
   - calando – abnehmend an Tempo und Lautstärke
   - meno mosso – weniger bewegt
   - piu mosso – bewegter
   - accelerando – schneller

3. = p piano, die Lautstärke
4. = Dauer des Tones eine Takteinheit, hier 1/4
5. = Höhe des Tones: g
6. = lauter werden
7. = leiser werden
8. = die Noten gebunden spielen
9. = eine Pause, hier 1/4 Takteinheit
10. = Tonhöhe
11. = Takteinteilung, hier 4/4
12. = Geschwindigkeit, hier 16tel = 4x so schnell wie eine Takteinheit
13. = Pause, hier 1/8 Takteinheit
14. = Lautstärke mezzoforte = halblaut
15. = Ton f um einen Halbton erhöhen

In dieser Partitur steht alles im »Text«. Der Komponist hat sein Manuskript so geschrieben, dafür gesorgt, dass bei der Aufführung die Musiker seine Gedanken richtig umsetzen: lauter werden, leiser werden, schneller, höher oder tiefer, Pausen einhalten – kurze Pausen, lange Pausen usw. ... Zu diesen Kompositionsvorgaben notieren sich die Musiker noch eigene Hilfen in der Partitur.

Wie viele Hilfen finden Sie in einem Redemanuskript?

Meist gar keine; eventuell den Fettdruck von Wörtern.

Dieser Verzicht auf Redehilfen unterstellt, dass ein Redner während der Rede sich selbst helfen kann. Die Erfahrung beweist das Gegenteil. Es ist kein Zufall, dass die Musiker so viele Hilfen entwickelt haben. Auch sie brauchen die Erinnerungsstützen, obwohl Musiker ihre Stücke vor der Aufführung viel häufiger proben als Redner ihre Texte. Es ist auch kein Zufall, dass Schauspieler ihre Texte fast auswendig können, weil sie sich dann ganz auf die Darbietung, auf das Spielen, auf den Ausdruck konzentrieren können.

■ Das Rheto*Script*®

Redner sind keine Schauspieler – das ist auch gut so. Aber gerade deshalb brauchen sie Handlungshilfen im Text.

Dieses Manuskript für die Musiker, die *Partitur*, ist das richtige Vorbild dafür, wie ein redegeeignetes Manuskript aussehen könnte. Statt der Noten stehen Worte. Wir bezeichnen eine solche für die Rede geeignete Partitur als Rheto*Script*®, also ein für den Redner (= Rhetor) geeignetes Manuskript. Der Redner ist so in der gleichen Position wie die Musiker; er weiß immer genau, was zu tun ist, ebenso wie ein Dirigent. Der Unterschied zum Dirigenten besteht meistens darin, dass der Redner seine eigene Komposition aufführt, wenn ihm die Reden nicht gerade von seinem Redenschreiber präsentiert werden. Der Redner braucht auch längst nicht so viele Hilfen wie die Musiker, aber ohne Hilfen geht es auch nicht.

Wir haben für ein solches Rheto*Script*® Hilfen erarbeitet, die mit dem Computer in den Text eingebaut werden können. Sehen Sie selbst:

Zunächst ein Manuskript aus einer Rede des Ministerpräsidenten Prof. Dr. Milbradt:

Herr Präsident,

meine sehr geehrten Damen und Herren!

Die Wiedervereinigung ist ein großes Geschenk, ...

Als ich in Münster Finanzdezernent war und in der Verwaltung Computer einführen wollte, bin ich durch den Widerstand der Mitarbeiter gebremst worden. Für die Gewerkschaften war der Computer damals eine Gefahr für die Arbeitsplätze. Im Finanzministerium in Dresden dagegen war es völlig anders. Die Mitarbeiter wollten neue technische Verfahren lernen und anwenden: Sie sahen die Informationstechnologie als Chance für ihre Zukunft, nicht als Gefahr oder Zumutung. Sie hatten gesehen, wohin technische Rückständigkeit in Wirtschaft und Gesellschaft führte.

Der Schwerpunkt Technik und Naturwissenschaften im Bildungssystem der alten DDR, den wir zum Glück auch in das Schulsystem der Nachwendezeit hinübergerettet haben, war ein weiterer Grund für eine grundsätzliche Technikoffenheit, die man bis heute bei allen einschlägigen Umfragen feststellen kann, während im Westen eine stärkere Technikskepsis bis Technikfeindlichkeit wesentliche Teile der Gesellschaft prägen, oft sogar die Eliten.

Diese Begeisterung und Offenheit der Wende- und ersten Nachwendejahre hat weit getragen. Wir haben in kurzer Zeit eine große Aufbauleistung vollbracht, bei der uns die Westdeutschen mit großer Solidarität unterstützt haben. Dafür ist Sachsen noch heute dankbar.

Aber es war uns nur in engen Grenzen, oder besser, in zu engen Grenzen, möglich, neue Wege zu gehen. Bis heute wird es gelegentlich nicht gern gesehen, wenn wir mit dem Geld des westdeutschen Steuerzahlers etwas aufbauen, das anders als im Westen ist, das gängigen Vorstellungen im Westen widerspricht und oft den besonderen Verhältnissen im Osten besser entspricht und so besser funktioniert.

Zum Beispiel wurde nach 1990 oft kritisiert, dass ostdeutsche Länder und Gemeinden Geld aus den finanziellen Unterstützungen aus dem Westen für flächendeckende Kinderbetreuung ausgeben, obwohl westdeutsche Gebietskörperschaften selber wesentlich weniger dafür ausgeben. Eine andere Kritik war, dass die Ostdeutschen Bürger zweiter Klasse sind, wenn die ostdeutschen Regeln anders und dann (zum Beispiel im Planungsrecht) schneller und effizienter sind, weil dann der Osten an den westdeutschen Errungenschaften insbesondere in Folge von 1968 nicht teilhat.

Jetzt das bearbeitete Rheto*Script*®:

Herr Präsident,
meine sehr geehrten Damen und Herren!

Die Wiedervereinigung ist ein großes
Geschenk ...

❚ .

Als ich in Münster Finanzdezernent war,
wollte ich in der Verwaltung Computer
einführen. Ich bin durch den Widerstand der
Mitarbeiter gebremst worden. Für die
Gewerkschaften war der Computer damals
eine Gefahr für die Arbeitsplätze.

Im Finanzministerium in Dresden dagegen
war es völlig anders. ‖

Die Mitarbeiter wollten neue technische
Verfahren lernen und anwenden:

Sie sahen die Informationstechnologie als
Chance für ihre Zukunft, nicht als Gefahr
oder Zumutung.

Chance

Sie hatten gesehen, wohin
technische Rückständigkeit in
Wirtschaft und Gesellschaft führte.

Den Schwerpunkt Technik und
Naturwissenschaften im Bildungssystem
der alten DDR konnten wir auch in das
Schulsystem der Nachwendezeit
hinüberretten.

‖   Das war unser Glück!

Das war ein weiterer Grund für eine
grundsätzliche Technik-Offenheit.

Wir können sie noch heute bei allen
einschlägigen Umfragen feststellen.

Ganz anders im Westen: ‖

Hier prägt eine stärkere

Technikskepsis

Technikskepsis bis Technikfeindlichkeit
wesentliche Teile der Gesellschaft, oft
sogar die Eliten.

Diese Begeisterung und Offenheit der
Wende- und ersten Nachwendejahre hat weit

getragen.

Wir haben in kurzer Zeit eine große
Aufbauleistung vollbracht, bei der uns die
Westdeutschen mit großer Solidarität
unterstützt haben.

Dafür ist Sachsen noch heute dankbar.

Aber es war uns nur in engen Grenzen, oder
besser, in zu engen Grenzen,
möglich, < neue Wege zu gehen.
Bis heute wird es gelegentlich nicht gern
gesehen, wenn wir mit dem Geld des
westdeutschen Steuerzahlers etwas
aufbauen, das

– ↗ anders als im Westen ist, das
– ↘ gängigen Vorstellungen im Westen
    widerspricht und das
– oft den besonderen Verhältnissen im
    Osten besser entspricht und so < besser
    funktioniert.

So wurde nach 1990 oft kritisiert, dass
ostdeutsche Länder und Gemeinden Geld für   Geld
flächendeckende Kinderbetreuung ausgeben:
Geld aus finanziellen Unterstützungen des
Westens, obwohl westdeutsche

Gebietskörperschaften selber wesentlich weniger dafür ausgeben.

So wurde nach 1990 oft kritisiert, dass die Ostdeutschen – Bürger zweiter Klasse sind: wenn zum Beispiel die ostdeutschen Regeln anders und dann (zum Beispiel im Planungsrecht) schneller und effizienter sind.

Es wird behauptet, dass der Osten deshalb von den westdeutschen Errungenschaften wie der besonders demokratischen Teilhabe am Planungsprozess nicht profitiert. Diese Teilhabe war ja eine besondere in Folge von 1968 ...

nicht profitiert

So dicht wie in diesem Beispiel werden die Hilfen in der Regel nicht erforderlich sein. So zeigt sich aber: Der Text hilft Ihnen während der Rede. Sie wissen:

 Beginnen Sie mit einem Lächeln, achten Sie auf die Zeit, notieren Sie den Beginn oder das versprochene Ende der Rede. Trauen Sie nicht Ihrem Gedächtnis mit einem kurzen Blick auf die Uhr. Das genügt nicht. So merken Sie sich die Anfangszeit nicht. Unser Gehirn ist ja damit ausgelastet, sich auf die Rede zu konzentrieren. Es vergisst diesen kurzen Blick ... genauer: Dieser Blick wurde gar nicht im Gedächtnis gespeichert.

Daher: Anfangszeit oder Endzeit notieren.

Gerade bei der FreiRede ist die Gefahr sehr groß, viel zu lange zu sprechen. So wird die beste Rede schlechter, sehr viel schlechter, weil die Erwartungshaltung der Zuhörer über die Länge der

Rede umso stärker enttäuscht wird, je weiter die Zeit überzogen wird.

Schauen Sie Ihr Publikum an; haben die Zuschauer Kontakt zu Ihnen? Erst wenn alle konzentriert auf Sie sind, beginnt Ihre Rede. Mit Ihrem Blick fordern Sie die Zuschauer heraus, sich auf Sie zu konzentrieren. Wenn die Zuschauer konzentriert sind, wirkt dies auf Sie zurück. Diese Wechselwirkung (Spiegelwirkung) ist bewiesen. Es sind die Spiegelneurone im Gehirn, die uns das Nachahmen aufzwingen (vgl. Kapitel 3).

‖   bedeutet: Mach eine Pause; mit einer Zahl; zum Beispiel 4 dahinter: zähle innerlich bis 4, erst dann weitersprechen.

Die meisten Redner scheuen Pausen, füllen die Pausen mit »äh ...« und »meine Damen und Herren« und Ähnlichem. Damit erreichen sie das Gegenteil. Die Zuschauer gewinnen so den Eindruck, dass der Redner nicht weiterweiß.

hier passt Lächeln gar nicht

hier hilft ein Lächeln

Steh gerade hinter dem Pult oder neben dem Pult, das ergibt die konzentrierte Wirkung. Das ist eine Grundhaltung, die Ihnen und Ihren Zuschauern weiterhilft.

↗ gehe mit der Stimme nach oben

< ... werde lauter

Chance Dieses Schlüsselwort mit roter Farbe an den Rand: daran können Sie sich orientieren, wenn Sie FreiReden ...

Solche Hilfen können Sie nach Bedarf selbst entwickeln, Sie können auch die von uns entwickelten Zeichen benutzen.* Zusätzlich

------

*   www.task-akademie.de

zu diesen Zeichen, die die Stimmführung betreffen, ist es für den Redner auch wichtig, die Hilfen für seinen Umgang mit dem Publikum zu sehen. Wir verwenden dabei Bilder, keine Worte, weil Bilder während der Rede schneller erkannt werden.

Wir unterscheiden durch die Stellung und die Farben:

Rote Markierungen sind ausschließlich dem gedanklichen Leitfaden der Rede vorbehalten. Als Stichwort für die FreiRede stehen sie gelegentlich auch am Rand.

Grüne Hilfen dienen der Stimmführung. Die Bilder im Text oder am Rand zeigen Handlungshilfen für die wirksame Rede.

Sie können eine Auswahl der Zeichen verwenden, die in der Musik seit Jahrhunderten gebräuchlich sind. Unsere Notenschrift ist eine junge Erfindung; ihre heutige Ausformung hat sie vor rund 200 Jahren erhalten. Zehntausende von Jahren haben unsere Ahnen Musik nur durch Singen und Spielen in dem Gedächtnis ihrer Kinder verankert.

Zeichen	Name	Bedeutung	Ausführung
/	Virga	„Stöckchen"	•
•	Punctum	„Punkt"	•
 ↲	Pes oder Podatus	„Fuß"	╭•
�	Clivis	von clivus = „Hügel"	⌐•
 ⌯	Torculus	„Presse" oder „Kurbel" (der Pr.)	 ⌢••
 ⌒	Porrectus	von porrigere = „strecken" oder „ausstrecken"	 ⌢••
 ⁄:	Climacus	von climacis = „Höhepunkt" o. „kleine Treppe"	 ⌐••
⁄	Scandius	von scandere = „klettern"	╭••

Mit diesen »Neumen« wurde der Gesang bestimmt.

Erst die Mönche im Abendland haben damit begonnen, Musikhilfen zu entwickeln. Sie konnten so die Tonhöhen und die Dauer der Noten überliefern. Im Mittelalter haben sie diese »Neumen« oft nur über den Text geschrieben.

Sie haben lediglich Hinweise gegeben, ob ein Ton höher oder tiefer, lange oder kurz gesungen werden sollte. So sind große Teile der Gregorianischen Gesänge notiert worden. Erst um das Jahr 1000 hat der

Mönch Guido von Arezzo die fünf Linien entwickelt, die die Basis unserer heutigen Notenschrift darstellen.

Die Vielfalt der heutigen Notenschrift für eine Partitur ist mehr, als wir Redner benötigen. Die Ideen der Mönche, Schrift und Hilfen zu verbinden, ist aber noch heute gültig. Unser Rheto*Script*® nimmt diese Idee auf.

Beachten Sie dabei: Kurze Sätze helfen Ihnen und Ihren Zuschauern. Vor wichtigen Wörtern muss eine Pause darauf aufmerksam machen:

Jetzt kommt etwas Wichtiges.

Nach dem Wort wieder eine kurze Pause:

Das war etwas Wichtiges!

Zentrale Schlüsselbegriffe müssen wiederholt werden, damit sie sich einprägen. Es ist kein Zufall, dass Musikschlager von der Wiederholung leben.

■ Rheto*Script*® → Noti*Script* → Libero*Script*

Wenn Sie nur noch mit Stichwörtern reden wollen, verkürzt sich das Rheto*Script*® zum Noti*Script*. Sie notieren sich nur noch die Stichpunkte, also die Hauptwörter und die dazugehörigen Verben. Dann können sie einen Satz sicher zu Ende bringen. Dabei werden die Redehilfen notiert wie beim Rheto*Script*®. Wenn Sie mit Karteikarten arbeiten wollen, empfehlen wir das DIN-A5-Querformat. Das Papier sollte steifer sein als normales Schreibpapier. Wie dicht Sie die Notizen gestalten, hängt vom jeweiligen Fall ab.

Hier ein Beispiel:

Syrienpolitik   ...   gescheitert

Haushalt   ...   ! nicht belastet

---

2   **2**

Ehrlichkeit   ...   **II - 3** entscheidet

Nur Freiheit ...   zählt

---

3   **3**

2 Aufgaben   ...   abarbeiten

1. Armut **>**   ...   beseitigen

2. Ausbildung   ...   verstärken

Wenn Sie im letzten Schritt auch noch auf das Noti*Script* verzichten wollen, sich also ganz der FreiRede anvertrauen, ist das wunderbar, unser Ziel. Berücksichtigen Sie dabei aber: Sie sind kein gelernter Schauspieler, und Sie haben kein Zeitgefühl. Wenn Ihr Gehirn mit Ihren kreativen Gedanken beschäftigt ist, kann es nicht auch noch auf die lästigen Rederegeln Rücksicht nehmen.

Daher haben wir für diesen Fall eine A6-Karte entwickelt, das Libero*Script*. Es wird individuell auf Ihre persönlichen Redesituationen zugeschnitten:

Vorderseite:

Rückseite:

Beginn der Rede notieren, nicht nur merken! Das vergessen Sie während Ihres Vortrags.

Nehmen Sie mit dem gesamten Publikum in Ruhe Blickkontakt auf. Immer wieder. Lassen Sie den Blick wandern, aber mit dem gesamten Kopf!

Vermeiden Sie die dauernde Wiederholung der Floskel meine „sehr geehrten Damen und Herren".

Stehen Sie gerade und auf beiden Beinen. Lassen Sie sich nicht von einem zu niedrigen Pult beeinträchtigen.
Nicht bei jedem Anlass die Hände in die Hosentasche stecken.

Kurze Sätze formulieren!

Danach die Stimme senken, schlucken. Das entspannt das Publikum, Ihren Kehlkopf – und schont Ihre Stimme

Stimme verändern/modulieren. Fragen? Aufrufe! Erlebnisse. Die rechte Gehirnhälfte anklingen lassen. Sprechen ist Musik!

Wer ohne Pausen redet, gibt dem Publikum keine Chance zum Nachdenken, zum Erholen. Durch die Pause entsteht die Dynamik!
Länge: Pause / Sekundenanzahl

In letzter Konsequenz brauchen Sie bei der FreiRede dann nur noch diese Hilfen, mit denen Ihre wichtigsten rednerischen Unterstützungen optisch dargestellt sind. Es empfiehlt sich, dieses Libero*Script* in A6- oder A5-Größe mehrfach auszudrucken und zu laminieren. So können Sie es jederzeit mitnehmen und auf dem Pult als Handlungshilfe ablegen.

▪ Vom Noti*Script* zum Libero*Script*

Es ist schon erstaunlich, wie deutsche Redner in Wirtschaft und Politik mit der Vorbereitung des Manuskriptes umgehen.

Keiner hat wirklich brauchbare Hilfen in seinem Manuskript. Kein Wunder, dass die meisten Reden unserer Kapitäne in Wirtschaft oder Politik so langweilig, so wenig zündend sind.

1. Bundespräsident Köhler

Hier nun die Rede des damaligen Bundespräsidenten Dr. Horst Köhler anlässlich seiner Wiederwahl am 23. Mai 2009.*

Er zieht ein mehrfach gefaltetes Manuskript aus der Tasche und ist während seiner vierminütigen Rede damit beschäftigt, sein Manuskript zu ordnen, zu glätten, lesbar zu falten. Diese Beschäftigung verhindert selbstredend eine volle Konzentration auf seine Zuschauer – und das bei der Rede, bei der er wahrscheinlich die meisten Zuschauer während seiner ganzen Amtszeit hatte. Es ist schon erstaunlich, dass unser höchster Repräsentant dem Kontakt mit seinem Publikum so wenig Aufmerksamkeit schenkt.

So der Text seiner Rede auszugsweise:

»Die Bundesversammlung hat heute die Wahl gehabt, und sie hat entschieden.

Ich danke herzlich allen, die mich gewählt haben.

Ich bekunde meinen Respekt den demokratischen Mitbewerbern und deren Wählern.

Unser Land steht mitten in einer Krise, die die ganze Welt erfasst hat. Wir haben viel Arbeit vor uns. Aber wir werden es schaffen. Überall in Deutschland gibt es Ideen und Tatkraft. Und in der Tat, eines Tages werden wir sagen: Wir haben viel gelernt in dieser Zeit.

Meine Damen und Herren, dies Land ist stark.

Das haben mir die Bürgerinnen und Bürger in den vergangenen fünf

---

*   www.task-akademie.de

Jahren gezeigt. Ich bin sehr dankbar für diese Erfahrung. Sie kann uns allen Mut machen.

Wir wollen uns dieser Stärke bewusst sein und sie für die Kraft unserer Gemeinschaft nutzen. In unserer Demokratie zählt jede Stimme. Doch zur Erfüllung gehört auch das Gefühl: Jeder wird gebraucht. Demokratie, das sind wir alle. Und jeder soll erfahren, dass es auf ihn ankommt. Dafür zu arbeiten, das soll unsere Aufgabe sein. Dem fühle ich mich besonders verpflichtet.

Arbeit, Bildung, Integration: Das sind die Felder, auf denen wir vorankommen müssen. In unserer Gesellschaft gibt es immer weniger junge Menschen und mehr ältere. Wir wollen Erfahrung und Neugier zusammenbringen. Es stecken viele Chancen in einem kreativen Miteinander von Alt und Jung.

Ich finde, wir sind auch wacher geworden für die Welt. Für unsere Möglichkeiten. Und für unsere Verantwortung darin.«

So hätte ihm dieser Redetext als Rheto*Script*® geholfen.

Die Bundesversammlung hat heute die Wahl
gehabt, und sie hat entschieden.

Ich danke herzlich allen, die mich gewählt haben.   II

Ich bekunde meinen Respekt den
demokratischen Mitbewerbern und deren
Wählern.

Unser Land steht mitten in einer Krise,
die die ganze Welt erfasst hat.

Wir haben viel Arbeit vor uns.   viel Arbeit
Aber wir werden es schaffen. Überall in
Deutschland gibt es Ideen und Tatkraft.
Und in der Tat, eines Tages werden wir
sagen:
Wir haben viel gelernt in dieser Zeit.

Meine Damen und Herren, dies Land ist stark. ❙❙

Das haben mir die Bürgerinnen und Bürger in
den vergangenen fünf Jahren gezeigt.
Ich bin sehr dankbar für diese Erfahrung.
Sie kann uns allen Mut machen.

Wir wollen uns dieser Stärke bewusst sein
und sie für die Kraft unserer Gemeinschaft
nutzen.
In unserer Demokratie zählt jede Stimme.

Doch zur Erfüllung gehört auch das Gefühl:
Jeder wird gebraucht.
Demokratie, das sind wir alle.
Und jeder soll erfahren, dass es auf ihn   auf ihn
ankommt.
Dafür zu arbeiten, das soll unsere Aufgabe sein.
Dem fühle ich mich besonders verpflichtet.

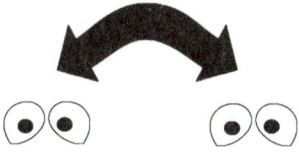

Arbeit, Bildung, Integration: Das sind die Felder,
auf denen wir vorankommen müssen.

In unserer Gesellschaft gibt es immer weniger
junge Menschen und mehr ältere. Wir wollen
Erfahrung und Neugier zusammenbringen. Es
stecken viele Chancen in einem kreativen
Miteinander von Alt und Jung.

Ich finde, wir sind auch
wacher geworden für die Welt.
Für unsere Möglichkeiten.
Und für unsere Verantwortung darin.

Wir wollen uns für eine menschliche
Globalisierung mit verlässlichen Regeln
einsetzen und für eine
umweltgerechte Weltwirtschaft. Damit werden
wir uns Arbeit, Wohlstand und Lebensqualität
schaffen und bewahren.

Helfen wir auch mit,
Antworten auf die globale soziale Frage zu
finden.

Wir werden sehen: ‖
Wir können dazu beitragen, dass mehr
Gerechtigkeit
in die Welt kommt.
Und das wird auch uns dienen.   ‖

Bewahren, was wertvoll ist; verändern, was
notwendig ist:

Dabei möchte ich helfen.

Wissen Sie: Je älter ich werde, desto neugieriger werde ich.

Ich freue mich auf die kommenden fünf Jahre, und ich verspreche Ihnen, liebe Landsleute: Ich werde weiter mein Bestes geben.

Und Dir, Eva, möchte ich Danke sagen. Jede Stunde ist ein Geschenk mit dir.

Gott halte seine Hand schützend über uns alle und unsere gemeinsame Welt. **ǀǀ**

FREI

Gott segne unser Deutschland.

Prüfen Sie seine Weihnachtsansprache 2009. Statisch sitzt er hinter dem Schreibtisch. Wie kann er damit seine Zuschauer bewegen? Gar nicht! Wie kann er damit Emotionen erzeugen, übermitteln? Gar nicht!

Sehen Sie sich dazu auch die Neujahrsansprache unserer Bundeskanzlerin an!*

2. Bundespräsident Wulff

Zunächst hat sich der Nachfolger Bundespräsident Wulff bei seiner Wahl ganz ähnlich verhalten. Bei seinem Dank hat auch er ein Ma-

---

*   www.task-akademie.de

nuskript verwendet, mit dem er während der Rede gekämpft hat, statt dass ihm dieses Manuskript geholfen hätte.

Ganz anders danach derselbe Bundespräsident bei seiner Weihnachtsansprache 2010: locker, ohne Manuskript in der Hand das ihn behindert hätte, stattdessen mit einem Teleprompter, der ihm sehr viel mehr Freiheit gab*.

Die Zeitungen haben diesen neuen Stil begrüßt. Die *Süddeutsche Zeitung* am 24. Dezember 2010:

Weihnachtsansprache einmal anders: Statt vom Schreibtisch starr in die Kamera zu blicken, spricht Bundespräsident Christian Wulff stehend und im Beisein von Gästen. Er ruft die Deutschen zum Zusammenhalt auf.

Sogar das Fernsehen hat darauf betont verwiesen. Diese Weihnachtsansprache hatte mehr Zuschauer als je zuvor.

Sie sehen: Wenn Sie erfolgreich reden wollen, insbesondere auf dem Weg zur FreiRede, dann müssen Sie sich selbst helfen. Das ist nicht schwer, erfordert aber einige Zeit. Sie müssen überlegen, wie Sie welches Wort wann betonen, wie Sie mit der Stimme arbeiten. Das geht mit Selbstkontrolle oder der Hilfe durch Dritte, die Sie verbessern.

Wir geben zu: Ohne Arbeit wird es Ihnen nicht gelingen. Aber wir haben nie behauptet, dass der Weg zur FreiRede ohne Aufwand beschritten werden kann.

Mit dem Rheto*Script*®, dem Noti*Script* und dem Libero*Script* verfügen Sie über zuverlässige Instrumente, die Sie auf Ihrem Weg zur FreiRede begleiten. Sie behalten die Sicherheit Ihrer Vorbereitung. Sie finden dennoch den Vertrauensweg zu Ihren Zuschauern – und das ist schließlich entscheidend.

....

*   www.task-akademie.de

◼ Über Perfekt und Imperfekt in der Rede

Wenn wir in diesem Buch in der Vergangenheit gestöbert haben, ist das meist im »Perfekt« geschehen. Streng genommen ist das ein Verstoß gegen die üblichen Stilkriterien. »Nicht literarisches Schriftdeutsch«, zu dem dieses Buch gezählt wird, muss für die Vergangenheit das Imperfekt benutzen; so die Regel. Im Gegensatz zu anderen germanischen Sprachen wie Englisch, Schwedisch oder Isländisch hat das Deutsche drei verschiedene Zeitformen für die Vergangenheit. Im gesprochenen Deutsch Perfekt, im »nicht literarischen Schriftdeutsch« Imperfekt, und im literarischen Deutsch wird im Präteritum, also im Imperfekt, erzählt, es ist aber dort keine Vergangenheitszeit, sondern die Gegenwart. Vergangenheit wird im literarischen Deutsch im »Plusquamperfekt« geschildert. Also:

»Die Bundeskanzlerin Merkel hat die Entscheidung des Bundesverfassungsgerichtes zum GSM begrüßt« – das ist gesprochenes Deutsch.

»Die Bundeskanzlerin Merkel begrüßte die Entscheidung des Bundesverfassungsgerichtes zum GSM« – ist »nicht literarisches Schriftdeutsch«. In der Literatur würde es dann in etwa so erzählt:

»Nachdem die Bundeskanzlerin Merkel die Entscheidung des Bundesverfassungsgerichtes zum GSM begrüßt hatte, ging sie zum Tagesgeschäft über.«

Die professionellen Redenschreiber benutzen bei ihren Entwürfen in der Regel das nicht literarische Schriftdeutsch, das Imperfekt. Das ist ein Widerspruch zu ihrer Aufgabe. Sie schreiben ja eine Rede, in der Rede müsste aber dann das Perfekt tatsächlich benutzt werden. Sie sehen das besonders deutlich an dem Redeentwurf des früheren Ministerpräsidenten Milbradt. Anders der Redeentwurf von Kurt Biedenkopf, der diese Feinheiten kennt und deshalb schon das Perfekt benutzt (vgl. Seite 143).

Benutzen Sie daher schon in Ihrem Redeentwurf das Perfekt als Erzählform der Vergangenheit. Das klingt im schriftlichen Deutsch oftmals nicht so elegant. Es entspricht aber unserer Redehaltung.

Gerade weil Reden von den professionellen Schreibern häufig auch für die spätere Veröffentlichung formuliert werden, wird das Imperfekt benutzt. Dann kann die Rede ohne Änderungen veröffentlicht werden. Das ist zwar eine organisatorische Hilfe und spart Geld. Es irritiert aber den Redner und passt nicht auf den üblichen Redestil. In ganz Deutschland hat sich der süddeutsche Redestil durchgesetzt, der im gesprochenen Deutsch das Perfekt für die Vergangenheit benutzt. Im Übrigen ist das Präsenz, also die Gegenwart, der richtige Redestil. Auch wenn Sie Aristoteles zitieren, der doch immerhin mehr als 2000 Jahre tot ist, können Sie das im Präsenz bringen. Schließlich berichten Sie über einen Denker, der noch heute großen Einfluss ausübt.

Die einfache Gedächtnishilfe: Wer völlig frei spricht, ohne Noti*Script*, ohne handgeschriebene Stichwortzettel, wird ganz besonders anerkannt. Der frühere Ministerpräsident aus Baden-Württemberg, Günther Oettinger, und heutiger EU-Kommissar für Energie, gehört zu diesen Rednern. Das Entscheidende für diese »Spitzenleistung« in der Rhetorik ist ein Gedächtnissystem, mit dem sich der Redner die Reihenfolge seiner Gliederungspunkte auch ohne schriftliche Notizen merken kann.

Zu diesem Aufgabenbereich Gedächtnistraining gibt es viele Trainingsbücher und verschiedenartige Ansätze, die alle auf das Gleiche hinauslaufen: Das Wissen wird an Bilder angebunden. So gibt es Gedächtniskünstler, die sich 30 oder 40 Gegenstände merken können, weil sie sehr schnell diese Gegenstände in Verbindung bringen beispielsweise mit Gegenständen in einem ihnen vertrauten Zimmer. Andere binden ihre Gedächtnisleistungen an Einzelheiten eines Fahrrades, eines Auto und an die verschiedenen Details in einer Wohnung. Wir haben die besten Erfahrungen gemacht mit einem System, das es erlaubt, Ziffern in ganz beliebige Bilder umzusetzen. Im ersten Augenblick liest sich das etwas umständlich. Die Erfahrung hat aber bewiesen: So werden ein-eindeutige, also unverwechselbare Bilder geschaffen, die ein Aufbausystem sichern. Wenn Sie also 20 Gliederungspunkte haben, können Sie sich diese Punkte anhand der Bilderabfolge, gebunden an die Zahlen, ein-eindeutig und zuverlässig merken.

Vorab ein Beispiel: Wissen Sie sicher, wie viel Liter ein Barrelfass aufnehmen kann? Wir möchten jetzt nicht behaupten, dass das eine besonders wichtige Gedächtnisleistung ist, es ist aber ein gutes Beispiel. Unsere vielfachen Fragen haben ergeben, dass diese Zahlen sehr schwanken von 120 Liter bis zu 250 Liter. Tatsächlich sind es ziemlich genau 159 Liter. Das kann man sich mit dem nachfolgenden System ein für alle Mal merken, und zwar ein-eindeutig, also unverwechselbar. Wir haben mit dem nachfolgenden System die Zahl 159 umgesetzt in das Wort Toskana und seitdem das Bild vor Augen, wie ein Barrel des von uns sehr geschätzten Rotweines aus der Toskana angeliefert wird.

Im Detail:

Den Ziffern 1 bis 0 werden Konsonanten zugeordnet, nur Konsonanten, **keine Vokale**; die Vokale brauchen wir für die leichte Wortbildung. Das können Sie sich in wenigen Minuten ein für alle Mal merken, weil die Zuordnungen sehr einfach sind, meist äußerlich ähnlich oder ähnlich klingend:

1 = t, d, td, th (1 und t sehr ähnlich; t und d vielerorts gleich gesprochen)

2 = n oder x (Beide haben zwei »Beine«)

3 = m, w (Beide Buchstaben haben drei »Beine«)

4 = r, rh, q (Das große R ist der 4 ähnlich)

5 = s, st, sch, sh (5 und S recht ähnlich)

6 = b, p, ph – wenn wie p gesprochen (6 und b ähnlich)

7 = f, v, ver, vor, ph – wenn wie f gesprochen (7 und f ähnlich)

8 = h, ch (Das H ist der 8 ähnlich)

9 = g, k, ck (9 ist g ähnlich)

0 = l, z, tz (Null)

Mit dieser Zuordnung können Sie mit den Konsonanten und den Vokalen Bilder malen, die Sie den Zahlen entsprechend zuordnen können. Wir benutzen meist nur die ersten drei Konsonanten eines Wortes.

Nochmals das Barrel:

Für die Zahl 1 = t, d, td, th, 5 = s, st, sch, sh und 9 = g, k, ck.

Mit diesen Konsonantenkombinationen bieten sich ganz verschiedene Möglichkeiten an: t, s, k, wie beispielsweise **Tosk**a oder eben Toskana. Sie können auch **Taschk**ent nehmen und an das Öl denken oder mit d, sch, g das **Duschg**el im Barrel kaufen; in der Menge sicher sehr viel billiger.

Sie können aus dieser Kombination beliebige Bilder formen, die Sie ganz leicht in Ihrem Gedächtnis speichern können. Bedenken Sie: Die meisten Menschen haben kein angeborenes Zahlengedächtnis.

Sie können jetzt Ihre Punkte für die FreiRede in der richtigen Reihenfolge gliedern und mit Ziffern versehen. Diese Ziffern werden dann in ein Bild umgewandelt, das sich mit dem Gliederungspunkt verbindet. Sie können sich für die ersten 20 Zahlen eigene feste Bilder merken und das beliebig ausdehnen. Solange bei uns zu Hause Memory ein begehrtes Spiel war, hatte ich die Zahlen von 1 bis 100 auswendig im Kopf. Das Memory war dann immer so ausgelegt, dass es 10 Zehnerreihen waren. Da war dann die Zuordnung ganz leicht, wenn eine Bildkarte in der vierten Reihe an der vierten Position war, hatte sie bei mir die Nummer 44. Das war für mich das Merkwort »Quere«. Oder ein Bild auf der Position 57 das Merkwort »Sofa«. Auf diese Weise konnte ich mit unseren Söhnen und ihren Freunden ganz gut mithalten.

Für die Zahlen 1 bis 20 (und auch bis 100) haben wir folgende Bilder:

0 = Leo

1 = Auto

2 = Neu

3 = Mai

4 = Reue

5 = Asche

6 = Bau

7 = Eva
8 = Heu
9 = Auge
10 = Tal
11 = Diät
12 = Ton
13 = Atom
14 = Tor
15 = Dusche
16 = Taube
17 = Taufe
18 = Dach
19 = Tag
20 = Nil

Mit diesen oder ähnlichen Worten, die Sie sich selbst zusammen-stellen, haben Sie ein sehr bewegliches Schema, weil Sie die Ziffern mit den Konsonanten immer mit neuen Bildern verbinden können, oder Sie beziehen sich auf Ihre fixen Bilder und arbeiten überwiegend damit. Dieses System ist, gerade weil es so flexibel ist, auch besonders gut geeignet, sich Zahlen oder auch Zahlenformeln zu merken, die sonst allzu leicht verloren gehen. Der große Vorteil ist, dass Sie aus dem sicher gespeicherten Bild die Zahlen immer ebenso eindeutig und unverwechselbar rekonstruieren können.

Wissen Sie, wann Cäsar ermordet wurde? Es war im Jahr 44 v. Chr.

44 = q, r
 = Quere

Sie können sich dann das Bild merken: Im Jahre 44 kam Brutus (sein Ziehsohn und einer der Mörder) Cäsar in die Quere.

Gerade wenn man sich kurzfristig verschiedene Zahlen merken muss, die auf keinen Fall verwechselt werden sollen, hilft dieses System. In der Schule war einmal Napoleon Hauptthema für eine Schulaufgabe, die natürlich ohne Hilfsmittel geschrieben werden musste. Einige wichtige Zahlen haben dann unter anderem folgende Bilder ergeben:

1769: Das Geburtsjahr von Napoleon. Die 17 konnte gestrichen werden. Das Geburtsjahrhundert Napoleons war klar. Es ging also nur um die Zahl 69. Das ergab dann das Wort »Paket« mit dem Bild: Napoleon wurde als **Pak**et in Korsika geliefert.

1799 wird Napoleon erster Konsul. Ursprünglich sollte es ein Triumvirat sein, Napoleon hat das erste Konsulat an sich gerissen. Die Zahl 17 können wir uns schenken. Für die Zahl 99 finden wir das Wort **keck**. Daher das Memo:

Keck wird Napoleon erster Konsul.

1804 krönt sich Napoleon am 2. Dezember zum Kaiser, verliert 1805 die Seeschlacht gegen England bei Trafalgar und gewinnt in Austerlitz gegen Österreich. 18 kann man sich wieder sparen, also bleibt das Jahr 04 bzw. 05. Für 04 passt das Wort **lau**ern. 05 erlaubt **listig**. Wir sind auf den Satz gestoßen:

Europa **lauert** auf den neuen Kaiser Napoleon; listig besiegt ihn Nelson bei Trafalgar, er gewinnt bei Austerlitz und schließt in Pressburg Frieden. Sie können dieses Bild noch lustiger gestalten, wenn Sie sich vorstellen, wie Napoleon erst ins Wasser fällt, dann Austernpilze verspeist und zum Abschluss Pressburger Würste genießt.

Im Jahre 1806 war die Schlacht von Jena und Auerstedt. Bayern und Sachsen waren damals auf der Seite von Napoleon (und wurden dafür Königreiche). 18 wieder streichen, 06 = **Lob**. Unser Satz:

Napoleon **lob**t die Bayern und die Sachsen nach Jena und Auerstedt und macht sie zu Königreichen.

1810: Unter Napoleon wird Andreas Hofer in Tirol erschossen. 10 = Tal. Der Satz:

In den **Täl**ern Tirols lässt Napoleon Hofer hinrichten.

1812: Der Rückzug aus Russland. 12 = Ton. Der Satz:

Ein schriller **Ton**: Rückzug aus Russland.

1813: Völkerschlacht bei Leipzig. 13 = Atom. Daher der Satz:

Atomisiert wird Napoleon in der Völkerschlacht von Leipzig.

1814: Abdankung, Wiener Kongress. 14 = Tor. Der Satz:

Als **Tor** dankt Napoleon ab; der Wiener Kongress freut sich.

1815: Schlacht bei Waterloo, Napoleon verliert endgültig. 15 = Dusche. Daher der Satz:

Eine endgültige **Dusch**e verpassen Wellington und Blücher Napoleon bei Waterloo.

1821: Napoleon stirbt. 21 = Not. Daher der Satz:

Seine **Not** hat ein Ende auf Helena.

Das sind alles mögliche Bilder, die jeder nach eigenem Gusto selbst gestalten kann oder sie in ein großes Bild einbaut. Eines ist aber auf jeden Fall sicher: Auch diese Bilder sind ein-eindeutig, lassen keinen Zweifel zu und geben vollständige Sicherheit bei ihrer Verwendung. Dieses System, das Sie in Ihrer Rede verwenden können, um sich die Gliederung zu merken, können Sie auch für alle anderen Zahlen oder auch für mathematische Formeln einsetzen. Zwei letzte geschichtliche Hinweise:

Wann war die Schlacht auf dem Lechfeld? Irgendwann vor 1000 oder nach 1000? So ganz genau weiß man das nicht. In dieser Schlacht hat Kaiser Otto I. auf dem Lechfeld die Hunnen vernichtet und damit die Eroberung Westeuropas verhindert. Das geschah 955. Das Jahr 955 passt auf die Buchstaben g, ss. Wir haben dafür das Wort »**Ga**ss**e**« gefunden und den Satz gebildet:

Otto I. versperrt auf dem Lechfeld den Hunnen die Gasse nach Europa.

Das kann man sich natürlich noch ausmalen, wie Otto I. mit einem Schwert vor den Hunnen steht und die Hunnen auf ihren wilden Pferden abwehrt.

So können Sie Ihr Gedächtnis von dem Zahlenwirrwarr entlasten und sichere zuverlässige und vor allen Dingen ein-eindeutige Bilder speichern, die Ihnen problemlos die sichere Rekonstruktion der Zahlen ermöglicht.

Bei diesem Verfahren hilft es, wenn Sie sich bei etwaigen Lebensdaten im Internet oder bei den immer noch gut angebotenen Lexika über zeitgleiche Geschehnisse informieren. Wir haben uns so beispielsweise die Lebensdaten von Isaac Newton erarbeitet. Seine Daten: 1643 geboren, 1727 gestorben. Die 1 konnten wir als Merkzahl sparen, es geht also um die Ziffern 643 und 727. Ein Blick in das Lexikon ergab, dass 1643 das Barometer erfunden wurde, das passt gerade auf die Ziffer 643 (b, r, m), und auf die Ziffer 727 passt das Wort Fanfare. Wir haben deshalb das Bild gemalt: Newton wurde zeitgleich mit dem Barometer geboren, bis zu seinem Tod war er eine Fanfare für die Wissenschaft.

Dabei kann man sich auch noch ausmalen, wie Newton das Barometer vor sich hält und es als Fanfare benutzt. Wenn Sie sich so sein Bild einprägen, haben Sie etwas zum Lachen, aber auch zugleich eine sichere Gedächtnishilfe.

Der wirksame Diskussionsbeitrag

Aber bitte kein Ko-Referat! Bevor Sie einen Diskussionsbeitrag beisteuern wollen, müssen Sie für sich selbst klären, welchen Zweck er haben soll. Wollen Sie damit einen für Sie wichtigen Punkt geklärt haben, wollen Sie den Redner in die Enge treiben, oder wollen Sie auf sich aufmerksam machen?

Das Entscheidende ist: Ein solcher Beitrag hat immer nur dann Wirkung, wenn er kurz ist und auf die wesentlichen Fragen sich beschränkt. Die Zuschauer haben schon ausgiebig dem Hauptredner zugehört, sie wollen kein Ko-Referat.

Deshalb ist ein Notizzettel, auf dem sich die wesentlichen zwei oder drei Punkte befinden, entscheidend. Damit Sie dann auch frei formulieren können, bitte auf diesen Zettel das Hauptwort für den Stichpunkt und das dazugehörige Verb schreiben. Dann können Sie auch mit Sicherheit den Satz richtig zu Ende bringen. Kontraproduktiv ist jede Wortmeldung, die länger als zwei Minuten dauert. Das nehmen Ihnen die Zuschauer übel.

Bedenken Sie dabei, dass die Zuschauer sich jetzt auf ein neues Thema, nämlich auf Ihre Wortmeldung, einstellen müssen. Wenn Sie dabei zu viel bringen wollen, reagieren die Zuschauer immer sehr negativ. Deshalb gilt gerade für solche Wortmeldungen nach einer Rede der Satz von Martin Luther: Tritt fest auf, mach's Maul auf, hör bald auf!

Wenn Sie Fakten benennen, die Sie nicht sicher wissen, haben Sie das Problem, dass der Redner diese Fakten bezweifeln oder mit seiner Antwort das Gegenteil behaupten kann. Deshalb: Wenn Sie bei der Wortmeldung Fakten melden, dann sollten Sie den Nachweis dafür, dass Ihre Fakten stimmen, verfügbar haben und gleich auch schon in der Wortmeldung erwähnen.

»Ich habe hier den Nachweis aus dem ...«, »Hier aus den Unterlagen ergibt sich ...« oder »Hier, diese Statistik beweist das Gegenteil«.

Wie auch immer: Wenn Sie sich dazu äußern wollen, dann mit Belegen. Andernfalls wird der Redner möglicherweise das Gegenteil behaupten, und Sie haben keine Chance mehr, das mit einer weiteren Wortmeldung richtigzustellen. Dann war Ihre Wortmeldung kontraproduktiv.

Weniger ist mehr. Das gilt bei Wortmeldungen immer.

9 Was spricht der Körper denn?

Wie tief ist doch die Menschheit gesunken! Man hat den Körper zum Schweigen gebracht, nur der Mund redet noch. Aber was kann der Mund schon sagen?

Alexis Sorbas

D ie unterhaltsamste Fläche auf Gottes Erdboden« nannte der Aphoristiker und Mathematiker Georg Christoph Lichtenberg das menschliche Gesicht. Er bewegte und verspottete zugleich die Lehre der Physiognomiker, die behaupteten, aus den Gesichtern auf den Charakter von Menschen schließen zu können. Der Spott traf einen berühmten Zeitgenossen Lichtenbergs: Johann Wolfgang von Goethe.

Schon Charles Darwin betonte die Signalwirkung des Gesichtes:

»Die Fähigkeit, über die Mimik Gefühle, Bedürfnisse und Wünsche zu signalisieren, war wichtig für das Überleben der Art; darum sind Gesichtsausdrücke von der Evolution geprägt.«

Wie Gesichter wirken, haben Amerikaner einmal ausgetestet mit Bildern von Oskar Lafontaine. Die Probanden kannten weder ihn noch seine Politik. Ihre Urteile fällten sie nur über Fernsehbilder. 81 Politiker wurden so von deutschen, amerikanischen und französischen Probanden geprüft. Oskar Lafontaine wurde überall als »inkompetent und unsympathisch« beurteilt.

Es gibt also wenig Zweifel. Wir reagieren auf die Gesichtsausdrücke. Gefühl und Mimik sind aneinander gekoppelt. Ich kann nicht »echt wütend« kochen und doch tatsächlich fröhlich sein.

Die Schwierigkeiten bei der Analyse

Also können Sie die Haltung Ihrer Gesprächspartner schnell interpretieren, und zwar richtig? Also können die Zuschauer auch Ihr gesamtes Auftreten schnell und richtig einordnen? Die Literatur dazu wächst beinahe täglich. Jeder will auf dieser Welle mitschwimmen. Wir nicht. Aus dieser Überfülle ragen aber ein Autor und ein Buch heraus, Joe Navarro: »Menschen lesen«, das wir schon auf Seite 80 erwähnt haben.

Er ist ein weltweit anerkannter Experte. Er verbindet umfangreiche theoretische Kenntnisse mit einer mehr als 30-jährigen Erfahrung bei der Beurteilung von Menschen. Er verdankt seine besondere Fähigkeit, Verhaltensgesten zu verstehen, die nonverbale Sprache zu entschlüsseln, seiner schwierigen Kindheit. Als achtjähriger kubanischer Flüchtling kam er ohne englische Sprachkenntnisse in die USA. Er musste sich ganz schnell in diesem neuen Kreis zurechtfinden. Das war für ihn am schnellsten und am sichersten möglich, weil er lernte, die nonverbalen Körpersignale zu interpretieren. So war er sehr früh gezwungen, sich damit zu beschäftigen – im Gegensatz zu den meisten von uns. Es verdient deshalb besondere Beachtung, dass gerade er zu sehr großer Vorsicht mahnt bei der Beurteilung der Körpersprache. Auch ich habe in mehr als 40 Jahren Rhetoriktraining gelernt: Die Körpersprache, das Auftreten eines Menschen zuverlässig zu interpretieren ist und bleibt schwierig. Keiner ist vor Täuschung und Enttäuschung geschützt. Bevor wir uns deshalb mit Details beschäftigen, lassen Sie uns Navarro nochmals mit seinen Schlusssätzen zitieren:

> »Wenn es darum geht, eine Täuschung als solche zu entlarven, sind selbst erfahrene Fachleute wie ich nicht vor Fehlinterpretationen gefeit. Denken Sie immer daran: Die Wahrscheinlichkeit, jemandem eine Lüge einzig und allein mithilfe nonverbaler Signale nachzuweisen, beträgt gerade einmal 50 Prozent.«

Dennoch: Es gibt keinen Zweifel, dass wir ständig Signale aussenden, die auch von den Zuschauern interpretiert werden. Es ist daher eine wichtige Aufgabe, die Einheit herzustellen zwischen Ihrer wörtlichen Rede und Ihren Signalen. Dazu müssen Sie sich Ihres Auftretens bewusst werden und diese äußere Einheit auch innerlich herstellen.

Über Körpersprache gibt es inzwischen fast so viele Bücher wie über alle anderen Gebiete der Rhetorik zusammen. Wer etwas auf sich hält, verkauft Rezepte zur schnelleren Beurteilung der Redner oder der Kommunikationspartner. Alle diese Bücher stehen unter den Leitsätzen: »Der Körper lügt nicht« oder »Der Körper ist der Handschuh der Seele« oder »Die Aussagen des Körpers sind wahrhaftig, mit Worten kann man viel leichter lügen« oder Ähnliches mehr. Scheinbar leichte Schüssel werden verkauft, um die Signale der Gesprächspartner zu entschlüsseln. Demnach müsste es gar nicht so schwierig sein, die Signale des Körpers zu verstehen. Tatsächlich gibt es aber ganz erhebliche Probleme (vgl. Kapitel 6).

Paul Ekman, der sich so intensiv wie kein anderer mit den Signalen des Gesichts beschäftigt hat, warnt: Von 1000 Menschen seien nur zwei in der Lage, die überwiegende Anzahl der Gesichtsausdrücke richtig zu erkennen. Ähnliches gelte auch für die übrigen Körpersignale.

Sie können die Signale des Körpers nicht nach einem Schema »F« zuordnen und dann eine schnelle Beurteilung durchführen. Immer zeigt sich über die Körperhaltung Ihres Gegenübers ein Verhaltensmuster, das Sie nur allmählich einordnen können, um zu prüfen, was der Körper Ihres Partners spricht. In Übereinstimmung mit den Worten oder gegen die Worte? Oder ob der Körper nicht doch in Übereinstimmung mit den Worten falsche Signale aussenden kann?

Da wir Menschen ständig von vielfältigen Signalen bewegt werden, kann eine Körperbewegung zu einer ganz anderen Aussage passen als die gleichzeitig gesprochenen Worte. Wenn Sie oder Ihr Gegenüber die rechte Hand wenig bewegen, kann es daran liegen, dass sie verletzt ist. Wer statt auf zwei Beinen nur auf einem Bein steht, mag seine Hüfte schonen ... Wichtig ist dabei die Erkenntnis für Sie als Redner, dass Sie Signale aussenden, denen Ihre Zuschauer eine Wirkung zuschreiben, die etwas ganz anderes aussagt als Sie wollen. Da der Körper ständig Signale sendet, müssen Sie dafür sorgen, dass sie richtig interpretiert werden. Wir möchten uns deshalb an dieser Stelle auf die Hinweise von Navarro beschränken.

Die zehn Gebote von Navarro

Navarro weist zu Recht darauf hin:

> »Menschen lesen, sie nonverbal verstehen, ihre Gedanken, Gefühle und Absichten einschätzen zu können – das ist eine Fähigkeit, die man ohne eine fundierte Anleitung oder eine ständige Übung nicht erwerben kann.«

Wir können die nachfolgenden zehn Gebote, die Navarro formuliert hat, nur bestätigen. So können Sie allmählich ein zuverlässiges Gefühl dafür entwickeln, wie Sie die Körpersprache einordnen. Allmählich.

1. Gebot: Du sollst ein aufmerksamer Beobachter deiner Umgebung sein.
Das Problem dabei: Die meisten Menschen sehen ihr Leben lang, aber sie nehmen nicht wahr.

2. Gebot: Du sollst kontextbezogen beobachten.
Sie müssen die Gesamtumstände betrachten, in die eine Handlung eingebettet ist.

3. Gebot: Du sollst lernen, universell gültige nonverbale Verhaltensweisen zu erkennen und zu deuten.

4. Gebot: Du sollst lernen, idiosynkratische nonverbale Verhaltensweisen zu erkennen und zu deuten.
Das sind die Signale, die bei jedem Menschen individuell mehr

oder weniger stark ausgeprägt sind. So ist zum Beispiel häufiges Blinzeln oft ein persönliches Merkmal, das krankheitsbedingt oder auch genetisch bedingt vorhanden sein kann. Es kann aber auch daran liegen, dass jemand Augenlinsen trägt und zu wenig Tränenflüssigkeit hat.

Das beste Anzeichen für künftiges Verhalten ist vergangenes Verhalten.

5. Gebot: Du sollst im Umgang mit anderen versuchen, ihr Normalverhalten zu ermitteln.

6. Gebot: Du sollst versuchen, immer nach Verhaltensweisen Ausschau zu halten, die in Kombination oder in Folge auftreten.

7. Gebot: Du sollst nach Verhaltensänderungen Ausschau halten, die auf eine Veränderung der Gedanken, Gefühle, Interessen oder Absichten hinweisen.

Das gehört zu den Merkmalen, die Sie am schnellsten registrieren können: Warum ändert jemand plötzlich sein Verhalten? Das müssen Sie sich sofort vermerken und hinterfragen.

8. Gebot: Du sollst lernen, falsche oder irreführende nonverbale Signale zu erkennen.

9. Gebot: Du sollst den Unterschied zwischen Behagen und Unbehagen erkennen.

Auch das ist eine Signalkette, die Sie schnell erkennen können. Fühlt sich Ihr Gegenüber in einer komfortablen Position oder nicht? Es ist auch das Signal an Sie selbst: Fühlen Sie sich bei der Rede behaglich oder unbehaglich.

10. Gebot: Du sollst diskret sein, wenn du andere beobachtest.

Genaues Beobachten, Starren, wird vom Gesprächspartner immer als sehr unangenehm, als indiskret empfunden. In schwierigen Verhandlungen ist es besser, wenn Sie sich auf die Verhandlung konzentrieren und einen Partner mit der Beobachtung beauftragen.

Wenn Sie sich der Körpersprache Ihres Gegenübers nähern wollen: Achten Sie darauf, ob die Körpersignale »widersprüchlich« sind.

Betrüger können eben deshalb betrügen, weil sie andere Menschen täuschen können. Andere Menschen können sie täuschen, weil die wenigsten die Körpersignale wirklich zuverlässig interpretieren können. Es ist sehr hilfreich, viel über Körpersprachen zu wissen, es gibt aber keine einfachen Rezepte, um schnell zu erkennen, ob Ihr Partner lügt, ob er also wissentlich die Unwahrheit darstellt (in der Kombination zwischen Wort und Körper). Auch hier heißt es also: Nur durch intensive Beobachtung und Training können Sie die Körpersprache wirklich zuverlässig interpretieren. Bedenken Sie dabei auch, dass jeder, auch Sie selbst, gewohnheitsmäßig nicht die Wahrheit sagt. In einem bestimmten Umfang ist also jeder daran gewöhnt, mit der Unwahrheit zu leben, es ist ihm sozusagen »in Fleisch und Blut übergegangen«. Dann verrät aber auch die Körpersprache nichts mehr. Wenn Sie also einer guten Bekannten sagen, dass sie wieder einmal »blendend aussieht«, obwohl davon keine Rede sein kann, wenn Sie bestätigen, dass es Ihnen gut geht, obwohl Sie gerade einen heftigen Streit hinter sich haben, wenn Sie Ihr Auto aus Korea über alles loben, obwohl Sie lieber einen BMW fahren würden. All das sind gewohnheitsmäßige Lügen, die schwer zu entdecken sind.

Das ist anders, wenn es um wirkliche emotionale Bereiche geht. Gerade das ist aber häufig bei einer Rede der Fall. Deshalb ist es für Sie auch wirklich wichtig, Ihre Emotionen in der Rede deutlich zu zeigen. So vermeiden Sie am ehesten Missinterpretationen. Dann können Sie sicher sein, dass die Einheit zwischen Emotion und Wort, also zwischen der Sprache und der Körpersprache, auch für die Zuschauer ein überzeugendes Bild gibt.

10 Musik im Blut und in den Genen

Das Verstehen eines Satzes als Sprache ist dem Verstehen eines Satzes einer Musik sehr ähnlich.

Arnold Schönberg

Ich habe im Laufe der letzten 50 Jahre mehrere tausend Reden gesehen oder gehört. Bis vor kurzem gab es nur eine einzige Rede, in der ein Politiker den (erfolgreichen) Versuch unternommen hat, seine Rede in die Musik einzubetten: Bundespräsident Prof. Dr. Richard von Weizsäcker an einem Volkstrauertag. Es ist ihm überzeugend und sehr emotional gelungen, seine Worte mit der Musik zu verschmelzen.

Kürzlich haben wir es ein zweites Mal erlebt: in dem Film »The King's Speech«. König Georg VI. von England überwindet mit der Musik seine Sprachprobleme.*

Bei der Neuwahl von Joachim Gauck zum Bundespräsidenten waren sich die Zeitungen einig: Sein Ton stimmt – wie es die *Frankfurter Allgemeine* am 23. März 2012 kurzfasst:

»Wozu die rhetorische Tradition weniger sagt, ist gerade das, was die erste größere Rede des neuen Bundespräsidenten so erfreulich machte: der Ton. Vielmehr noch als ihr Argument, ihre Wortwahl und ihr Aufbau bewies Joachim Gaucks Sprechweise den Sinn seiner Mitteilung: ungestelzt, ausgeglichen, selbst im Pathos unterorchestriert ...«

....

*   www.task-akademie.de

Warum auf Musik verzichten?

Es ist zwar schon längst üblich, **vor** einem Redner und **nach** einem Redner beziehungsreiche Musik zu spielen. Der bayerische »Defiliermarsch« ist dem bayerischen Ministerpräsidenten bei seinem Einzug vorbehalten. Wir kennen aber sonst keinen Versuch, Sprache und Musik miteinander zu verweben. Sei es während der Rede leise im Hintergrund oder bei der Vorbereitung, weil bei der Komposition der Rede die Musik den Ton gestaltet.

Dieser Schnitt zwischen Musik und Rede ist auch ein Schnitt zwischen Emotion und Intellekt. Der Verzicht auf die Musik ist auch ein Verzicht auf den großen emotionalen Einfluss, den Musik auf uns ausübt. Ein Einfluss, dem wir uns kaum entziehen können, weil er dem Intellekt entzogen ist.

Musik liegt in der Luft

In unserem täglichen Leben ist die Musik in der Sprache eingebunden. Wir sagen »wir sind nicht in unserem Rhythmus« oder jemand ist »taktlos«, jemand »wählt den falschen Ton«, »der Ton macht die Musik«.

Schon diese wenigen Worte zeigen, wie sehr unsere Sprache und unser Sprachgefühl mit der Musik verbunden sind. Dennoch spielt die Musik in der deutschen Rhetorik keine Rolle. Zu Unrecht.

Christian Lehmann schildert beredt, »warum Musik zum Menschsein gehört«*.

> Auch der Weiseste wird zuweilen zum Narren des Rhythmus, sei es auch nur darin, dass er einen Gedanken als wahrer empfindet, wenn er eine metrische Form hat.
>
> *Friedrich Nietzsche*

---

* Christian Lehmann: »Der genetische Notenschlüssel«

Alle Kulturen auf der Welt kennen und lieben Musik. Schon das Baby im Mutterleib reagiert auf Musik. Freilich werden durch den Mutterleib und die Gebärmutter die Geräusche gefiltert. Insbesondere die höher frequenten Anteile des Schalls. Da Männer eine Oktave tiefer sprechen und singen als Frauen, dringt ihre Stimme besser in die Gebärmutter als die Frauenstimmen. Das Sprechen der Mutter wiederum wird überwiegend gar nicht durch den äußeren Schall, sondern durch die innere Knochenleitung an den Fötus weitergeleitet. Ihr Schall kommt deshalb am allerbesten beim Kind an. Das gilt auch für ihre Sprache. Die Babys im Bauch können sogar schon Töne lernen, ebenso wie sie die Stimme ihrer Mutter anderen Stimmen vorziehen. Der geborene Säugling ist bereits nach wenigen Monaten ausgesprochen musikalisch. Er erkennt Gruppen, Rhythmen, kann Dreiklänge von anderen Dreiklängen unterscheiden, erkennt die Kontur einer Melodie, hat sogar schon rudimentär den Quintenzirkel gespeichert. Wenige Monate alte Babys sind empfänglich für Musik und hören lieber harmonische Klänge als dissonante Musik. Das zeigt wieder einmal: Jeder Mensch ist musikalisch. Das gilt auch für geistig Behinderte. Jeder hat Lieblingslieder. Fragen Sie Bekannte, die sich als unmusikalisch bezeichnen, nach ihren Lieblingsliedern. Sie nennen Ihnen immer einen oder mehrere Titel. Jedenfalls haben wir noch nie das Gegenteil erlebt.

Menschen sind von Geburt an empfindsam für Rhythmen. Am besten, so sagen die Wissenschaftler, wird der Mensch durch einen Rhythmus im Bereich um 100 Schläge pro Minute angeregt; das ist der Rhythmus, bei dem »jeder mit muss«. Dieser Rhythmus, der mitreißt, diese Synchronisation ist eine spezielle Leistung unseres Gehirns.

Mütter auf der ganzen Erde singen ihre Kinder in den Schlaf. Babys reagieren sofort auf die vertraute Stimme ihrer Mütter, lassen sich ermuntern oder beruhigen. Stärker als auf die Sprache reagieren sie aber auf den Gesang, also auf eine Sprachmelodie, die von der Alltagssprache abweicht.

Musik signalisiert also nicht nur den sozialen Zusammenhang, sie erzeugt ihn geradezu. Musik schafft soziale Bindung. Wir alle kennen diese Bindung heute von den »Stadiongesängen«, die jeden Samstag ertönen, wenn die heimische Fußballmannschaft angefeuert wird.*

Forschungen zeigen: Die Euphorie beim gemeinsamen Singen und Musizieren erzeugt körpereigene Glückshormone ähnlich denen, die der Körper auch bei den Verliebten produziert. Musik ist ein »Selbstbelohnungssystem«, das die Evolution bei uns entwickelt hat.

Der Muezzin ruft die Gläubigen nicht zum Gebet, er singt sie in die Moschee.

Im 19. Jahrhundert noch sangen die Nachtwächter abends die Stunden. Singen können wir ohne jede Theorie. Wir messen nicht vorher irgendwelche Schwingungen, um den richtigen Ton zu treffen. Das alles macht unser angeborener Sinn für Harmonik, für die von der Natur gegebene Ordnung der Töne.

....

* Untersuchungen sehen in diesen Stadiengesängen heute sogar eine eigene »Musikkategorie«.

Musikalische Strukturen, Tonsysteme galten von der Antike über das Mittelalter bis hin zur neuzeitlichen Polyphonie immer als Abbild der Weltgesetzlichkeit und der Himmelsordnung.

Die Lehre von Plato war »Gesetz«: Jedes Musikstück soll eine Harmonie darstellen zwischen Rhythmus und Sprache. Worte waren also notwendiger Bestandteil der Tonkunst, nichts Außermusikalisches. Die Klänge waren deshalb an die Sprache gebunden. Musik bedeutete früher fast immer Gesang. Johannes Kepler schrieb sein Buch »Harmonices mundi« (1619) über die Harmonie der Welt, in dem er auch die Musik im Weltall beschrieb. Martin Luther, Paul Hindemith, Werner Heisenberg: Sie alle waren von der musikalischen Struktur des Weltalls überzeugt. Kepler selbst bezeichnete die Ordnung am Firmament als Himmelsmusik. Paul Hindemith würdigt diese Auffassung mit einer klangvollen Komposition »Die Harmonie der Welt« (1957). Macht und Kraft der Musik hat schon Homer in seiner Odyssee in Verse geschmiedet. Odysseus lässt die Ohren der Schiffsruderer mit Wachs verstopfen, damit sie dem Verführungsgesang der Sirenen nicht verfallen.

Dennoch hat die Musik eine sehr unterschiedliche Wertung erlebt. Im christlichen Mittelalter ist Musik dem Wort untergeordnet; sie soll »seine gehorsame Magd sein«.

Im 17. und 18. Jahrhundert sind die Philosophen der Auffassung, Musik sei minderwertig. Das gilt für Kant gerade so wie für Schelling oder Hegel. Jedenfalls ist Musik weniger wert als Poesie. Kant, Rousseau oder Hilde behaupten den Vorrang der Vokalmusik vor der Instrumentalmusik; Rousseau begründet den Vorzug mit seiner Sprachphilosophie. Kant und Hegel halten die Vokalmusik für geistreicher als reine Instrumentalmusik. Erst Ende des 18. Jahrhunderts versuchen die Musiker diese Reihenfolge umzudrehen. Antonio Salieri, Lehrer von Beethoven, Hummel, Liszt und Schubert und vielen anderen, kann 1786 sein »Divertimento teatrale« aufführen:

»Prima la musica e poi le parole – Erst die Musik und dann die Worte.«

Die Wiener Klassik und dann das 19. Jahrhundert heben die Musik auf einen höheren Rang. Jetzt ist Musik die wichtigste aller Künste.

Wolfgang Amadeus Mozart schreibt in einem Brief an seinen Vater, in der Oper müsse »die Poesie der Musik gehorsame Tochter« sein. Richard Wagner behauptet 1851, Musik sei kein Selbstzweck, sondern habe die Aufgabe, literarische Werke zum Erklingen zu bringen. Später gibt er diese Auffassung auf. Ab 1870 bewertet er die Musik höher als das Drama, die Vertonung des Dramas ist wichtiger als die Bühnenhandlung. Der Stellenwert der Musik schwankt zwar, Musik ist aber immer selbstverständlich gegenwärtig.

Einen wichtigen Hinweis zum Verständnis von Musik verdanken wir Franz Josef Wetz.* Musik bewegt sich jenseits von Wahrheit und Lüge. Das ist eine Aussage, die umso stärker danach drängt, die Musik in Ihre Rede einzuweben.

Du meine neunte Sinfonie!
Wenn du das Hemd an hast mit rosa Streifen...
Komm wie ein Cello zwischen meine Knie,
Und laß mich zart in deine Seiten greifen.

Laß mich in deinen Partituren blättern.
(Sie sind voll Händel, Graun und Tremolo) –
Ich möchte dich in alle Winde schmettern,
Du meiner Sehnsucht dreigestrichnes Oh!

Komm laß uns durch Oktavengänge schreiten!
(Das Furioso, bitte, noch einmal!)
Darf ich dich mit der linken Hand begleiten?
Doch beim Crescendo etwas mehr Pedal!!

Oh deine Klangfigur! Oh die Akkorde!
Und der Synkopen rhythmischer Kontrast!
Nun senkst du deine Lider ohne Worte...
Sag einen Ton, falls du noch Töne hast!

....

* »Die Magie der Musik: Warum uns Töne trösten«

Ein großer deutscher Schriftsteller und Dichter, Erich Kästner, hat sich durch die Musik zu diesem Gedicht inspirieren lassen. Versuchen Sie dieses Gedicht mit Musik zu erfüllen.

Erich Kästner hat dieses »Abendlied« am 14. März 1927 in der *Plauener Volkszeitung* veröffentlicht. Danach hat es wütende Proteste gegeben. 1927 war das 100. Todesjahr von Ludwig von Beethoven. Die Leser in Plauen haben dieses Gedicht obszön gefunden und sind dagegen Sturm gelaufen. Sie haben seine Entlassung bei dieser Zeitung erreicht!

Musik hilft heilen

Die Medizin hat schon zurück zur Musik gefunden. Musiktherapie ist heute in weiten Teilbereichen anerkannt. Schon im 17. Jahrhundert schrieb der Universalgelehrte Athanasius Kircher: »Die Musik öffnet die Luftlöcher des Körpers, aus denen die bösen Geister ausziehen können.«*

Der Musikpsychologe Wolfram Goertz spürt bei Herzkatheterpatienten besonderen Erfolg mit Mozart oder Bach. Bei Tinnituspatienten gibt es auch Heilerfolge. Sie hören zwölf Monate lang immer wieder ihre Lieblingsmusikstücke, aus denen allerdings zuvor elektronisch die Tinnitusfrequenzen entfernt werden. Unter diesen Bedingungen reduziert sich die subjektive Lautstärke des Ohrgeräusches.

Die moderne Musiktherapie zielt auf eine »Umstimmung« des Verhaltens und der Psyche des Patienten ab. Der Patient selbst benutzt Musikinstrumente, seine Stimme oder seinen Körper, um sich musikalisch zu aktivieren. Der Psychiater Hans-Jürgen Möller, Professor an der LMU in München, setzt auch auf die Heilkraft der Musik bei seinen Patienten. Musik wirkt auf psychisch kranke Menschen positiv.

....
*   Christian Lehmann, »Der genetische Notenschlüssel«

Erfolgreiche Beispiele der Musiktherapie zeigen sich auch im Sport. So hatte die deutsche Handballmannschaft vor den Weltmeisterspielen ein großes Problem. Ihr Stammspieler Bauer war krank. In der *Süddeutschen Zeitung* vom 4. März 2007 beschreibt er das:

> »Ich konnte ... im Training viele Sachen nicht machen, weil immer noch Schmerzen da waren. Die EM 2006 habe ich auch verpasst. Danach wurde es besser, aber es gab Tage, an denen gar nichts ging. Im Mai oder Juni 2006 habe ich dann mit einer Musiktherapie angefangen. Der Therapeut hat mir erklärt, dass ich nach so langer Verletzung durch audiovisuelles Training Bewegungsabläufe wieder freisetzen kann, die mal bei mir drin waren. Das Gehirn erinnert sich daran und das hat mir geholfen. Im Oktober 2006 beim Worldcup konnte ich wieder in der Nationalmannschaft mitspielen und das ist gleich recht gut gelaufen.«

Auch der Trainer der Handballweltmeister, Heiner Brandt, berichtet am 23. Mai 2007 in einem Vortrag in München:

> »Zur Entspannung unserer Mannschaft haben wir auch Musiktherapie eingesetzt. Sonst waren die Spieler nach einem Spiel, das in den späten Abend hineingeht, oft bis 5 Uhr morgens wach. Wenn wir sie nach dem Spiel aber mit der Musiktherapie entspannt haben, konnten sie bald danach schlafen. Ich habe selbst dabei mitgemacht. Mir hat es genauso geholfen.«

Magdalena Neuner, erfolgreichste Biathletin aller Zeiten, hat sich mit Mozart auf ihre Rennen eingestimmt.[*] Musikunterstütztes Training wird heute auch bei der Behandlung von Lähmungen der Hand durchgeführt, beispielsweise an der Hochschule für Musik und Theater in Hannover.

....

[*]   So der Bericht im *Münchner Merkur* am 8. Juni 2011

Seit kurzem weiß man: Singen, also das eigene Singen, beugt Krankheiten vor. Der Musikwissenschaftler Gunter Kreutz hat umfangreiche Untersuchungen durchgeführt an einem Laienchor einer Kirchengemeinde, der das Requiem von Mozart eingeübt hat. Er stellt fest, dass das Stresshormon »Cortisol« beim Singen im Körper der Chormitglieder abgebaut wurde. Der Anstieg der Immunglobuline, also eine Verbesserung der Immunreaktion in den oberen Atemwegen, lies sich durch dieses Singen gleichfalls nachweisen. Auch die Stimmung der Chorsänger war nach diesen Übungsstunden deutlich besser*.

Die Südtiroler Eiskunstläuferin Carolina Kostner hat sich inzwischen ganz der Musik von Wolfgang Amadeus Mozart verschrieben. Sie hat ihre Kür 2011 auf sein Konzert Nr. 23 für Klavier und Orchester umgestellt. Noch nie war sie so zufrieden mit der Verbindung zwischen Musik und ihrem Eiskunstlauf wie bei dieser Symbiose.

Musik schafft Energie

Diese Wirkungszusammenhänge zeigen: Musik ist in der menschlichen Evolution ein ganz wesentlicher Teil unseres sozialen und kommunikativen Verhaltens. Musik ist in uns. Jeder Säugling ist musikalisch. Musik ist um uns. Musik beeinflusst uns emotional. Musik lässt uns schaudern.

Soweit wir heute wissen, gibt es für Musik kein eigenes Musikzentrum im Gehirn. Das ganze Gehirn trägt die Musik. Das bedeutet auch umgekehrt: Musik regt das ganze Gehirn an. Daher kann ihre Wirkung gar nicht überschätzt werden.

Der Literaturkritiker und Musikliebhaber Marcel Reich-Ranicki schreibt in seinen Erinnerungen auf Seite 229:

»Es trifft schon zu, dass die Musik auf viele Menschen in Grenzsituationen unmittelbarer wirkt als das gesprochene Wort.«

....

*   Vgl. *Welt am Sonntag* vom 25. März 2012, Beilage »Fit und schön«, S. 8

Er berichtete sogar erlebnisgetreu aus seinen Erinnerungen an das KZ:

»Wenn ein SS-Mann Musik hört ... beginnt er sich irgendwie in ein menschliches Wesen zu verwandeln.«

Aber: Wo ist Musik in der Rede?

Es gibt sie nicht. Weder in der Vorbereitung noch während der Rede selbst. Das ist eigentlich unverständlich, betrachtet man die Entwicklung und den Einfluss der Musik. Es mag damit zusammenhängen, dass wir während unserer Schulzeit der Musik »entwöhnt« werden.

Wie dem auch sei, es ist unsere Aufgabe, Ihre Aufgabe, die Wirkungskräfte der Musik, die angeborene Empfindsamkeit für Musik, die Bereitschaft, emotional auf die Musik zu reagieren, in Ihrer Rede zu entfalten.

Schon Plato hat festgestellt:

»Musik ist ein moralisches Gesetz. Sie verleiht dem Universum eine Seele, dem Geist Flügel, der Fantasie Flugkraft, der Traurigkeit einen Zauber und allen Dingen Freude und Leben.«

Musik spricht alle unsere drei Ebenen eines Gehirns an, das Kleinhirn, das Zwischenhirn und das Großhirn und insbesondere im Großhirn wieder beide Hälften, die linke und die rechte Gehirnhälfte. Es sind mehr als 40 verschiedene Positionen, die an verschiedenen Stellen des Gehirns bisher entdeckt wurden, die beim Anhören oder bei der Produktion von Musik aktiviert werden.

Musik wirkt unmittelbar auf das limbische System ein. Daher auch die Ausschüttung von Glückshormonen. Musik integriert die verschiedenen Klangweisen einer Person, und sie integriert diese Person auch in die Gruppe. Deshalb haben Gruppen auch immer ein gemeinsames Lied, nicht nur die Soldaten beim Marschieren. Auch die aggressivste Rockergruppe hat ein Lied, mit dem sie sich besonders identifiziert. Der Generalmusikdirektor in München, Kent Nagano, in der *Süddeutschen Zeitung*:

> »Musik ist keine einfache Sache. Sie kann einfach erscheinen, aber sie ist sehr, sehr komplex. Weil sie die Fähigkeit hat zu kommunizieren. Für mich ist Musik wie eine Sprache und muss ganz klar gesprochen werden. Wort für Wort.«[*]

Musik ist so wirksam, weil ein Großteil unterhalb unserer Bewusstseinsschwelle verläuft. Das geschieht gerade deshalb, weil Musik eben unmittelbar ins limbische System hineinwirkt, das unterhalb des Bewusstseins, des Großhirns, angesiedelt ist.

Bilder, die durch Musik entstehen, werden keiner kritischen Analyse unterzogen. Sie dringen deshalb sehr tief in unser Bewusstsein ein. Wir senden Musik. Unser Körper ist ein Resonanzkörper. Er reagiert auf die Schwingungen um uns herum.

■ Ihre musikalische Rede

Wer wirklich langfristig mit seinen Reden Erfolg haben möchte, tut deshalb gut daran, die Wirkmechanismen der Musik, die Steigerung der Emotionen, die Steigerung der Effizienz in seiner Rede zu verwirklichen. Dazu gibt es mehrere Wege:

| a | Wenn Sie sich bei Ihrer Konzeption über Ziel und wesentliche Inhalte klar geworden sind, dann sollten Sie auch überlegen, welche Musik für Sie und Ihre Zuschauer am besten dazu passen könnte. Das muss nicht für die ganze Rede dieselbe Musik sein. Denken Sie an den Musikwechsel bei der Kür im Eiskunstlauf. Spielen Sie diese Musik im Hintergrund und lassen Sie sich durch die Musik inspirieren.

| b | Wenn Sie Ihr Manuskript (Rheto*Script*®) weitgehend entwickelt haben, setzen Sie sich die Kopfhörer auf, hören die ausgewählte

---

[*] *Süddeutsche Zeitung* vom 14./15. Juni 2008, S. 15

Musik und lesen gleichzeitig den Text laut. Sie werden feststellen: Es drängen sich neue Formulierungen, ein anderer Rhythmus auf. Musik entfaltet Ihre Rede emotionaler.

| c | Wenn Sie mit dem Redetext fertig sind, hören Sie sich nochmals den ganzen Text mit der Musik an; sprechen ihn laut in die Musik. So durchdringt die Musik Ihre Rede.

Zusätzlich hilft es Ihnen, sich Redeteile in der Reihenfolge besser zu merken, weil Sie die Anbindung an Ihr musikalisches Gedächtnis geknüpft haben. Sie schwingen mit, Sie swingen mit.

| d | Es gibt auch Situationen (vgl. »The King's Speech«), in denen Sie tatsächlich im Hintergrund während der Rede Musik spielen lassen können, um Ihre Rede noch stärker emotional zu akzentuieren. Das mag zwar seltener der Fall sein, als wir es uns wünschen, aber öfter, als Sie jetzt glauben.

Probieren Sie es aus:
Nehmen Sie die Rede von Bundespräsident Dr. Horst Köhler (vgl. Kapitel 8). Spielen Sie sich jetzt eine Musik über Kopfhörer ein, die Ihnen dazu passend erscheint. Lesen Sie die Rede laut. Sie werden feststellen: Sie möchten anders formulieren, werden emotionaler.

Musik ist Medizin, auch für Ihre Zuschauer. Nützen Sie diese heilende Wirkung.

Rabindranath Tagore, der indische Philosoph:

>»Gott achtet mich, wenn ich arbeite, aber er liebt mich, wenn ich singe.«

Musik setzt Energie in uns frei. Brian Swimme:

>»Wenn wir Musik hören, begeben wir uns in ein strukturiertes Energiefeld, und unsere Trommelfelle schwingen in Resonanz auf diese Energiemuster ... Wenn Musik um uns ist, wird alles in Bewegung gesetzt.«

Herbert Bruhn* sagt zu Recht:

> »Musik entsteht im Kopf des Menschen und ist ein idealer Katalysator
> für die Veränderung von menschlichen Beziehungen.«

Und Leoš Janáček, der tschechische Komponist:

> »Einen Menschen, auf dessen Sprache ich durch die Melodie des
> Wortes horchte, schaute ich viel tiefer in die Seele.
> Musik, so formulierten schon die Anhänger von Pythagoras in
> Griechenland, ist die Basis der Übereinstimmung mit der
> Natur. Sie bringt zusammen und vereint.«

Graham Bonney** hat Bewusstsein und Unbe-
wusstes mit einem Wolkenkratzer verglichen, der
unvorstellbar viele Stockwerke besitzt. Musik ist
dabei der Fahrstuhl, der uns hilft, in diese verschiedenen Etagen zu kommen. Das Besondere an
der Musik ist ihre Fähigkeit, uns in alle Zimmer, in alle
Ebenen des Bewusstseins zu führen.

■ Über Prosodie und den »Rhythmus, bei dem man mit muss«

Der Rhythmus gehört zusammen mit dem Akzent, der Intonation
(Melodie), dem Sprechtempo und der Quantität zu den »suprasEg-
mentalen« Merkmalen gesprochener Sprache. Sie sind unter dem
Begriff **»Prosodie«** zusammengefasst. Sie entscheiden die Emotion, mit der Sie Ihre Rede prägen.

Wie nuancenreich die deutsche Sprache sein kann, zeigt das
Beispiel. Prinzipiell liegt die stärkste Betonung auf dem Substan-
tiv, schwächer sind die Verben und Adverbien, am schwächsten

---

*   Vorsitzender der Deutschen Stiftung für Musiktherapie
**   Zitiert nach Anna Elisabeth Röcker, »Musikreisen als Heilungsweg«

betont sind Pronomen, Artikel und Präpositionen. Das ist die Regel: Besonders schön erlaubt unsere Sprache, in einen Satz je nach Betonung eine andere Bedeutung hineinzulegen.

Der Satz: »Ich gehe heute Abend ins Kino« hat sechs verschiedene Aussagen, die Sie auch entsprechend betonen können:

Ich gehe heute Abend ins Kino (ich gehe, ohne Freund, alleine).
Ich **gehe** heute Abend ins Kino (ich fahre nicht, nehme nicht die U-Bahn)
Ich gehe **heute** Abend ins Kino (nicht morgen, nicht übermorgen).
Ich gehe heute **Abend** ins Kino (nicht am Nachmittag, nicht in der Nacht).
Ich gehe heute Abend **ins** Kino (ich gehe nicht in das Café neben dem Kino, ich treffe mich nicht vor dem Kino).
Ich gehe heute Abend ins **Kino** (nicht in die Oper, nicht ins Ballett).

Die Sprachmelodie lässt auch ganz verschiedene Bedeutungen erklingen:

»Julius!!«, kann ein scharfer Anruf sein. »Juuliuus!!!!«, das ist der Ruf, ich suche in Ruhe nach dem Julius. »Juli**us**!«, wenn Sie dieses Wort lang sprechen und dann die Us besonders betonen, dann ist das schon ein ungeduldiger Ausruf.

Wenn Sie dann am Schluss auch noch laut werden und die Stimme absenken, ist es ein sehr ärgerlicher und scharfer Anruf. Wenn Sie das Wort am Anfang mit einer höheren Stimme sprechen und dann auf Ihre Normalstimme zurückfallen, klingt es eher zärtlich, lockend.

Im Alltagsgespräch kennen wir alle diese Möglichkeiten. In der Rede verzichten die meisten Redner auf diese Stimmfarben. Warum? Die Rede ist auch ein Gespräch.

Der Sprechrhythmus wird von der Sprachwissenschaft eng definiert als die zeitliche Gliederung der Sprache. Die außerwissenschaftliche Welt gibt dem Rhythmus einen weiteren Rahmen.

»Alles Poetische sollte rhythmisch behandelt werden! Das ist meine Überzeugung«,

so Johann Wolfgang von Goethe in einem Brief an Schiller am 25. November 1797.

»Der Rhythmus ist die Architektur des Seins, ist die innere Dynamik, die ihm Form gibt, ist das Wellensystem, welches das Sein dem Anderen entgegensendet, ist der eine Ausdruck der Lebenskraft«,

so Léopold Sédar Senghor, *Négritude und Humanismus*

»Schönheit ist empfundener Rhythmus. Rhythmus der Wellen, durch die uns alles Außen vermittelt wird. Oder auch: Schön ist eigentlich alles, was man mit Liebe betrachtet. Je mehr jemand die Welt liebt, desto schöner wird er sie finden...«,

so Christian Morgenstern, *Stufen.*

»Was Kunst ist, wissen Sie ebenso gut wie ich, es ist nichts weiter als Rhythmus.«[*]

Dieses weite Verständnis hat seine Berechtigung. Unser ganzes Leben wird von Rhythmus beherrscht. Ein eigener Wissenschaftszweig, die »Chronobiologie«, beschäftigt sich mit dem Rhythmus im menschlichen Leben. Chronos bedeutet Zeit, bios-logos ist die Lehre vom Leben. Chronobiologen sind also Lebenszeitenforscher.

Wir werden heute von fremdbestimmten Rhythmen überlagert, sei es durch die Eltern, durch die Schule, durch die Arbeit, die es uns häufig sehr schwierig machen, den eigenen Lebensrhythmus zu erkennen. Wer diesen eigenen Rhythmus nicht erfährt, lebt gegen sich selbst, erleidet Schaden. Das ist eines unser heutigen Probleme.

....

[*]   Kurt Schwitters, »Das literarische Werk«, Bd. 5

Schlafen, Wachen, Hormonspiegel, Körpertemperatur, Konzentration, Geschicklichkeit, Hörvermögen, all das unterliegt der Zeit und einem exakten Rhythmus. Es gibt wohl überhaupt keinen Vorgang im Körper ohne Rhythmus, so der Biochemiker Dr. Ekkehard Haen vom Münchner Institut für Pharmakologie. Der Chrono-Pionier Professor Jürgen Aschoff pflichtet bei: »Alles, was lebt, tickt im Takt kosmischer Bio-Uhren.« Alle Funktionen des Menschen unterliegen einem Rhythmus, der sich aus der Anpassung an die vier Zeitprogramme entwickelt hat: Tages- und Jahreszeiten sowie Mondphasen und Gezeiten.

Obwohl vieles noch nicht erforscht ist, der Volksmund hat schon längst seine eigene Einordnung mit dem Motto »Der tickt nicht richtig«.

Heute sind schon mehr als 100 verschiedene biologische Rhythmen bekannt.

Der Mensch ist eine Uhr (eine Metapher), sagt Professor Franz Hallberg von der Universität Minnesota.

Auch Krankheiten haben ihren eigenen Rhythmus: Asthmaanfälle häufen sich nachts, Hirninfarkte passieren um die Zeit um drei Uhr nachts, Unfälle ereignen sich zwischen drei Uhr und vier Uhr morgens mit 16-facher Häufigkeit.

Nicht zu wissen, dass man eine Zeitstruktur hat, ist so, als wüsste man nicht, dass man ein Herz oder eine Lunge hat. In jedem Aspekt unserer Physiologie und unseres Lebens erkennen wir, dass wir der Ordnung unterworfen sind, die wir Zeit nennen. Weil Uhren und Terminpläne gesellschaftlicher Aktivitäten ökonomischer Effizienz oder Zweckmäßigkeit dienen, wird der Einzelne lernen müssen, seine eigenen Zyklen wahrzunehmen, um sich im Interesse seiner Gesundheit nach ihnen richten zu können.

Welche Bedeutung diese Rhythmen für die Gesundheit und das Leben haben, ist noch nicht voll erkannt. Medizin und Wissenschaft beginnen gerade erst, die vielfältigen biologischen Zeitstrukturen zu verstehen.

▪ Rhythmen

Als Erstes: die Pause! Die Pause ist in der Musik – und damit beim gesamten Menschen und im »Menschsein« ein wesentliches Element. Viele Komponisten setzen die Stille als bewusstes Stilelement ein. Sie steigert die Neugier, oder sie beruhigt. Sie verschafft der Musik mehr Ausdruck und vor allem: Der Zuhörer kann sie so verarbeiten. Der schottische Philosoph Thomas Carlyle:

> »Die Stille ist ein Element, worin sich große Dinge selbst verwirklichen.«

Der Körper wird durch viele Rhythmen geprägt, die ihre eigenen Pausen gestalten:

- ⊕ Der ultraradiane Rhythmus, der sich in **weniger als 24 Stunden** wiederholt. Er gilt für die Zahl der Herzschläge und der Atemzüge ebenso wie für die Ausschüttung bestimmter Hormone.
- ⊕ Der circa**diane** Rhythmus, der mit **etwa 24 Stunden** einen Tag und eine Nacht umfasst. Dieser wichtigste Rhythmus erfasst jede Zelle im Körper, bestimmt das ganze Leben und ist am besten erforscht.
- ⊕ Der circa**septane** Rhythmus von etwa **sieben Tagen** Dauer. Er zeigt sich nicht nur im Verlauf bestimmter Erkrankungen wie Asthma, sondern führt auch nach Transplantationen zu Krisenzeiten, während derer die Gefahr einer Abstoßung des verpflanzten Organs besonders groß ist.
- ⊕ Der circa**trigintane** Rhythmus geht über etwa **30 Tage**. Bekanntestes Beispiel dafür ist der weibliche Zyklus, auch die Haut des Menschen erneuert sich in dieser Zeit von Grund auf.
- ⊕ Der circa**nnuale** Rhythmus über etwa **ein Jahr**. Er hat unter anderem Einfluss auf die Fruchtbarkeit der Frau und die Zahl der Samenzellen beim Mann sowie auf die Reaktionszeit beim Autofahren und die Anfälligkeit für Krankheiten.

Genetisch fixiert

Dabei ist das Auf und Ab im Körper (wohl) keine Reaktion auf den konkreten Sonnenstand oder die gegenwärtige Jahreszeit. Der circadiane Tagesrhythmus ist »genetisch fixiert«, also in den Erbanlagen festgelegt. Er wirkt auch, wenn der Mensch weder Hell noch Dunkel wahrnehmen kann. Beweise dafür haben Versuche des Max-Planck-Institutes für Verhaltensphysiologie in Andechs bei München erbracht. Freiwillige haben sich in unterirdische Isolierkammern aufgehalten, fernab von Telefon und Radio oder natürlichem Licht.

Das Resümee hat überrascht: Der circadiane Rhythmus der Versuchspersonen hat sich auf etwas mehr als 25 Stunden verlängert. Es hat sich ein deutlicher Unterschied zwischen den Geschlechtern gezeigt: Frauen brauchen offensichtlich von Natur aus mehr Schlaf: während der Versuche durchschnittlich 1,5 Stunden länger als die beteiligten Männer.

Dennoch: Unser biologischer Rhythmus ist keinen starren Regeln unterworfen. Es gibt Morgen- und Abendtypen, die sich chronobiologisch voneinander unterscheiden. Doch auch bei Extremtypen beträgt die Abweichung nur bis zu 20 Prozent, daher lassen sich durchaus allgemeingültige Schlüsse aus der Chronobiologie ziehen.

So etwa sieht der Tagesrhythmus aus:

6 Uhr	Herz schlägt wieder schneller, der Organismus startet durch
7–9 Uhr	Unser Hormongipfel
8–10 Uhr	Weniger Schmerzen
9 Uhr	Ideal für Problemlösungen, analytischer Verstand in Hochform
10 Uhr	Topfit und hellwach, Kopf in Bestform
11 Uhr	Der Höhepunkt des Tages ...
12 Uhr	... ist überschritten
13–14 Uhr	Zeit für eine Pause!

15–16 Uhr   Neuer geistiger Aufschwung, die Lernphase
17 Uhr   Das zweite Hoch, Geruch und Geschmack am schärfsten

18–19 Uhr   Zeit für Ruhe und Erholung
20 Uhr   Entspannungszeit, beste Reaktionszeit am Steuer!
21 Uhr   Der Magen geht zur Ruh …
23 Uhr   Zeit, um ins Bett zu gehen. Andererseits:

23–1 Uhr   Kreativitätshoch, künstlerisch wertvoll!
1 Uhr   Die Traumzeit
2 Uhr   Alle Systeme stoppen, nur Leber und Haut auf Hochtouren

3 Uhr   Tiefpunkt und Wendezeit
4 Uhr   Achtung Raucher: Luft wird knapp
5 Uhr   Nieren auf dem Tiefpunkt
6 Uhr   Herz schlägt wieder schneller, der Organismus startet durch

■ Die Drei-Sekunden-Gegenwart

> Eins, zwei, drei im Sauseschritt läuft die Zeit; wir laufen mit.
>
> *Wilhelm Busch*

Auch unsere Wahrnehmung kennt Rhythmen und hat ihre Zeiteinheiten. Das »Jetzt« dauert subjektiv etwa drei Sekunden – länger können wir aufeinanderfolgende Sinneseindrücke nicht zusammenhängend erfassen und zu einem einheitlichen Bewusstsein verschmelzen, unsere »Gegenwart«.

Sprecher legen nach drei Sekunden Vorlesen eine Pause ein, unabhängig von Atmung und Sprache, Alter und Geschlecht. Fachmann für das »Fenster der Gegenwart«, das etwa drei Sekunden offen steht, ist der Münchner Psychologe und Hirnforscher Professor Ernst Pöppel; er hat dieses Dreisekunden-Gegenwartsfenster entdeckt und erforscht.

Pöppel schlägt einen musikalischen Versuch vor: »Stellen Sie ein Metronom auf 60 und lassen Sie es vor sich hin ticken. Nach kurzer Zeit werden Sie merken, wie Ihr Gehör die gleichmäßigen Schläge zu Gruppen organisiert. Man kann nun versuchen, die Gruppen immer länger zu machen. Aber ab einer bestimmten Länge – etwa drei Sekunden – wird das unmöglich, der Takt verschwimmt, die Gruppe bleibt nicht länger als einprägsames Ganzes erhalten.«

Es gibt – so Pöppel – ein zeitliches Fenster, das alle Sinneseindrücke, die weniger als 30 oder 40 Millisekunden auseinanderliegen, als »gleichzeitig« zusammenfasst. Dieser »Horizont der Gleichzeitigkeit« ist für die Filterung der auf uns einstürmenden Informationsmengen äußerst wichtig.

Diese Zeitanalysen wurden bei Europäern, Yanomami-Indianern, Kalahari-Buschleuten und Trobriandern (Melanesier) durchgeführt. Das »Drei-Sekunden-Phänomen« ist unabhängig von allen anderen Faktoren. Tatsächlich sind viele Filme voller Drei-Sekunden-Kameraeinstellungen wie Händeschütteln, Aufstampfen oder streicheln. Auch im wahren Leben finden sich rhythmisch wiederholte Handlungseinheiten, Sportler zählen »1, 2, 3« oder mit »Achtung, fertig, los«, Ampeln schalten in einem Dreierrhythmus von Rot auf Grün.

Auf diese Arbeit baute Dr. Margret Schleidt von der Forschungsstelle für Humanethnologie der Max-Planck-Gesellschaft auf. Sie untersuchte, ob unsere Aktivitäten, bestimmte Verhaltensweisen, ebenfalls einem Dreisekundentakt unterliegen. Und eine Analyse des kompletten Filmmaterials der Max-Planck-Gesellschaft für Verhaltensforschung bestätigte diese These: Im Alltag gibt es komplette, rhythmisch wiederholte Einheiten zwischen zwei und drei Sekunden. Unabhängig von Kultur, Geschlecht und Alter.

Für Sie als Redner bedeutet diese Erkenntnis: Passen Sie Ihre entscheidenden Aussagen ein in diesen Drei-Sekunden-Zeitrahmen. Erfolgreiche Drei-Sekunden-Aussagen waren und sind:

- Im Anfang war das Wort.
- Proletarier aller Länder, vereinigt euch!
- Religion ist Opium für das Volk.
- Ein Königreich für ein Pferd!
- Und sie bewegt sich doch!
- Ceterum censeo Carthaginem esse delendam.
- Freiheit statt Sozialismus
- Milch von glücklichen Kühen
- Wir sind das Volk
- Scheitert der Euro, dann scheitert Europa
- Der Körper ist der Handschuh der Seele

Die Werbestrategen berücksichtigen diese Regel zu Recht.

Auch Ihr Schlusssatz sollte sich diesem Zeitfenster rhythmisch anpassen.

Musik in der Zeit

Musik ist – ebenso wie die Rede – eine Struktur in der Zeit.* Ein Ton wird für uns nur dadurch »Ton«, weil wir seine Dauer erleben. Musik gibt es nicht ohne Gedächtnis.

Auch hier gilt das Gleichzeitigkeitsfenster von Ernst Pöppel. Wird das Dreisekundenfenster überschritten, sind die Töne nicht mehr Gegenwart, nicht mehr gleichzeitig, nicht mehr eine Phrase, sondern stellen verschiedene musikalische Phrasen dar. Deshalb sind gute musikalische Motive ebenfalls in diesem Dreisekundenbereich angesiedelt. Diese Gruppierung, die das Gehirn von sich aus vornimmt, ermöglicht Melodie und Rhythmus. Ob wir dann diese verschiedenen zeitlich versetzten Wahrnehmungsmuster zu einer Einheit zusammenbinden können, zu einer Symphonie oder zu einem Lied, hängt davon ab, was wir vorher durch Hören gelernt haben. »Was jemand hört, hängt ganz wesentlich von dem ab, was er zuvor bereits gehört hat.« Da dies auch beim Reden gilt,

....

*   Manfred Spitzer: »Musik im Kopf«

zeigt sich wieder ein Grundmuster unserer Rede: Wenn wir verständlich bleiben wollen, müssen wir den Wissensrahmen unserer Zuschauer ertasten. Dann können wir dieses Wissen in der Rede erweitern, so erweitern, dass die Zuschauer dieses neue Wissen in ihren bisherigen Wissenshintergrund einflechten können.

Die kleinsten durch Gruppierung entstehenden Einheiten werden in der Musik als Motive bezeichnet. Was der Sprache das Wort, ist der Musik das Motiv.* Mehrere Motive werden zu Phrasen zusammengefasst; das ist ein einfacher Satz, ebenso wie in der Sprache. Eine Phrase ist noch klein genug, damit sie im Kurzzeitgedächtnis Platz hat. Was man mit einem Atemzug sagen oder singen kann, sollte sich auch zusammenhängend überblicken lassen. Bei durchschnittlich acht bis zwölf Atemzügen pro Minute ergeben sich Phrasenlängen von drei bis fünf, manchmal bis zu acht Sekunden. Es gibt zwar Phrasen, die länger sind, sie überschreiten aber selten das Doppelte der genannten Länge.

Phrasen sagen also etwas über die Grenzen unseres Kurzzeitgedächtnisses aus. Wenn wir diese Grenzen überschreiten, müssen wir eine neue übergeordnete Phrase bilden. Deshalb strukturieren Komponisten ihre als »Ohrwürmer«. Die Wiederholungen werden den Zuhörer vertraut.

Im Bereich der Sprache ist dieser Sachverhalt sehr genau untersucht. Es ist also für den Komponisten/Redner ganz entscheidend, dass die Zuschauer die »Phrasen« erkennen. Wenn sie in einem größeren Zusammenhang stehen, werden diese Phrasen zu Schemata und so in unserem Gehirn gespeichert. Das ist Hintergrundwissen, das unsere Aufmerksamkeit lenkt. So können wir auch Neues von Gewohntem unterscheiden. Wenn ein (musikalischer) Vortrag genau unseren Erwartungen entspricht, wird im Gedächtnis nicht viel haften bleiben. Wenn es ein völlig neues Musikstück auch ist, sind wir zunächst einmal verwirrt, und wir behalten auch nur wenig. Der Komponist/Redner muss also die Mischung finden zwischen Neuem und Altem.

Solche Schemata sind also Strukturen in unserem Langzeitge-

....

* Manfred Spitzer: »Musik im Kopf«

dächtnis, die uns beim Zurechtfinden in der Welt helfen. Kommen neue Eindrücke, für die wir noch keine Strukturen haben, müssen wir versuchen – und tun das auch –, eine bereits bekannte Struktur mit kleineren Abwandlungen darauf anzuwenden. Spitzer bringt als Beispiel dafür den Automechaniker, der sich zum ersten Mal verliebt:

»Die Sache kommt nicht richtig in Gang, startet zunächst stotternd und unrund, später dann vielleicht läuft es heiß oder gar überhitzt.«*

Dieser Vorgang heißt: Wir bilden Metaphern. Eine Metapher ist das Verhältnis zweier Strukturen. Auch beim Hören strukturieren wir. Geht das Musikstück zu Ende, gilt: Die Melodie wird langsamer und verläuft abwärts. Sie bekommt etwas Schweres, so hören wir das jedenfalls. Woher kommt das? Schwere Gegenstände schwingen langsamer als leichte. Ganz gleich, ob das aus dem Wind ist oder eine Glocke: Das beim Schwingen erzeugte Geräusch ist umso langsamer, je schwerer der Gegenstand ist.

Dieses Ende entspricht auch unserer Physiologie. Der Druck des aus den Lungen kommenden Luftstroms nimmt ab und daher auch die Frequenz der Stimmbänder. Daher geht der Tonfall am Ende von Aussagesätzen bergab. In der Musik ist so ein Abschluss häufig eine »Kadenz« (auf Deutsch: Fallen).

Das Kapitel über Musik darf nicht enden ohne eine recht spitze Bemerkung von Franz Josef Wetz über die Musikkritiker:

Die Welt für Musik geht über die Ordnung der Grammatik und des Wortschatzes hinaus.** Trotzdem versucht man immer wieder, das Unsagbare der Musik in – sei es auch nur stammelnden – Worten zur Sprache zu bringen. Mit solchen und ähnlichen Redewendungen, mit deren Hilfe sich genauso gut menschliche Sexualität darstellen ließe, beschreiben heute Musikkritiker gerne die Verläufe von Musikstücken, um ihnen damit bereits allzu konkrete Inhalte zu unterlegen.

....

*   Manfred Spitzer: »Musik im Kopf«
**   Franz Josef Wetz: »Die Magie der Musik«

11 Rede und Technik

Wir haben es schon beim Manuskript/Rheto*Script*® gesehen: So wichtig der Sachverhalt ist, so wenig hilft Ihnen die ganze Vorbereitung, wenn Sie ein schlechtes Manuskript haben; ebenso wenig hilft Ihnen die ganze Vorbereitung, wenn Sie nicht auch die äußeren Umstände berücksichtigen.

Sie müssen davon ausgehen: Gleich, wer der Veranstalter ist, in der Regel hat er keine Ahnung davon, wie ein Redner optimal »ins Bild gesetzt wird«. Mit einigermaßen Glück bekommen Sie ein brauchbares Pult, ein Standmikrofon und die übliche Beleuchtung. Das ist zu wenig, kontraproduktiv. Es hilft Ihnen nicht, es schadet mehr, als es nützt.

Das Pult

Die üblichen Pulte verdecken den Redner großenteils, »schützen« ihn vor dem Publikum. Das zusätzlich aufgesteckte Mikrofon verstellt den Blick auf den Redner. Wie sollen Sie in einer solchen Position als ganzer Mensch wirken? Sie sind ja gar nicht ganz sichtbar, können also auch nicht als ganze Person wirken. Wenn Sie Glück haben, sieht Ihr Publikum Sie knapp bis zur Hälfte, meistens noch weniger. In der Regel dürfte es maximal ein Drittel sein, das von Ihnen erkennbar ist. Wenn Sie wirklich überzeugen wollen, dann wollen Sie aber als ganzer Mensch überzeugen, nicht nur mit Ihrer Rede, nicht nur mit Ihrem Gesicht. Ihr ganzer Körper und auch Ihr Gestus, Ihre Händen sollen wirken.

Wenn Sie also wollen, dass die gesamte Arbeit, die Sie in die Vorbereitung gesteckt haben, wenn Sie wollen, dass Ihre Überzeugung auch wirklich zu Ihren Zuschauern durchdringt, dann müssen Sie sich darum bemühen, ein passendes Pult zu finden. Dieses Pult soll mehrere Kriterien erfüllen:

| 1 | Es muss sich auf das wirklich Notwendige beschränken, also auf die Unterlage für das Rheto*Script*®.

| 2 | Das Pult muss höhenverstellbar sein. Sie sollten es so einstellen können, dass Ihre Hände, wenn sie abgewinkelt sind, etwa im rechten Winkel auf dem Pult auflegen. Dann haben Sie meistens den richtigen Abstand zu Ihrem Rheto*Script*® und auch eine ruhige gelassene Haltung. Wer also 1,70 Meter groß ist, bei dem sollte das Pult für die Handauflage etwa in einer Höhe sein von 1,15 Metern. Gute Pulte sind höhenverstellbar. Wir haben es schon erlebt, dass im Rahmen einer Vortragsserie der erste Redner 1,60 Meter groß war, der letzte 1,95 Meter. Alle haben mit dem gleichen Pult gearbeitet. Ergebnis:

Der kleine Redner musste seinen Kopf in den Nacken legen (das sieht hochnäsig aus), der große Redner musste sich nach vorne beugen, um das Manuskript, das so weit unten war, sehen zu können. Ein Veranstalter, der an seine Redner denkt, hat deshalb ein höhenverstellbares Pult.

Wenn zusätzlich zu dem Manuskript noch eine Unterlage benötigt wird, so hat ein gutes Pult etwas weiter unten versetzt eine kleine Ablage, auf der solche Hilfsmittel deponiert werden können.

| 3 | Der Platz für eine Stoppuhr ist eine wirklich gute Hilfe bei einem guten Pult. So kann der Redner seinen Beginn fixieren oder über den Countdown die Redezeit im Griff behalten. Wer sich nur auf seine Armbanduhr verlässt, ist häufig verlassen. Wer nicht sehr große Erfahrung hat, vergisst nämlich ganz rasch den Beginn der Redezeit. Das ist natürlich: Das Gehirn konzentriert sich sofort auf die Rede, und der kurze Blick auf die Armbanduhr wird dann durch die Konzentration auf die Rede verdrängt. Wenn Sie sichergehen wollen, notieren Sie deshalb die Anfangszeit auf einem Zettel oder nehmen die Stoppuhr, die Ihnen auch eine Sicherheit gibt. Wenn Sie mit einer normalen Uhr arbeiten, ist es günstiger, die Endzeit, die Sie zugesagt haben, zu notieren als die Anfangszeit. Dann sehen Sie auch selbst klar, wie das Ende auf Sie zukommt.

Ein gutes Pult hat außerdem einen eigenen Platz für das Wasserglas. Optimal ist, wenn es etwas versenkt wird, weil es dann den Blick auf den Redner nicht stört.

Ein gutes Pult hat auch einen eingebauten Anschluss für den Computer und eine verstellbare Ablage, falls Sie mit dem Computer unmittelbar vom Pult aus arbeiten wollen. Dann liegen keine störenden Kabel herum.

Wenn Sie den Blick auf dieses Pult werfen, so sehen Sie, dass dort die Vorstellungen optimal verwirklicht sind. Einzelheiten erfahren Sie gerne aus dem Internet. Dieses Pult ist – zugegebenermaßen – die Luxusversion. Es gibt aber vielfältig und wirklich einfache und preiswerte Ausführungen.

Die Auflagefläche auf dem Pult muss größer als 2 x A4 sein, sodass Sie ein normales Rheto*Script*® problemlos nebeneinanderlegen können. Zweckmäßig ist auch, wenn auf dem Pultblatt selbst verschiedene Raster vorgesehen sind, sodass Sie das Manuskript zuverlässig in der Höhenlage verändern können. Beinahe schon ideal ist es, wenn sämtliche elektrischen Anschlüsse einschließlich Licht, Computeranschluss und Lautsprecher so in das Pult eingebaut sind, dass sie von außen aus nicht störend wirken. So wird auch der zu technische Eindruck vermieden, wenn Anschlusskabel sichtbar sind.

Übrigens: Auch im Bundestag gibt es ein höhenverstellbares Pult. Viele Bundestagsabgeordnete wissen das gar nicht. Fast keiner nutzt es. Es ist auch unglücklich konstruiert. Wenn man von dem Abgeordneten verlangt, dass er vor der Rede erst auf einen Knopf drückt und dann einige Sekunden warten muss, bis das Pult die richtige Höhe hat, ist das peinlich. Vor allen Dingen gibt es auch keinen Messanzeiger, der indiziert, wie hoch das Pult jetzt gerade ist.

Hinter dem Schreibtisch

Unsere Bundeskanzlerin spricht bei der Weihnachtsansprache sitzend hinter dem Schreibtisch. Das Gleiche galt für die früheren Bundespräsidenten. Diese Haltung wird von den »Beratern« empfohlen, weil sie anscheinend besonders viel Vertrauen ausstrahlen soll. Gerade diese Haltung ist aber für eine überzeugende Ansprache unnatürlich.

Wieder stellt sich die Frage: Wie soll der Redner als **ganze** Person wirken, wenn er nur zur Hälfte sichtbar ist? Wenn Sie sich diese Reden im Internet ansehen, werden Sie auch feststellen, dass beide, die Bundeskanzlerin und der Bundespräsident Köhler, ihre Hände nicht unter Kontrolle bekommen. Die Bundeskanzlerin hält mit der einen Hand die andere fest, nur damit diese Hände nicht gestikulieren. Der Bundespräsident Köhler hält die Hände in der Regel schön brav neben dem Manuskript liegend. Bei der Bundeskanzlerin zeigt die Haltung die Nervosität, strahlt also das Gegenteil aus von dem, was sie eigentlich will. Sie wollte mit der Weihnachtsansprache 2009 das Vertrauen in das Jahr 2010 signalisieren bei allen Schwierigkeiten, die auf uns zukommen. Wenn sie ihre eigenen Hände festhalten muss, damit sie nicht zappeln und unruhig werden, strahlt sie aber Unsicherheit aus.

Auch der frühere Bundespräsident strahlt keine gelassene Ruhe aus, sondern erzwungene Ruhe. Es ist unnatürlich, wenn ein Mensch bei der Rede überhaupt keinen Gestus macht. Das wird häufig vom Fernsehen diktiert nach dem Motto: Das stört die Bildführung oder das Bild. Die Erfahrung zeigt aber: Wenn Gesten gestalten, dann ist das natürlich und überzeugend. Ohnehin ist eine Rede hinter einem Schreibtisch immer nur eine halbe Sache, weil nur der halbe Redner wirkt.

Das Mikrofon

Verweigern Sie nach Möglichkeit eine Rede mit einem feststehenden Mikrofon. Das feststehende Mikrofon hat eigentlich nur einen einzigen Vorteil: Es verstärkt die Stimme. Ansonsten hat es gegenüber den anderen Mikrofonmöglichkeiten nur Nachteile. Verlangen Sie ein »Knopf«-Mikrofon, also ein Mikrofon, das am Kragen oder am Hemd oder an der Bluse befestigt werden kann. Diese

Mikrofone werden als Lavalliermikrofon bezeichnet. Der Vorteil dieser Technik ist offenkundig:

Dieses Mikrofon stört nicht den Blick auf den Redner. Abgesehen von der Auflage des Pultes sind Sie frei sichtbar und können so auch am besten mit Ihrem Publikum kommunizieren.

Wenn Sie sich bei einem feststehenden Mikrofon drehen, bewegen, bei einer Präsentation vielleicht einmal zur Wand blicken oder wenn Sie vom Pult weggehen wollen, alle diese Möglichkeiten, die Ihren persönlichen Kontakt zum Publikum verstärken, verbieten sich durch das feststehende Mikrofon. Der Veranstalter zwingt Sie also und schränkt Sie ein. Lassen Sie sich das nicht gefallen. Fordern Sie rechtzeitig ein solches Lavalliermikrofon an. Dieses Mikrofon hat einen einzigen kleinen Nachteil: Wenn Sie gerade stehen, aber den Kopf zur Seite drehen, kann je nach Platzierung des Mikros auch eine Tonverschattung stattfinden. Es ist aber bei der Rede sowieso besser, wenn Sie nicht nur den Kopf bewegen, sondern den ganzen Körper. Das signalisiert die ganze Hinwendung zu den Personen, die Sie gerade anschauen.

Technisch optimal ist das Mikrofon, das über eine Halterung an den Wangen entlang geführt wird. Dieses hat aber den optischen Nachteil, dass es noch allzu technisch wirkt. Wir bevorzugen deshalb das Lavalliermikrofon.

Die Lautsprecher

Manche Redner haben eine leise Stimme. In diesen Fällen empfiehlt sich schon ab 20 bis 30 Personen der Einsatz eines kleinen Lautsprechers mit Lavalliermikrofon.

Beachten Sie die Aussteuerung der Lautsprecher und wählen Sie eine Tonfarbe, die für Sprechen programmiert ist. Viele Lautsprecher haben verschiedene Tonfärbungen, von Musik über Kirche und Jazz bis zum Sprechen. Sichern Sie, dass die richtige Einstellung gewährleistet ist.

▉ Die Beleuchtung

Redner werden nur ganz selten optimal ausgeleuchtet, weil den Veranstaltern das Problem nicht bekannt ist.

Sorgen Sie deshalb rechtzeitig dafür, dass der Pultbereich so ausgeleuchtet ist, dass Sie als Redner sichtbar sind. Wenn Sie ein Lavalliermikrofon haben, können Sie auch das Pult für einen freien Redeteil verlassen und wirken so noch souveräner und überzeugender. Das macht aber nur Sinn, wenn Sie nicht vom Pult aus ins Dunkle gehen.

Wenn Sie mit einer Präsentation arbeiten, müssen Sie auf ein fokussiertes Licht achten. Meist werden bei Präsentationen die Lichter gedimmt. Da die Zuschauer dann sowieso eher auf die Leinwand blicken, ist der Redner aus dem Blickfeld, wenn er in einem abgedunkelten Bereich spricht. Es ist technisch ohne weiteres möglich, eine gesonderte Lichtschaltung zu steuern, die Sie als Redner auch dann ausleuchtet, wenn der übrige Saal wegen der Präsentation abgedunkelt ist. Das wirkt sogar ganz besonders gut.

Auf jeden Fall müssen Sie vermeiden, dass die Lichtquelle Sie von unten beleuchtet. Dann wirken Sie wie das Phantom der Oper.

▉ Die Nebendarsteller

Bei vielen Veranstaltungen ist vorne ein großes Präsidium und dann gleich neben dem Präsidium das Pult für den Redner. Das ist sehr ungünstig für den Redner. Die Teilnehmer am Präsidium sind erfahrungsgemäß nicht die ganze Zeit ausschließlich damit beschäftigt, aufmerksam zuzuhören. Sie beschäftigen sich mit ihren Unterlagen, trinken etwas, machen Notizen, prüfen ihr iPhone oder anderes mehr. Zuschauer lassen sich nun einmal gerne ablenken – da sind sie nicht anders als Sie und wir. Wenn schon ein solches Präsidium sein muss, dann sollte eine möglichst deutliche Distanz zwischen dem Präsidium und dem Rednerpult sein. Wenn eine Präsentation mit eingeschaltet ist, sollte das Präsidium in dem abgedunkelten Bereich sitzen – umso besser.

Die Prüfung

Alle diese Punkte scheinen »Kleinigkeiten zu sein« gegenüber dem großen Inhalt, gegenüber dem wichtigen Gedanken, die Sie präsentieren. Tatsächlich handelt es sich aber dabei um notwendige Steinchen, die das gesamte Mosaikbild prägen. Erst wenn alles zusammenpasst, hat Ihre Rede die optimale Wirkung. Da diese jetzt angesprochenen Punkte regelmäßig vernachlässigt werden, können Sie gerade dadurch auch besonders gut die Wirkung verstärken. Achten Sie aber rechtzeitig darauf, informieren Sie die Veranstalter auch einige Tage vor Ihrer Rede über Ihre Wünsche.

Wir nehmen bei wichtigen Reden immer vorsorglich einen leistungsfähigen Lautsprecher mit, der auch einen Anschluss an ein Lavalliermikrofon hat. So sind wir gesichert und gleichzeitig auch beweglich, um vom Pult weg frei zu sprechen und frei überzeugen zu können.

Wir haben eine Checkliste für diese Prüfungen entwickelt, die im Internet verfügbar ist.*

---

* www.task-akademie.de

12 Präsentieren – aber richtig

»Über Nacht wird man nur dann berühmt,
wenn man tagsüber hart gearbeitet hat.«

Howard Carpendale

Präsentieren heißt, die Rede mit Hilfsmitteln verständlich zu machen. Alle Regeln, die für den Redner gelten, gelten deshalb auch für seine Präsentationsmittel. Diese Mittel sind sehr vielgestaltig: Nicht nur die heute überall gängigen Computerpräsentationen, auch Overhead, Flipchart, Diashow, Videosequenzen, Videokonferenzen oder auch Gegenstände, die eine Rede anschaulicher machen; wenn ein Landwirtschaftsminister über Genanbau spricht, macht es sich vielleicht ganz gut, wenn er zum Beispiel mit einer Kartoffel spielt, Mais durch seine Hände rieseln lässt oder in einen Apfel beißt. Für alle Präsentationen gelten die im Buch für den Redner besprochenen Anforderungen. Sie dürfen alles präsentieren, wenn es im Dienst Ihrer Rede steht. Im Dienst Ihrer Rede steht es nur dann, wenn Sie die Präsentation auf Ihre Zuschauer ausrichten, also wenn Sie sich alterozentrisch vorbereitet haben.

◼ Die Wirkung der Präsentation

Gehen Sie davon aus, dass die meisten Zuschauer kein Interesse daran haben, Ihre Präsentation zu erdulden. Die meisten müssen und würden lieber an ihrem Schreibtisch etwas bearbeiten, abends vielleicht beim Fußballspiel zuschauen oder einfach nur entspannen. Sie müssen also von Beginn an Ihre Zuschauer »einfangen«. Deshalb müssen die Zuschauer von Anfang an wissen, warum sie Ihnen zuhören oder zusehen sollen. Sie müssen Ihren Zuschauern also das Gefühl vermitteln, dass die Zuschauer wichtig sind, nicht Sie. Auch wenn Ihnen ein Bild im Rahmen einer Präsentation noch so gut gefällt, wenn es voraussichtlich keine Wirkung auf die Zuschauer hat oder den Vortrag unnötig verlängert, müssen Sie es streichen. Wenn eine Grafik so umfangreich wird, dass die Zuschauer sie nicht leicht nachverfolgen können, hilft nur streichen, vereinfachen und reduzieren. Verständlich präsentieren geht vor »vollständig« präsentieren. Wer glaubt, mit der Präsentation könne er das Thema erschöpfen, erschöpft die Zuschauer. Grundsätzlich gilt bei Präsentationen: Weniger ist mehr. Zu verführerisch ist es, seinen Spieltrieb auszutoben, aber: Die Präsentation soll kein Eigenleben neben Ihnen als Redner führen, sondern Ihre Rede unterstützen, also im Dienst Ihrer Rede stehen. Andernfalls haben Sie als Ergebnis möglicherweise den Eindruck bei den Zuschauern, dass Sie zwar mit dem Computer hervorragend umgehen können, aber die Zuschauer haben keinen bleibenden Eindruck von Ihnen als Redner. Gene Zelazny hat seine eigenen mehr als 35-jährigen Erfahrungen zum Thema Präsentation zusammengefasst.*

Die Grundrechte der Zuhörer

Zelazny hat in einem Grundkapitel die »Grundrechte der Zuhörer« formuliert. Hier sind sie:

»Ziele
- Das Recht, als Zuhörer zu wissen, was ich nach Meinung des Vortragenden tun oder denken soll, wenn ich die Präsentation gehört und gesehen habe.

---

* Director of Visual Communications bei der Unternehmensberatung McKinsey & Company, »Das Präsentationsbuch«

- Das Recht, die Gründe für meine Beteiligung zu erkennen.
- Das Recht, dass die Zeit, die ich mir für die Präsentation nehme, sinnvoll genutzt wird.

Respekt

- Das Recht, einen Beitrag zum intellektuellen Inhalt zu leisten und am Ergebnis teilzuhaben.
- Das Recht, die Vorschläge abwägen zu können, anstatt zu einer sofortigen Entscheidung gedrängt zu werden.
- Das Recht, weder herablassend noch kriecherisch behandelt zu werden, sondern aufgrund meiner Erfahrung, meiner Intelligenz und meines Wissens respektiert zu werden.
- Das Recht auf Ehrlichkeit, wenn der Vortragende keine Antwort auf meine Fragen weiß.
- Das (selten wahrgenommene) Recht, mit den Füßen abzustimmen und bei einer miserablen Präsentation einfach den Raum zu verlassen.

Zeitmanagement

- Das Recht, im Voraus zu wissen, wie lange die Präsentation dauern wird.
- Das Recht auf pünktlichen Beginn und pünktliches Ende der Präsentation, damit mein enger Terminplan nicht in Gefahr gerät.
- Das Recht, ab und zu Pausen erwarten zu dürfen, und zwar nicht nur für biologische Bedürfnisse.

Inhalt

- Das Recht zu wissen, wohin die Reise geht und wie die Präsentation strukturiert ist.
- Das Recht zu erfahren, welche Entscheidungen auf dem Spiel stehen, mit welchen Argumenten der Vortragende seine Position begründet und auf welche Fakten sich diese Argumentation stützt.
- Das Recht, wichtige Informationen zu Beginn zu erfahren. Ein überraschendes Ende ist eher ein Merkmal einer Kurzgeschichte.

Schaubilder

- Das Recht, jedes Wort auf jedem Schaubild von jedem Platz aus lesen zu können, ohne ein Opernglas benutzen zu müssen.
- Das Recht auf eine Erklärung komplizierter Schaubilder.

Flexibilität

- Das Recht, die Präsentation zur Diskussion zu unterbrechen, damit die Gruppe eine gemeinsame Verständnisbasis erreicht.
- Das Recht, jederzeit Fragen stellen und auf diese Fragen Antworten erwarten zu dürfen, anstatt mit den Worten ›Dazu komme ich später noch‹ abgespeist zu werden.

Vortragstechnik

- Das Recht, den Vortragenden auch von der letzten Reihe aus zu hören.
- Das Recht, die Präsentation auf mich wirken lassen zu dürfen, ohne von wildem Gestikulieren abgelenkt zu werden.
- Das Recht, das Gesicht des Vortragenden zu sehen, nicht seinen Hinterkopf, während er zur Leinwand spricht in der Hoffnung, dass seine Botschaft dort abprallt und mich im Publikum trifft.
- Das Recht, den Humor des Vortragenden genießen zu dürfen, wenn dies hilft, ein Argument zu unterstreichen, Spannungen abzubauen oder eine Beziehung aufzubauen.

Abschluss

- Das Recht, einen eindeutigen Überblick über die vereinbarten Punkte und die nächsten Schritte zu bekommen.
- Das Recht, den Raum mit dem Gefühl zu verlassen, dass etwas Sinnvolles erreicht wurde.«

Diese Grundrechte haben Sie auch in vorangegangenen Kapiteln in anderer Formulierung immer wieder erfahren. Zelazny hat recht.

Erste Fragen:

Im Laufe der Vorbereitung der Rede sollten Sie erst klären, welche Präsentationsmittel Ihnen zur Verfügung stehen. Wenn Sie sich rechtzeitig darum kümmern, können die Organisatoren Beamer, Overheadprojektor oder Flipchart, Diaprojektor, Clipmikrofon und anderes mehr regelmäßig organisieren. Ihre Entscheidung ist es, welches Medium Sie einsetzen möchten. Die Computerprojektion ist bei einem Zuschauerkreis, der mehr als 40 Personen umfasst, regelmäßig sinnvoll, weil ansonsten die Zuschauer in den hinteren Reihen zum Beispiel ein Flipchart nicht mehr lesen können. Wenn Sie weniger als fünf Folien präsentieren wollen, ist ein Overheadprojektor sinnvoller als der technische Aufwand und damit auch die technisch möglichen Probleme einer Computeranimation. Bei einer Rede unter fünf Minuten ist eine Computerpräsentation nicht zu empfehlen; das ist unverhältnismäßig. Ein Flipchart oder Overheadprojektor ist dann wirkungsvoller. Eine Rede, die länger als 15 Minuten dauert, ohne Hilfsmittel für die Zuschauer zu gestalten, heißt, auf wesentliche Wirkungsmöglichkeiten zu verzichten. Das ist zwar heutzutage noch vielfach üblich, auch und gerade in der Politik. Das spricht aber nicht dafür, dass es so richtig ist. Gerade die Politik muss noch sehr intensiv lernen, wie sie mit ihrem Markt, nämlich mit den Zuschauern (= Wählern), umgehen muss.

Sie können die Präsentationshilfen auch kombinieren. Neben einer Computerpräsentation, die regelmäßig nicht in völlig abgedunkelten Räumen stattfindet, kann ein Flipchart durchaus sinnvoll sein, weil Sie die vier oder fünf wesentlichen Punkte oder Begriffe während der ganzen Animation immer wieder auf dem Flipchart präsent haben können. Das setzt allerdings voraus, dass die Schrift auch noch in der letzten Reihe lesbar ist. Bei mehr als 30 Personen ist das meistens nicht der Fall, es sei denn, der Flipchart steht hoch auf einer Bühne.

Wer über die Flugzeugindustrie mit intensiven beeindruckenden Folien über den Computer brilliert, kann dies auch durchaus ergänzen, wenn er einen Gegenstand aus einem solchen Flugzeug, der für seinen Vortrag besonders wichtig ist, körperlich zeigt: ob das eine Sauerstoffmaske ist, eine Bordbeschreibung, eine Zusammenstellung eines »grauenvollen« Bordmenüs oder, oder ... Um einen solchen Gegenstand kann Ihre ganze Rede eine Geschichte erzählen.

Für alle Präsentationen gilt, dass Sie die Präsentation sicher beherrschen müssen und sich nicht von der Präsentation beherrschen lassen, insbesondere nicht von der Technik. Es gibt dazu sehr umfangreiche Bücher. Wir wollen uns auf einige wesentliche Punkte beschränken.

PC-Präsentationen

Sie wollen Ihre Gedanken für die Zuschauer nicht nur hörbar, sondern auch sichtbar umsetzen. Der Mensch ist ein Augentier. Etwa drei Viertel unserer Informationen erhalten wir über die Augen. Wenn Sie also die Augen der Zuschauer fesseln, haben Sie schon zum guten Teil gewonnen. Wer nur zu den Ohren spricht, riskiert, dass die Augen abwandern. Es gibt Untersuchungen, deren Ergebnisse zeigen:

| 1 | Die Wirkung: Wer in die Rede eine visuelle Unterstützung einbaut, hat in zwei Dritteln aller Fälle mehr Erfolg als einer ohne eine solche Hilfe.

| 2 | Die Entscheidung: Wenn Sie eine Entscheidung wollen, dann erhöht der Einsatz von visuellen Hilfen die Wahrscheinlichkeit, dass eine Entscheidung fällt, auf 80 Prozent.

| 3 | Kürze: Wenn Sie visuelle Unterstützung geben, verkürzen Sie in der Regel Konferenzen erheblich, bis zu zirka 30 Prozent.*

| 4 | Die Bilder: Wenn Sie sich mit der Visualisierung Ihrer Gedanken beschäftigen, hat das für Sie einen ganz entscheidenden Vorteil. Sie selbst denken in Bildern, weil Visualisierung bedeutet, in Bildern zu denken. Und Ihre Zuschauer brauchen diese Bilder.

....

* So das Wharton-Institut, nach Emil Hierhold, »Sicher präsentieren, wirksamer vortragen«

■ Zwölf Regeln vorab

Regel 1:
Beschränken Sie sich also auf das Wesentliche. Meistens ist es richtig, mit den Schlussfolgerungen, also mit dem Ergebnis, zu beginnen. Während der Präsentation können Sie dann den Weg dorthin und die Probleme erläutern. Also:

> »Sie werden heute erfahren, wie unser Unternehmen zwölf Prozent mehr Ertrag erwirtschaften kann.«

Regel 2:
Zeigen Sie immer nur den jeweiligen Redepunkt.
Wenn Sie eine Folie mit allen Inhalten sofort zeigen, wandern die Augen der Zuschauer auf diese Folie, und sie betrachten sie und lesen sie. Sie hören nicht Ihnen zu, sie lesen die gesamte Folie. Was Sie selbst in der Zwischenzeit sagen, rauscht vorbei. Wenn Sie also präsentieren, dann immer nur zielpunktgenau zum jeweiligen Punkt Ihrer Rede.

Regel 3:
Bringen Sie bei der Folie nur Stichpunkte, keine Sätze. Die Sätze bringen Sie als Redner. Sie ergänzen die Folie, Sie wollen nicht durch die Folie überflüssig werden.

Regel 4:
Die Größe Ihrer Schrift müssen Sie nach der Zuschauerzahl richten und nach der Größe der verfügbaren Leinwand. Die Faustformel heißt: Zwei Prozent der Länge der Leinwand entsprechen der Größe der Buchstaben. Eine Buchstabengröße unter 24 Punkten ist meist zu klein.

Regel 5:
Ihre Folien sollen informieren, durch Bilder ergänzen, aber nicht beunruhigen. Verzichten Sie also auf eine unruhige Foliengestaltung, machen Sie für alle Ihre Folien einen gleichen Präsentations-

hintergrund, sodass der Zusammenhang auch optisch dargestellt ist. Wenn Sie sehr verschiedenartige Themen in Ihrer Rede ansprechen, sollten die Themen jeweils farblich zusammengefasst sein. Für den Zuschauer muss die Folie »einsichtig« sein, nur dann kann er auch Ihren Vortrag ein-sehen.

Regel 6:
Wenn Sie Zahlen oder Statistiken bringen, geht Verständnis vor Genauigkeit. *33,65 Prozent* ist genau, bleibt aber nicht haften. *Ein Drittel* schon. Oder ein passender Vergleich, wonach dieser Anteil genau dem gleichen Anteil beim Mitbewerber entspricht oder entsprechend besser ist. Aber beachten Sie: Ganz genaue Zahlen schaffen beim Zuschauer Vertrauen. Wenn Sie also abrunden, sollten Sie zu Beginn einmal ganz genaue Zahlen nennen und dann darauf verweisen, dass Sie in der Zukunft aus Vereinfachungsgründen abrunden.

Regel 7:
Werden Sie sich klar darüber, welches Ziel Sie mit ihrer Rede verfolgen.

- Wollen Sie sachlich bleiben?
- Wollen Sie Emotionen wecken?
- Wollen Sie vereinfachen?
- Wollen Sie dramatisieren?

Heftig diskutiert wird immer die Frage, ob Sie die Information, die Sie präsentieren, nochmals wörtlich wiederholen oder davon ausgehen, dass diese Information die Zuschauer bereits gelesen haben, und Sie daran anknüpfen. Entscheidend ist auch hier wieder die Hauptfrage: Was hilft den Zuschauern?

Wenn Sie durch die Animation den Punkt »CO_2-Verringerung« haben erscheinen lassen, brauchen Sie ihn nicht wörtlich zu wiederholen, wenn das vorherige Kapitel in Ihrer Rede deutlich abgeschlossen ist. Ansonsten können Sie diesen Punkt aufnehmen mit dem Hinweis: Kommen wir also zu dem heißen Kapitel, wie der

CO_2-Ausstoß verringert werden kann. Dann können Sie auf die verschiedenen Untergliederungen eingehen, die Sie jeweils darstellen, entweder indem Sie vorher einen Überblick über fünf oder zehn verschiedene Möglichkeiten geben oder indem Sie sie punktuell abarbeiten.

Regel 8:
Arbeiten Sie mit Farben, die aber von Ihnen eindeutig zugeordnet werden und sich dann auch nicht ändern. Wenn Sie den CO_2-Ausstoß mit einer blauen Überschrift gebracht haben, bleiben Sie bei dieser Farbe, wenn auch in verschiedenen Graduierungen. Zumindest in dem Bereich, in dem Sie die Gründe für den CO_2-Ausstoß darstellen. Wenn Sie nunmehr das Kapitel Verringerung angehen, können Sie die Farbe wieder wechseln. Das darf aber nicht wie ein bunter Farbenteppich aussehen, weil dann die Zuschauer wieder den Überblick verlieren.

Regel 9:
Stellen Sie sich bei der Präsentation vom Zuschauer aus gesehen zunächst dicht links neben die Leinwand. Wenn Sie auf einen wichtigen Punkt an der Leinwand hinweisen wollen, drehen Sie sich stumm um, weisen mit Stock, Zeigefinger oder Laserpointer auf den Gegenstand, drehen sich wieder stumm zum Publikum und fangen erst dann zu reden an. Bleiben aber in etwa mit Ihrer Hand oder dem Pointer auf dem jeweiligen Stichwort. Das kann man trainieren. Solange Sie mit der Hand den Hinweis geben können, ist die Hand richtig, dann der Stock. Laserpointer sind meistens ungünstig, weil sie »zittern«.

Nützen Sie bei der Präsentation die Möglichkeit, gelegentlich die Seite zu wechseln. Gerade dann, wenn Sie »gegensätzliche« Positionen darstellen, können Sie die eine Position links von der Projektionsleinwand darstellen, die andere von rechts. Das darf aber kein ständiges Wechseln werden, das führt zu Unruhe.

Klären Sie vorher mit dem Veranstalter, dass ein Punktstrahler so fokussiert wird, dass Sie als Person hell erkenntlich sind, dass dieses Licht aber nicht oder nur ganz wenig auf die Leinwand abstrahlt. Sie sollen nicht aus dem Dunkeln reden.

Regel 10:
Trainieren Sie die Präsentation zunächst alleine und dann in einem Kreis von zwei oder drei Personen, die es wirklich gut mit Ihnen meinen und Ihnen dabei helfen, Missverständnisse auszuräumen.

Regel 11:
Machen Sie sich mit der gesamten Technik vertraut. Eine PC-Präsentation müssen Sie in Kopie auf einer CD oder DVD gespeichert mit zum Vortrag bringen. Computer streiken gelegentlich. Auch der Ihre. Zusätzlich zur CD empfiehlt es sich, die Präsentation auf einen Stick zu laden. Es gibt heute auch schon Computer, die kein Laufwerk mehr verfügbar haben. Wenn also Ihr Computer streikt, müssen Sie auf ein fremdes Modell zugreifen.

Überprüfen Sie die Technik im Vortragsraum. Wenn dieser sowieso in Ihrer Nähe ist, prüfen Sie ihn einige Tage vorher, seien Sie aber auf jeden Fall etwa eine Stunde vor dem Vortrag in dem Raum, um auch wirklich alles zu überprüfen. Wo sind die Lichtschalter für welches Licht? Wie kann die Verdunkelung ausgelöst werden? Funktioniert die Beleuchtung von Ihnen als Redner, wo geht der Lichtstrahl hin? Stimmen alle Kabelverbindungen?

Wenn Sie eine Leinwand zur Präsentation brauchen: Je näher die Leinwand oben an der Decke ist, desto besser haben alle einen guten Blick auf die Präsentation.

Wenn Sie mit einem Tageslichtprojektor arbeiten, stellen Sie sicher, dass der Projektor nicht die Sicht der Zuschauer behindert oder blendet. Ist es ein Tageslichtprojektor, der eine Ersatzbirne hat? Solche Birnen gehen immer im falschen Moment kaputt.

Wenn Sie beim PC die Präsentation ferngesteuert bedienen wollen: Denken Sie an die Ersatzbatterien für die Fernsteuerung.

Was nützt die ganze Vorbereitung, wenn es nachher an der Technik hapert? Die Zuschauer verlangen zu Recht, dass Sie das alles vorher geprüft haben. Auf Dritte dürfen Sie sich dabei nicht verlassen.

Regel 12:
Die Zuschauer haben Anspruch auf einen pünktlichen Beginn und ein pünktliches Ende. Wenn Sie sich einen Bonus verdienen wollen: Kündigen Sie 45 Minuten Präsentation an, hören aber nach spätestens 40 Minuten auf. Jeder wird Ihnen dankbar sein.

Wir erleben leider immer wieder das Gegenteil. Die beste Präsentation verliert ihre Wirkung, wenn sich die Zuschauer ärgern, weil Sie die Zeit überziehen. Sie haben es sicher selbst schon erlebt: Eine Präsentation ist angekündigt und im Anschluss daran ein Buffet. Der Redner behauptet, er würde etwa 45 Minuten sprechen. Er ist in diesen 45 Minuten hervorragend. Nach einer Stunde werden Sie etwas unwillig auf die Uhr schauen, der Magen freut sich auf das Buffet. Nach einer Stunde und 15 Minuten halten Sie vom Redner überhaupt nichts mehr und denken nur noch: Hoffentlich hört der jetzt gleich auf. Zwischenzeitlich hat der Redner mindestens zweimal angekündigt, dass er jetzt zum Schluss kommt. Wenn er dann wirklich aufhört, dreht sich das Gespräch nicht mehr um die früheren Inhalte. Einfach deshalb, weil der Ärger über die Zeitverzögerung im Gehirn die Speicherung dieser Inhalte verdrängt hat. Wozu dann die ganze Vorbereitung?

■ Die Arbeit mit Text und Bildern

>»Es kommt nicht darauf an, was man sagt,
>sondern was die Zuschauer sehen.«

Sie haben sich schon beim Aufbau der Rede intensiv mit dem Thema Bilder beschäftigt (vgl. Kapitel 7). Wenn Sie prüfen, wie Sie ein Bild optisch in der Präsentation umsetzen, gibt Ihnen das nochmals bessere Klarheit, ob dieses Bild wirklich passt. Sie verinnerlichen es dann auch und haben während der Rede kein Problem im Umgang mit diesem Bild.

Wenn Sie sich mit der Anzahl der Bilder beschäftigen, dann berücksichtigen Sie folgende Faustregel:

Gesamtzeit in Minuten = maximale Bildzahl

Gesamtzeit in Minuten : 3 = minimale Bildzahl

Wenn Sie ein Bild in mehreren Schritten aufbauen, ist das »ein Bild« im Sinn dieser Regel. 20 Minuten Vortrag heißt also maximal 20 Bilder, minimal sechs bis sieben Bilder. Entscheidend ist, dass Sie für jeden Informationsbereich zumindest ein Bild haben.

Der Folieninhalt:
25 Worte pro Folie sind ein guter Maximalwert. Dann ist sichergestellt, dass nicht zu viel auf der Folie steht, dass die Worte auch gerade deshalb ausreichend groß lesbar sind, sodass sie auch von allen Seiten gesehen werden. Sie selbst werden gezwungen, das Konzentrat Ihrer Rede zu formulieren.

- Verwenden Sie Telegrammstil.
- Ein Gedanke für jeden Gliederungspunkt.
- Auf die Folie gehören nur Schlagworte.

- Gliedern Sie mit Farbe, aber kleistern Sie die Folie nicht zu. Bei der Kombination von Farben berücksichtigen Sie, dass etwa neun Prozent aller Männer eine Rot-Grün-Sehschwäche (oder Blindheit) haben und etwa 0,8 Prozent aller Frauen. Sie ist schwächer als die Gelb-Blau-Sehschwäche oder die vollständige Farbblindheit. Sie können es gleich selbst prüfen:

Für Rot-Grün-Blinde:

Erkennen Sie diese Zahlen?
1. Bild 16, 2. Bild 45

Wenn Sie also Unterschiede mit Farben markieren wollen, stellen Sie kein Rot und Grün nebeneinander, sondern eher Rot und Gelb. Wenn Sie einen Text mit schwarzen Buchstaben haben und dann ein dunkelrotes Wort benutzen, um den besonderen Akzent hervorzuheben, wird gerade das häufig nicht erkannt. Karten mit sehr unterschiedlichen Farbnuancen werden gerade von solchen Menschen nicht gesehen. Zum Trost können wir hier anmerken, dass Fehlsichtige häufig mehr Stäbchen besitzen, die für Hell-Dunkel-Sehen zuständig sind. Sie können sich also in der Dunkelheit oft besser orientieren als Normalsichtige.

Der Umgang mit Tabellen

Die Tabelle hat in der Präsentation die Aufgabe, ein Ergebnis zu präsentieren. Die Analyse ist Ihre Aufgabe im Rahmen der Vorbereitung der Rede. Der große Vorteil der Tabelle ist, dass sie auf viele Maßeinheiten, mit denen die Zuschauer meist gar nichts mehr anfangen können, wie Nanosekunden, Mikron oder Lichtjahre, im Prinzip verzichten können. Entscheidend bei der Tabelle ist das Verhältnis der einzelnen Zahlen untereinander. Das müssen Sie herausheben und visualisieren. Verzichten Sie dabei auf Kommagenauigkeit, sofern nicht nur im Komma der Unterschied liegt. Runden Sie die Zahlen ab. Wenn es Ihnen darauf ankommt, nicht nur das Verhältnis der Zahlen untereinander darzustellen, also die prozentuale Steigerung um 20 Prozent oder die Verdrei- oder Vervierfachung des Umsatzes herauszuheben, dann sollten Sie für die Zahl auch ein Bild mitliefern. Möchten Sie also den Zuschauern im Gedächtnis verankern, wie viele Liter ein Barrel (Öl, Wein) hat, dann muss für diese Zahl ein Bild, ein Vergleich, gebracht werden. Dieses Bild kann gerne überraschend sein, wenn es nur seinen Zweck erfüllt. So können Sie für die 159 Liter eines Barrel das Bild bringen eines Alfa Romeo 159, der das Rotweinfass aus der Toskana transportiert. Sie können die Jahreszahl 1590 heranziehen, für die Ihnen Wikipedia mehr als 100 Geburtstage oder Todestage oder Ereignisse anbietet, und das mit dem entsprechenden Bild versehen. So ist in diesem Jahr beispielsweise Adam von Dietrichstein gestorben, ein österreichischer Adeliger. Er mag ja zum Beispiel viel zu viel Rotwein getrunken haben. Sie können auch den 15.9., also den 15. September, wählen. Auch hier gibt Ihnen Wikipedia vielfache Erinnerungsstützen. So brannten beispielsweise am 15. September 1935 die Synagogen. So wurde an einem 15. September (1231) der bayerische Herzog Ludwig der Kelheimer auf einer Brücke in Kelheim ermordet, an einem 15. September (1697) wurde Friedrich August I. von Sachsen (August der Starke) als August II. zum König von Polen gekrönt. Sie müssen also ein Bild mit dieser Zahl verbinden. Wenn Ihre Zuschauer lachen – umso besser. Dieses Bild müssen Sie aber dann während des Vortrages mindestens noch zweimal anklingen lassen, damit es auch wirklich im Gedächtnis bleibt.

Bedenken Sie auch, dass die Zuschauer mit einem Informationsgewinn aus Ihrem Vortrag herausgehen wollen. Sie dürfen also nur Zahlen verwenden, die man sich auch merken kann. Das bedeutet, dass Sie nicht mehr als drei Ziffern in einer Zahl unterbringen sollten. Hunderttausender oder Millionen reduzieren Sie auf drei Zahlen. Wenn das aus bestimmten beruflichen Gründen nicht möglich ist, dann bringen Sie zwar die ganze Zahl, reduzieren aber den Merkbereich auf eine Dreiergruppe.

Wenn Sie sich Zahlen aus Büchern herausholen, Statistiken übernehmen, müssen Sie diese in der Regel für Ihren Vortrag aufbereiten.

Wie immer müssen Sie sich erst über Ihr Ziel klar werden, bevor Sie ein Diagramm verwenden. Meistens sind es vier Fragen:

|1| Was beabsichtige ich mit diesem Diagramm?
|2| Für wen ist das Diagramm bestimmt?
|3| Wie wird das Diagramm präsentiert?
|4| Was soll das Diagramm aussagen?

Die wichtigste Frage dabei ist immer die nach der Aussagekraft des Diagramms. Sie können stetes Wachstum auf zwei Weisen darstellen.

Das erste Bild zeigt das Wachstum so:

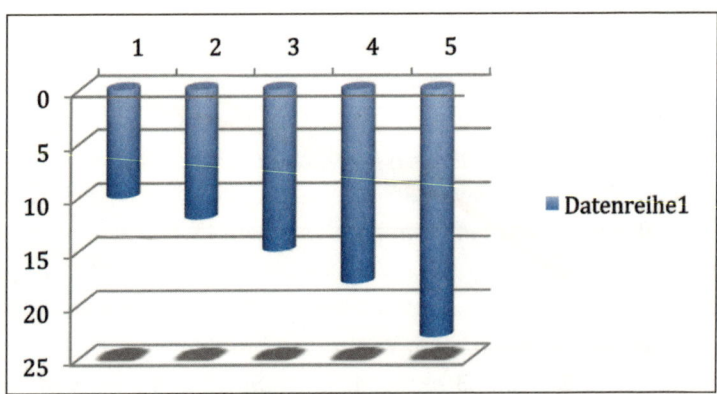

Das ist ein Wachstum, aber es entspricht nicht unseren Sehgewohnheiten. Richtig ist es deshalb, das Wachstum auf die übliche Art und Weise darzustellen:

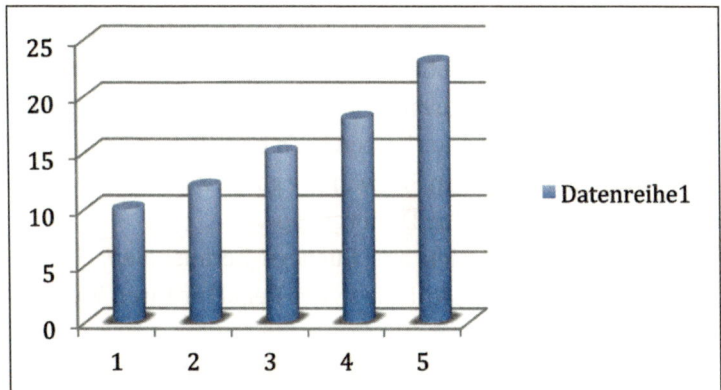

Da gerade dieses Bild als »Wachstum« interpretiert wird, ist es für die Zuschauer nicht hilfreich, wenn Sie ein solches Bild auch für andere Vergleiche als für den Begriff Wachstum benutzen.

Wenn Sie also folgendes Bild für die Darstellung des Benzinverbrauches von verschiedenen Autos hernehmen, ist das zwar objektiv richtig, vermittelt aber doch das falsche Bild, als ob es sich dabei um ein Wachstum handle. Besser wäre es, Sie würden einen Leistungsvergleich nicht mit vertikalen Achsen, sondern mit horizontalen Achsen darstellen, also so:

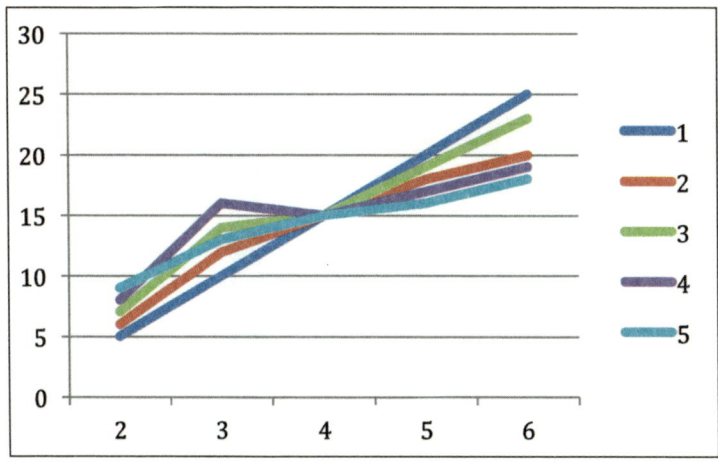

Wenn Sie Flächen oder Linien in Ihrer Präsentation einsetzen, so gelten die Hauptregeln: Das Wichtigste muss am deutlichsten sein.

Je größer eine Fläche, desto heller soll das Muster sein und umgekehrt. Vermeiden Sie auf jeden Fall Schraffuren, die zu optischen Täuschungen führen. Gegenläufige Schraffuren dürfen auch nicht eng nebeneinander sein. Das verwirrt das Auge.

Besonders deutlich hat sich *Die Zeit* bemüht, Grafiken einprägsam zu gestalten. Die Zeitung ist dafür auch prämiert worden. Zu Recht, wie Sie anhand der nachfolgenden Grafiken sehen.

Die Darstellung des Wasserverbrauches ist einprägsam, bleibt im Gedächtnis:

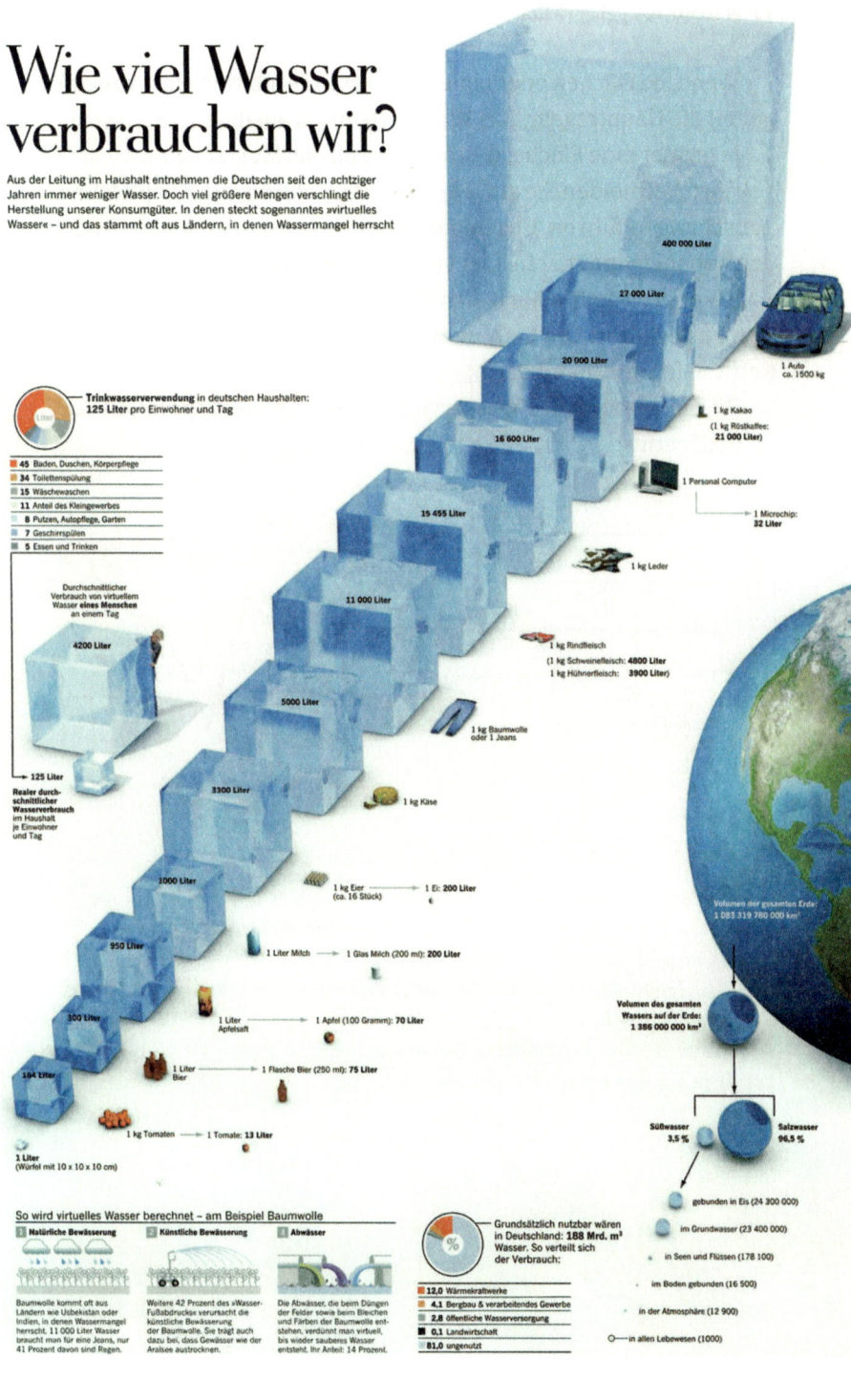

Wie viel Wasser verbrauchen wir?

Aus der Leitung im Haushalt entnehmen die Deutschen seit den achtziger Jahren immer weniger Wasser. Doch viel größere Mengen verschlingt die Herstellung unserer Konsumgüter. In denen steckt sogenanntes »virtuelles Wasser« – und das stammt oft aus Ländern, in denen Wassermangel herrscht

Trinkwasserverwendung in deutschen Haushalten:
125 Liter pro Einwohner und Tag

- **45** Baden, Duschen, Körperpflege
- **34** Toilettenspülung
- **15** Wäschewaschen
- **11** Anteil des Kleingewerbes
- **8** Putzen, Autopflege, Garten
- **7** Geschirrspülen
- **5** Essen und Trinken

Durchschnittlicher Verbrauch von virtuellem Wasser eines **Menschen** an einem Tag

4200 Liter

→ **125 Liter**

Realer durchschnittlicher Wasserverbrauch im Haushalt je Einwohner und Tag

184 Liter

1 Liter
(Würfel mit 10 x 10 x 10 cm)

400 000 Liter
27 000 Liter
20 000 Liter
16 600 Liter
15 455 Liter
11 000 Liter
5000 Liter
3300 Liter
1000 Liter
950 Liter
100 Liter

1 Auto ca. 1500 kg

1 kg Kakao
(1 kg Röstkaffee: **21 000 Liter**)

1 Personal Computer
→ 1 Microchip: **32 Liter**

1 kg Leder

1 kg Rindfleisch
(1 kg Schweinefleisch: **4800 Liter**
1 kg Hühnerfleisch: **3900 Liter**)

1 kg Baumwolle oder 1 Jeans

1 kg Käse

1 kg Eier (ca. 16 Stück) → **1 Ei: 200 Liter**

1 Liter Milch → **1 Glas Milch (200 ml): 200 Liter**

1 Liter Apfelsaft → **1 Apfel (100 Gramm): 70 Liter**

1 Liter Bier → **1 Flasche Bier (250 ml): 75 Liter**

1 kg Tomaten → **1 Tomate: 13 Liter**

Volumen der gesamten Erde: 1 083 319 780 000 km³

Volumen des gesamten Wassers auf der Erde: 1 386 000 000 km³

Süßwasser **3,5 %** — Salzwasser **96,5 %**

- gebunden in Eis (24 300 000)
- im Grundwasser (23 400 000)
- in Seen und Flüssen (178 100)
- im Boden gebunden (16 500)
- in der Atmosphäre (12 900)
- in allen Lebewesen (1000)

So wird virtuelles Wasser berechnet – am Beispiel Baumwolle

1 Natürliche Bewässerung

Baumwolle kommt oft aus Ländern wie Usbekistan oder Indien, in denen Wassermangel herrscht. 11 000 Liter Wasser braucht man für eine Jeans, nur 41 Prozent davon sind Regen.

2 Künstliche Bewässerung

Weitere 42 Prozent des »Wasser-Fußabdrucks« verursacht die künstliche Bewässerung der Baumwolle. Sie trägt auch dazu bei, dass Gewässer wie der Aralsee austrocknen.

3 Abwässer

Die Abwässer, die beim Düngen der Felder sowie beim Bleichen und Färben der Baumwolle entstehen, verdünnt man virtuell, bis wieder sauberes Wasser entsteht. Ihr Anteil: 14 Prozent.

Grundsätzlich nutzbar wären in Deutschland: **188 Mrd. m³** Wasser. So verteilt sich der Verbrauch:

- **12,0** Wärmekraftwerke
- **4,1** Bergbau & verarbeitendes Gewerbe
- **2,8** öffentliche Wasserversorgung
- **0,1** Landwirtschaft
- **81,0** ungenutzt

Für die Strichstärke gilt: Die Variablen müssen stärker gezeichnet sein als die Achsen, die Achsen wiederum stärker als die Rasterlinien. Wenn Sie Linien einsetzen, dann versuchen Sie die Linien auch mit einem Sinn zu verbinden. Also zum Beispiel eine durchgezogene Linie für einen Erfolg, also für ein Ist-Ergebnis, eine unterbrochene Linie für einen Wunsch, also für einen Plan oder für ein Plan-Ergebnis oder für ein Soll-Ergebnis.

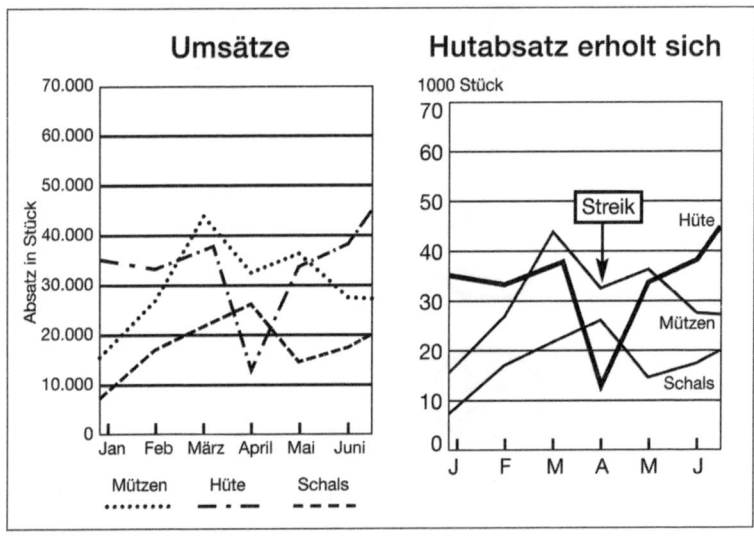

Wer findet die sieben »kleinen« Fehler? *Die Fehler im linken Bild: nichts sagender Titel; zu große Zahlen an der y-Achse; y-Beschriftung vertikal (schlecht lesbar); Rasterlinien zu dick; Variable zu dünn; Variable unterscheidet sich nur durch das (abstrakte) Punkt-Strich-Muster; Legende außerhalb des Bildes (statt bei den Variablen).*
Das rechte Bild vermeidet diese Fehler und nützt zusätzlich die Möglichkeit, das Auge auf den Knickpunkt der Linie zu lenken.

Über **Symbole**

Besonders wirksam ist die Präsentation, wenn Sie handgezeichnete Symbole einsetzen. Alle Religionen kennen die Wirksamkeit der Symbole. Nutzen Sie sie! Symbole sind in großem Umfang im Internet oder bei »Powerpoint« verfügbar. Sie können sie aber auch selbst zeichnen. Das ist dann Ihre sehr persönliche Note. Hier sehen Sie einige Handzeichnungen.

Einfache Symbole rasch gezeichnet

Wir sind auch keine besonders guten Zeichner.

Auch für diese Symbole gilt: Sie sollen mindestens eine Größe haben von zwei Prozent der längsten Seite. Die Schriftstärke wiederum rund zehn Prozent der Buchstabenhöhe. Bei einem normalen A4-Querformat bedeutet das mindestens 6 Millimeter Buchstabenhöhe und 0,6 Millimeter Strichstärke.

Schrift	48 Pkt. / ca. 17,0 mm
Schriftgr	36 Pkt. / ca. 12,5 mm
Schriftgröße	24 Pkt. / ca. 8,5 mm
Schriftgröße	18 Pkt. / ca. 6,5 mm
Schriftgröße	16 Pkt. / ca. 5,5 mm
Schriftgröße	14 Pkt. / ca. 5,0 mm

Bedenken Sie: GROSSBUCHSTABEN sind meistens schlechter lesbar als Druckschrift. Der Wechsel zwischen Ober- und Unterlängen gliedert das Wort. Wir sind es aus den meisten Veröffentlichungen auch gewohnt, so zu lesen.

Denken Sie auch an den Aufbau des Bildes. Wir haben uns – wie beim Schreiben – an die Bildfolge gewöhnt von links nach rechts und von oben nach unten. Das ist anders, wenn Sie im arabischen Raum präsentieren oder auch bei den Chinesen.

Als Aufmerksamkeitsschwerpunkt gilt: Menschen, menschliche Gesichter erregen schneller Aufmerksamkeit als Tiere. Gegenstände erreichen das Auge schneller als geometrische Formen.

■ Das Flipchart

Das Flipchart ist regelmäßig nur für einen verhältnismäßig kleinen Zuschauerkreis geeignet, weil es »trotz aller Größe« doch nur
verhältnismäßig wenig Platz bietet im Vergleich zu einer Präsen-
tationsleinwand.

Farbtipps:

Auch hier helfen wieder die nützlichen Hinweise von Emil Hierhold:

Farbe	»normaler Farbeinsatz«	betonter Einsatz
SCHWARZ	sachlich, korrekt »schwarz auf weiß«	negativ »Todesnachricht«
BLAU	freundlich, sachlich »blaue Tinte«	kühl, kalt
ROT	Signalfarbe »Achtung!« (Gefahr)	aggressiv »Blut«
GRÜN	positiv »freie Fahrt«, »Natur«	beruhigend »Hoffnung«

Farben sinnvoll einsetzen

Auch die nachfolgende Farbtabelle ist hilfreich:

Wenn Sie das Flipchart benutzen, dann nur mit dicken Filzstiften, weil alles andere nicht lesbar ist. Nehmen Sie auch vorsichtshalber Ihre eigenen Farbstifte mit. Allzu oft wird das vom Veranstalter nicht geprüft, und die Stifte funktionieren nicht. Für das Flipchart gilt: Solange Sie auf das Flipchart schreiben, sind Sie still. Erst wenn Sie das Flipchart freigegeben haben, also der Blick darauf ungehindert ist, reden Sie weiter. Das erhöht auch die Spannung.

Auch beim Flipchart schadet es nicht, wenn Sie vorbereitete Blätter dabeihaben, die Sie bei fast allen Ständern einhängen können. Für das Flipchart gilt wie für die anderen Präsentationen:

Regel 1: Kontrast
Vermeiden Sie Ähnlichkeiten für Verschiedenes. Die Unterschiede müssen sehr deutlich sein, damit es den Zuschauern leicht fällt, diese Unterschiede auch nachzuvollziehen. Das gilt auch für Texte. Wenn Sie die Überschrift mit Punktgröße 28 gestalten, dann muss bei der Unterzeile mindestens zwei oder drei Größen Unterschied sein, also 22 Punkt oder 20 Punkt.

Regel 2: Wiederholung
Wiederholen Sie visuelle Elemente, weil Sie so das Gedächtnis Ihrer Zuschauer erinnern und den Inhalt festigen.

Regel 3: Ordnung
Das Gehirn will Ordnung. Das gilt für das Gehirn Ihrer Zuschauer, es muss aber auch für Ihr Gehirn gelten. Also müssen die visuellen Bestandteile Ihrer Präsentation geordnet miteinander in Kontakt stehen.

Regel 4: Nähe
Was geistig oder inhaltlich miteinander verbunden ist, muss auch nahe zusammen verbunden sein. Sie können es dann vielleicht sogar visuell verbinden.

◼ Overheadfolien

Die sieben Todsünden:

- ⊕ 1. Sünde: Zu viel Information
- ⊕ 2. Sünde: Zu kleine Schrift
- ⊕ 3. Sünde: Zu dünne Linien
- ⊕ 4. Sünde: Text aus einem Buch herauskopiert – das funktioniert nie
- ⊕ 5. Sünde: Keine Bilder
- ⊕ 6. Sünde: Keine Farbe
- ⊕ 7. Sünde: Zu viele Folien

Auch hier gilt: maximal eine Folie pro Minute.

◼ Der Diavortrag

Beim Diavortrag ist der Saal dunkel. Sie treten als Redner völlig in den Hintergrund. Die Zuschauer nehmen die Dias gespannt zur Kenntnis, schenken also Ihrer Rede weniger Aufmerksamkeit. Sie können Ihr Gehirn nicht teilen. Die Erfahrung lehrt:

| 1 | Maximal 50 Dias für einen Vortrag von 50 Minuten, eher weniger. Das setzt voraus, dass die Dias in sich verständlich und nachvollziehbar sind.

| 2 | Querformat

| 3 | Eine Aussage für jedes Dia-Bild

| 4 | Komplexe Bilder schrittweise aufbauen

| 5 | Arbeiten Sie in einer Dreiersequenz. Zum Beispiel: Totale – Halbtotale – Nähe. Oder: Von vorne, von links, von oben

| 6 | Vermeiden Sie »zurückblättern«. Wenn Sie ein Dia mehrfach brauchen, duplizieren Sie es und fügen sie es in Ihre Reihe mit ein.

| 7 | Vergleichsmaßstäbe! Beim Dia ist es noch schwieriger als bei den anderen Präsentationen, die Größenvergleiche zu zeigen. Deshalb müssen Sie diese Größenvergleiche im Bild selbstverständlich machen durch einen allen vertrauten Gegenstand, der zum Beispiel

die Größe darstellt. Wenn Sie Aufnahmen aus dem Mikroskop bringen, dann ein Zündholz daneben legen, wenn Sie die Größe eines Bauvorhabens zeigen wollen, einen Menschen oder ein Auto dagegenstellen, usw.

Wenn Sie nicht ständig Dias zeigen, sondern den Dia-Vortrag mit einer längeren Textpassage unterbrechen, sehen Sie für diese Unterbrechungen »Schwarz-Dias« vor. Schalten Sie nicht aus; das ist ein technischer Vorgang, der stört, und nachher beim Einschalten wiederum unterbricht.

Dias müssen Sie gerade so nummerieren wie Folien, die Sie beim Overheadprojektor benutzen. Die Nummerierung beim Dia muss so sein, dass Sie sie auch während der Präsentation erkennen. Das bedeutet: Wenn Sie hinter dem Projektor stehen, nummerieren Sie das rechte obere Eck.

Legen Sie eine Liste aller Ihrer Dias an in der richtigen Reihenfolge, damit Sie sie bei der Präsentation auch nicht verwechseln.

Alle diese Überlegungen helfen Ihnen, sich mit Ihrem Vortrag noch stärker vertraut zu machen. Sie gewöhnen sich daran, Ihre gesamte Kommunikation mit Blick auf Ihr Gegenüber, auf Ihren Gesprächspartner oder auf Ihre Zuschauer auszurichten. Das hilft Ihnen in jeder Kommunikation.

Wenn Ihnen diese Hinweise nicht genügen, wenden Sie sich am besten an einen professionellen Layouter, der Ihre Präsentation gestaltet. Auch dann gilt: Sie müssen ihm Ihre Vorstellungen mitgeben, sonst ist es nicht Ihre Präsentation, sondern seine. Die Methode, den Mitarbeitern lediglich den gewünschten Inhalt mitzuteilen, entlastet Sie zwar, hilft Ihnen aber bei der Rede nicht.

■ Ihre persönliche Präsentation

Grafiken, Computeranimationen benutzt heute jeder.

Wenn Sie aber schon präsentieren, dann muss es auch Ihre eigene Präsentation sein. Sie müssen also Ihre Bilder auf dem Computer umsetzen. So zeigen Sie Ihren Zuschauern, wie Sie sich auf das Publikum eingestellt haben.

Wenn Sie im Unternehmen »neue Türen« aufstoßen wollen, dann sollten Sie diese Türen auch in der Projektion zeigen und die Unterschiede zwischen einer kaputten ungepflegten Tür und einem Tor, das neue Dimensionen eröffnet, darstellen.

Wenn Sie möchten, dass Sie als Dirigent in der Firma das Orchester neu einstimmen, dann sollten Sie auch die entsprechende musikalische Untermalung bringen.

Wenn Sie neue Farben aufmischen wollen, um der Firma ein jugendliches Image zu geben, dann muss auch der Unterschied zwischen diesen Farben an alten Gebäuden und einem neuen futuristischen Gebäude dargestellt werden.

Nutzen Sie also in der Präsentation die zusätzliche Möglichkeit der »Spiegelung«, die Ihre Zuschauer anregt. Dafür können Sie dann auch Töne oder Kurzfilme einsetzen. Aber nur dafür, nicht weil Sie zeigen wollen, wie gut Sie die Technik beherrschen.

Wenn Sie Präsentationen für Araber, für Chinesen oder Japaner beispielsweise vorbereiten, bedenken Sie: Dort gibt es andere Sehgewohnheiten. Die arabische Schrift geht nicht wie die europäische von links nach rechts, sondern von rechts nach links. Deshalb ist es möglicherweise günstiger, auch die Präsentation von rechts nach links aufzubauen. Chinesen, Japaner, Koreaner lesen von links oben nach links unten und dann erst wieder nach rechts. Sie haben Bilderschriften, sind es also gewohnt, in Bildern zu sehen. Vielleicht hilft es Ihnen, wenn Sie sich in einem solchen Fall darum bemühen, auf diese Sehgewohnheiten einzugehen.

Die Kunst der Präsentation

Lassen Sie uns zum Schluss die Zusammenfassung von Zelazny bringen. Seine Kurzfassung ist die beste:

1. Situationsbeschreibung

Das Ziel definieren
- ⊕ Warum halten Sie die Präsentation?
- ⊕ Was hoffen Sie zu erreichen?
- ⊕ Was soll das Publikum nach der Präsentation tun oder denken?

Das Publikum analysieren
- ⊕ Wer sind die Entscheidungsträger?
- ⊕ Wie vertraut sind sie mit dem Thema?
- ⊕ Wie interessiert sind sie an diesem Thema?
- ⊕ Was gewinnen und verlieren sie, wenn sie Ihrem Vorschlag zustimmen?
- ⊕ Warum sollten sie Ihre Empfehlung ablehnen?
- ⊕ Wie lauten die drei schwierigsten Fragen, die Ihnen das Publikum stellen könnte?

Den Umfang definieren
- ⊕ Können Sie das Ziel in der Ihnen zugewiesenen Zeit erreichen?

Die Medien auswählen
- ⊕ Tischvorlagen, Flipcharts, elektronische Tafeln für informelle Diskussionen, Faktensammlung und interaktive Sitzungen
- ⊕ Folien, Bildschirmpräsentationen/Beamer für halb formelle Projektstatusberichte
- ⊕ Bildschirmpräsentationen/Beamer, Multimedia, Videos für formelle Abschlusspräsentationen

2. Präsentationsgestaltung

Die Botschaft formulieren
- ⊕ Wie würden Sie Ihre Präsentation in nur 30 Sekunden zusammenfassen?

Den Inhalt strukturieren

- Einleitungsteil
- Ziel
- Bedeutung
- Vorschau

Hauptteil

- Für ein empfängliches Publikum: Schlussfolgerungen und Empfehlungen am Anfang
- Für ein ablehnendes Publikum: Schlussfolgerungen am Ende jedes Kapitels oder (wenn es sich gar nicht vermeiden lässt) am Ende der Präsentation

Schlussteil

- Zusammenfassung
- Empfehlung(en)
- Aktionsprogramm
- Nächste Schritte

Ein Storyboard entwickeln

- Schaubilder entwerfen
  WAS? Text, Bilder, Modelle
  WO? Karten, Pläne
  WER? Organigramme, Fotos
  WANN? Kalender, Gantt-Charts
  WIE? Diagramme
  WIE VIEL? Tabellen, Charts
  WARUM? Text
- Reihenfolge festlegen:
  Erläuterung jedes einzelnen Schaubilds und Formulierung von Überleitungen

Stellen Sie die Schaubilder und die auszuteilenden Unterlagen her.

3. Vortragstechnik

Erste Probe
- ⊕   Machen Sie sich gründlich mit Ihren Argumenten und Schaubildern vertraut.
- ⊕   Bereiten Sie Ihre Notizen vor.
- ⊕   Üben Sie mit einem Kassettenrekorder.

Zweite Probe
- ⊕   Üben Sie mit einfühlsamen, konstruktiven, objektiven und realistischen Kollegen.
- ⊕   Nehmen Sie Fragen vorweg.
- ⊕   Sehen Sie sich eine Videoaufnahme Ihrer Darbietung an.

Räumlichkeiten vorbereiten
- ⊕   Gehen Sie 40 Minuten vor Beginn zum Veranstaltungsort und übernehmen Sie persönlich die Verantwortung für die Vorbereitung der Räumlichkeiten und Technik.

Vortragstricks der Profis
- ⊕   Atmen, atmen und nochmals atmen
- ⊕   Blickkontakt herstellen
- ⊕   Natürlich sprechen
- ⊕   Die volle Bandbreite der Stimme verwenden
- ⊕   Gewicht auf beide Füße verteilen
- ⊕   Hände auf Hüfthöhe halten
- ⊕   Neben der Leinwand stehen

Umgang mit visuellen Hilfsmitteln
- ⊕   Überleitung vor dem Schaubildwechsel
- ⊕   Schaubild zeigen
- ⊕   Jedes Schaubild erklären
- ⊕   Schaubild entfernen

Umgang mit Fragen
- Blickkontakt herstellen
- Geduldig zuhören
- Kurze Pause vor der Antwort
- Frage beantworten – nicht weniger, nicht mehr
- Überleitung zurück zur Präsentation

Der Erfolgsmaßstab:

Haben Sie Ihr Ziel erreicht?

Literatur

Die Bücher zu den Bereichen Hirnforschung, Kommunikation und Rhetorik füllen Bibliotheken. Schon in unserer eigenen Bibliothek sind es mehr als 1500. Wir haben uns deshalb auf die Literaturangaben beschränkt, die aus unserer eigenen Kenntnis sinnvoll sind für eine weitere Beschäftigung, bzw. Bücher, die wir zitiert haben. Wenn ein von uns zitierter Autor mehrere Bücher geschrieben hat, haben wir diese Bücher der Reihe nach beziffert, also beispielsweise Lay (1) und Lay (2). Sollten Sie ein Buch vermissen, das zusätzliche Aspekte beleuchtet, sind wir um jeden Hinweis dankbar: Info@task-akademie.de.

Aamodt, Sandra/Samuel Wang, Welcome to your Brain. München: Beck, [4]2008
Allhoff, Dieter W./Waltraud Allhoff, Rhetorik & Kommunikation: Ein Lehr- und Übungsbuch. München, Basel: E. Reinhardt, [15]2010
Anger, Sandra, Der freie Wille und die Schuldfähigkeit des Menschen aus Sicht der Hirnforschung. München: GRIN, 2003

Bartsch, Tim-Christian, Trainingsbuch Rhetorik. Stuttgart: UTB, [2]2008
Basu, Andreas, Gewaltfreie Kommunikation. Freiburg, Br.: Haufe, 2010
Baum, Thilo, Komm zum Punkt! Das Rhetorik-Buch mit der Anti-Laber-Formel. Frankfurt am Main: Eichborn, 2009
Beck, Gloria, Verbotene Rhetorik: Die Kunst der skrupellosen Manipulation. Frankfurt am Main: Eichborn, 2005
Birkenbihl, Vera F. (1), Signale des Körpers: Körpersprache verstehen. Heidelberg: REDLINE, [23]2007
Birkenbihl, Vera F. (2), Humor – An Ihrem Lachen soll man Sie erkennen. Offenbach: GABAL, 2002
Bittner, Angela, Überzeugen Sie! Hard Skills und Soft Skills für die erfolgreiche Kommunikation. Norderstedt: Books on Demand, 2008
Blakemore, Sarah-Jayne, Wie wir lernen: Was die Hirnforschung darüber weiß. München: Dt. Verl.-Anst., 2006
Boeing, Niels, Nanotechnologie, Gentechnologie, moderne Hirnforschung – Machbarkeit und Verantwortung. Leipzig: Leipziger Universitätsverlag, 2007
Braun, Roman, Die Macht der Rhetorik: Besser reden – mehr erreichen. Heidelberg: REDLINE, [2]2007

Bredemeier, Karsten, Schwarze Rhetorik: Macht und Magie der Sprache: Macht und Magie der Sprache. Mit zahlreichen Übungen. München: Goldmann, 2005
Brizendine, Louann, Das weibliche Gehirn. Hamburg: Hoffmann & Campe, 2007
Burkert, Hans, Die Neuro-Bilddiktatur der Hirnforschung. Heidelberg: Vernissage, 2009

Caspary, Ralf (1), Lernen und Gehirn. Der Weg zu einer neuen Pädagogik. Freiburg, Br. u. a.: Herder, [7]2006
Caspary, Ralf (2), Alles Neuro? Was die Hirnforschung verspricht und nicht halten kann. Freiburg, Br. u. a.: Herder, 2010
Cechura, Suitbert, Kognitive Hirnforschung: Mythos einer naturwissenschaftlichen Theorie menschlichen Verhaltens. Hamburg: VSA, 2008
Coblenzer, Horst, Atem und Stimme: Anleitung zum guten Sprechen. Wien: Österr. Bundesverl., [20]2002
Cyr, Marie-France, Die Wahrheit über die Lüge. Frankfurt am Main: mvg, 2004

Deutscher, Guy, DU JANE, ICH GOETHE – Eine Geschichte der Sprache. München: dtv, 2011
Ditko, Peter/Engelen, Norbert, In Bildern reden. So entdecken Sie Ihre rhetorische Kraft. München: Econ, 1999
Dröscher, Vitus B., Mit den Wölfen heulen. Reinbek: Rowohlt, 1981
Dunbar, Robin, Klatsch und Tratsch. Wie der Mensch zur Sprache fand. München: Bertelsmann, 1998

Ebeling, Peter, Rhetorik – Erfolg mit der Stimme: Reden, Vorträge, Verkaufsgespräche. Baden-Baden: Humboldt, [10]2008
Eibl-Eibesfeldt, Irenäus, Grundriss der vergleichenden Verhaltensforschung. Vierkirchen-Pasenbach: Blank Media, [8]2004
Ekman, Paul, Gefühle lesen: wie Sie Emotionen erkennen und richtig interpretieren. Heidelberg: Spektrum, Akad. Verl., [2]2010
Elertsen, Heinz, Moderne Rhetorik. Heidelberg: Sauer, 1966
Elger, Christian E., Neuroleadership: Erkenntnisse der Hirnforschung für die Führung von Mitarbeitern, Freiburg, Br., Berlin, München: Haufe-Mediengruppe, 2009
Eppler, Barbara, Gesagt – getan?! Kommunikation und Rhetorik in der Erwachsenenbildung. Bern: hep, 2003

Fried, Johannes, Die Aktualität des Mittelalters: Gegen die Überheblichkeit unserer Wissensgesellschaft. Stuttgart: Thorbecke, 2002
Fuchs, Werner T., Warum das Gehirn Geschichten liebt. Freiburg, Br.: Haufe, 2009

Gast, Wolfgang, Juristische Rhetorik. Heidelberg: Müller, [4]2006
Gericke, Cornelia, Training International: Rhetorik – wirkungsvoll kommunizieren. Berlin: Cornelsen, 2009

Geyer, Christian, Hirnforschung und Willensfreiheit. Frankfurt am Main: Suhrkamp, [7]2004

Gieseke, Wiltrud, Lebenslanges Lernen und Emotionen: Wirkungen von Emotionen auf Bildungsprozesse aus beziehungstheoretischer Perspektive. Bielefeld: Bertelsmann, 2009

Gleick, James, Die Information: Geschichte, Theorie, Flut. München: Redline, 2011

Goschler, Juliana, Metaphern für das Gehirn: Eine kognitiv-linguistische Untersuchung. Berlin: Frank & Timme, 2008

Grass, Brigitte, Schritt für Schritt zur erfolgreichen Präsentation. Berlin: Springer, 2009

Hahn, Rolf/Nicolai Stickel, Die Sprache der Sieger: so setzen Sie kommunikative Intelligenz für Ihren Erfolg ein. Landsberg am Lech: mvg, [2]2001

Hamilton, William, Das Streitgespräch: Bemerkungen über den Glanz der Rede. Heidelberg: Sauer, 1965

Hanisch, Horst, Rhetorik ist Silber: Grundlagen der modernen Rhetorik. Von den ersten Schritten zur perfekten Präsentation. Norderstedt: Books on Demand, [2]2009

Häusel, Hans-Georg, Neuromarketing. Erkenntnisse der Hirnforschung für Markenführung, Werbung und Verkauf. Freiburg: Haufe, 2006

Herschkowitz, Norbert, Das Gehirn: Wissen, was stimmt. Freiburg, Br. u. a.: Herder, [4]2007

Hertzer, Karin/Wolfrum, Christine, Lexikon der Irrtümer über Männer und Frauen. Frankfurt am Main: Eichborn, 2001

Hierhold, Emil, Sicher präsentieren – wirksamer vortragen: Tips und Tricks für den überzeugenden Auftritt; neue Visualisierungs- und Gestaltungsideen; PC-Präsentationen; Target-Gruppenanalysator. Wien, Frankfurt am Main: Ueberreuter, [6]2002

Holler, Johannes, Das neue Gehirn. Paderborn: Junfermann, 1996

Hubert, Martin, Ist der Mensch noch frei? Wie die Hirnforschung unser Menschenbild verändert. Düsseldorf: Walter, 2006

Janich, Peter, Kein neues Menschenbild: Zur Sprache der Hirnforschung. Frankfurt am Main: Suhrkamp, 2009

Janka, Franz, Wirkungsvoll präsentieren. Niedernhausen/Ts.: Falken, 2001

Jens, Walter, Republikanische Reden. München: Kindler, 1976

Joost, Gesche (1), Design als Rhetorik: Grundlagen, Positionen, Fallstudien. Basel: Birkhäuser, 2008

Joost, Gesche (2), Bild-Sprache: Die audio-visuelle Rhetorik des Films. Bielefeld: Transcript, 2008

Kanitz, Anja, Gesprächstechniken. Freiburg, Br.: Haufe, [2]2011

Kegel, Jens, Selbstvermarktung freihändig: Schreiben fürs Reden – auch gegen den Strom. Göttingen: BusinessVillage, 2009

Krämer, Walter, So lügt man mit Statistik. Piper, 2011

Kraus, Werner, Die Heilkraft der Musik. München: Beck, 2002

Kröning, Peter, Auch Genies können irren: Glücksfälle und Fehlurteil der Wissenschaft. München: Langen Müller, 2003

Kutscher, Patric P., Kommunikation – Erfolgsfaktor in der Medizin: Teamführung, Patientengespräch, Networking und Selbstmanagement, Berlin: Springer, 2006

Lackner, Tatjana, Die Rede-Diät: So halten Sie Ihre Rhetorik schlank. St. Pölten: Residenz, [3]2009

Lay, Rupert (1), Führen durch das Wort. München: Wirtschaftsverlag Langen-Müller-Herbig, 1978

Lay, Rupert (2), Manipulation durch die Sprache. München: Wirtschaftsverlag Langen-Müller-Herbig, 1992

Lay, Rupert (3), Krisen und Konflikte. München: Wirtschaftsverlag Langen-Müller-Herbig, 1980

Lay, Rupert (4), Die Macht der Wörter. München: Wirtschaftsverlag Langen-Müller-Herbig, 1998

Lehmann, Christian, Der genetische Notenschlüssel. München: Herbig, 2010

Lemmermann, Heinz, Lehrbuch der Rhetorik. München: mvg, [3]2000

Libet, Benjamin, Mind Time: Wie das Gehirn Bewusstsein produziert. Frankfurt am Main: Suhrkamp, [2]2007

Lorenz, Konrad, Er redete mit dem Vieh, den Vögeln und den Fischen. München: dtv, 1998

Maser, Werner (Hrsg.), Paul Devrient: mein Schüler Adolf Hitler. München: Universitas, 2003

May, Sibylle, Effiziente Kommunikation für Sekretariat und Assistenz. Gespräche richtig führen, gezielt informieren und Missverständnissen vorbeugen. München: Redline Wirtschaft bei Verl. Moderne Industrie, 2003

Mentzel, Wolfgang, Rhetorik. Frei und überzeugend sprechen. Planegg/München: Haufe, [4]2006

Merritt, Stephanie, Die heilende Kraft der klassischen Musik. München: Kösel, 2000

Merten, Klaus/Rainer Zimmermann, Das Handbuch der Unternehmenskommunikation. Köln: Luchterhand, 2001

Molcho, Samy (1), Körpersprache. München: Goldmann, 1996

Molcho, Samy (2), Alles über Körpersprache. München: Mosaik, 2002

Neuburger, Rahild, Rhetorik: Überzeugend formulieren bei jedem Anlass. Mit Musterreden. München: Compact, 2008

Nietzsche, Friedrich, Jenseits von Gut und Böse. Köln: Anaconda, 2006

Nöllke, Matthias, Schlagfertigkeit – die 100 besten Tipps. Freiburg, Br.: Haufe, 2007

Olk, Dieter, Einfach gut kommunizieren: im Beruf, am Telefon, im Verkauf, in schwierigen Situationen. Norderstedt: Books on Demand, 2003

Patrzek, Andreas, Wer das Sagen hat, sollte reden können: Handbuch für die Kommunikation von Fach- und Führungskräften. Paderborn: Junfermann, 2008

Plattner, Siegrid, Kommunikation und Rhetorik. Linz: Trauner, [4]2008

Pöhm, Matthias, Vergessen Sie alles über Rhetorik. Mitreißend reden – ein sprachliches Feuerwerk in Bildern. Heidelberg: mvg, [2]2006

Pollmer, Udo/Susanne Warmuth, Lexikon der populären Ernährungsirrtümer. München: Piper, [7]2007

Pöppel, Ernst (1), Zum Entscheiden geboren: Hirnforschung für Manager. München: Hanser, 2008

Pöppel, Ernst (2), Der Rahmen. Ein Blick des Gehirns auf unser Ich. München: Hanser, [2]2006

Pöppel, Ernst (3), Lust & Schmerz: Über den Ursprung der Welt im Gehirn. Berlin: Siedler, 1993

Posselt, Gerald, Katachrese. Rhetorik des Performativen. Paderborn: Fink, 2005

Reiners, Ludwig, Die Kunst der Rede. München: Lehnen, [2]1957

Reiter, Markus (1), Klardeutsch: Neuro-Rhetorik nicht nur für Manager. München: Hanser, [2]2010

Reiter, Markus (2), Klardeutsch. Neuro-Rhetorik für Manager. München: Hanser, 2008

Röcker, Anna, Musik-Reisen als Heilungsweg. München: Goldmann, 2005

Rüdenauer, Manfred, Die Kunst der freien Rede. Kissing: Weka, 1982

Ryborz, Heinz, Kommunikation mit Herz und Verstand. Regensburg: Walhalla Fachverlag, 2011

Schaller, Beat, Die Macht der Sprache: Wie sie überzeugend wirken. 101 Werkzeuge und 1001 Beispiele. Wien: Signum, 2005

Schenk, Michael, Basiswissen Rhetorik, Kinesik, Dialektik und Präsentation für die tägliche erfolgreiche Praxis! Das Fachbuch für Rhetorik und Kommunikation. Dorndorf: MC-Verl.-Haus, 2009

Schleim, Stephan, Gedankenlesen: Pionierarbeit der Hirnforschung. Hannover: Heise, 2008

Schleske, Martin, Der Klang: Vom unerhörten Sinn des Lebens. München: Kösel, [5]2010

Schnabel, Ulrich, Die Vermessung des Glaubens. München: Blessing, 2008

Schneider, Wolf, Die Wahrheit über die Lüge: Warum wir den Irrtum brauchen und die Lüge lieben. Reinbek: Rowohlt, 2012

Schonert-Hirz, Sabine, Machen Sie Ihren Kopf fit für die Zukunft: So nutzen Sie die Erkenntnisse aus der Hirnforschung. Frankfurt am Main: Campus Verlag, 2009

Schuhmann, Georg, Rhetorik und Kommunikation. Haan-Gruiten: Verl. Europa-Lehrmittel Nourney, Vollmer, [2]2008

Schulz von Thun, Friedemann, Miteinander reden 1–3. Reinbek: Rowohlt, [48]2008

Schweiggert, Alfons, Ja, lachen Sie nur! Dachau: Bayerland, [5]2007

Singer, Wolf (1), Ein neues Menschenbild? Gespräche über Hirnforschung. Frankfurt am Main: Suhrkamp, [6]2003

Singer, Wolf (2), Vom Gehirn zum Bewusstsein. Frankfurt am Main: Suhrkamp, 2006

Singer, Wolf (3), Der Beobachter im Gehirn. Frankfurt am Main: Suhrkamp, [8]2002

Singer, Wolf (4), Hirnforschung und Meditation: Ein Dialog. Frankfurt am Main: Suhrkamp, [6]2008

Soudry, Rouven, Rhetorik. Eine interdisziplinäre Einführung in die rhetorische Praxis. Heidelberg: Müller, [2]2006

Speck, Otto, Hirnforschung und Erziehung. München, Basel: E. Reinhardt, [2]2009

Spitzer, Manfred (1), Braintertainment: Expeditionen in die Welt von Geist und Gehirn. Frankfurt am Main: Suhrkamp, [2]2008

Spitzer, Manfred (2), Musik im Kopf. Stuttgart, New York: Schattauer, 2005

Stadelwieser, Jürg, Rhetorik Führungspraxis 2. Kommunikation als Schlüssel zum Erfolg. Altstätten: Tobler, [2]2000

Stanek, Wolfgang, Kommunikation, Rhetorik, Präsentation. Linz: Trauner, [4]2011

Steinfeld-Hertz, Amanda, Praxis Forschung: Hirnforschung und Gerontologie. Frankfurt am Main: Media Creativ Pool, 2007

Störig, Hans Joachim, Die Sprachen der Welt. Köln: Anaconda, 2009

Ueding, Gert, Moderne Rhetorik. München: Beck, [2]2009

Vogt, Gustav, Erfolgreiche Rhetorik: Faire und unfaire Verhaltensweisen in Rede und Gespräch. München: Oldenbourg, 2010

Voland, Eckart, Die Natur des Menschen. München: Beck, 2007

Waal, Frans de (1), Das Prinzip Empathie. München: Hanser, 2011

Waal, Frans de (2), Eine schöne Verwandtschaft. München: nymphenburger, 2004

Wachtel, Stefan, Rhetorik und Public Relations: mündliche Kommunikation von issues. München: Gerling-Akad.-Verl., [1]2003

Watzlawick, Paul, Anleitung zum Unglücklichsein. München: Piper, [15]2009

Wetz, Franz Josef, Die Magie der Musik. Warum uns Töne trösten. Klett-Cotta, 2004

Wills, Christopher: Das vorauseilende Gehirn. Die Evolution der menschlichen Sonderstellung. Frankurt: Fischer, 1996

Zeller, Daniela, So werden Sie gehört: Richtig reden, professionell präsentieren, authentisch auftreten. Wien: Ueberreuter, 2009

Wer die Sprache hat, hat die Macht

Wer mit Sprache umgehen kann, dem eröffnen sich zahlreiche Möglichkeiten, um zu informieren, zu beweisen, zu gewinnen, zu erfreuen, zu bewegen, sich durchzusetzen, aufzustacheln … Beat Schallers Handbuch ist ein Werkzeugkasten, der 101 rhetorische Figuren vorstellt – von der »Veranschaulichung« bis zur »Verfremdung«, von der »Überraschung« bis zur »Übertreibung«.

Die übersichtliche Struktur, viele anregende Beispiele, praktische Übungen und das umfangreiche Sach- und Namensregister machen »Die Macht der Sprache« zu einem hervorragenden Nachschlagewerk, das in jedes Unternehmen, auf jeden Arbeitstisch, in jeden Haushalt gehört.

Beat Schaller
Die Macht der Sprache
224 Seiten, ISBN 978-3-85436-368-2, 5. Auflage

SiGNUM www.signumverlag.de